Claus Gigl / Wolf Dieter Hellberg /
Wolfgang Pütz / Johannes Wahl

Original Abi-Prüfungen Deutsch

Klett Lernen und Wissen

Die Lösungen der Klausuren wurden geschrieben von:

Claus Gigl ist Gymnasiallehrer für Deutsch und Geschichte in Bayern und in der Lehrerausbildung tätig.
Klausur 4, 5, 8, 10 und 14

Wolf Dieter Hellberg ist Gymnasiallehrer und Fachleiter für Deutsch in Nordrhein-Westfalen.
Klausur 2, 11 und 12

Wolfgang Pütz ist Gymnasiallehrer für Deutsch und Französisch in Nordrhein-Westfalen und in der Lehrerausbildung tätig.
Klausur 3 und 6

Johannes Wahl ist Gymnasiallehrer für Deutsch, Englisch und Geschichte in Baden-Württemberg.
Klausur 1, 7, 9 und 13

Bibliografische Information Der Deutschen Nationalbibliothek
Die Deutsche Bibliothek verzeichnet diese Publikation in der Deutschen Nationalbibliografie; detaillierte bibliografische Daten sind im Internet über http://dnb.ddb.de abrufbar.

Auflage 4. 3. 2. 1. | 2011 2010 2009 2008

Internetadresse: www.klett.de
Umschlaggestaltung: know idea GmbH, Freiburg, mit Franziska Döhler
DTP: Andrea Eckhardt, Göppingen
Druck: Finidr s.r.o.
Printed in Europe
ISBN 978-3-12-929975-3

Inhalt

Original-Klausur 1

Aufgabenart	Textanalyse und Textvergleich
Ausgangstext	Theodor Fontane, Effi Briest
Bezugstext	Friedrich Schiller, Kabale und Liebe
Niveau, Jahr	Kernkompetenzfach Deutsch, 2005
Bearbeitungszeit	300 Minuten

Theodor Fontane (1819–1898)
Effi Briest (Textstelle: Kap. 24, Auszug)

Sie erhob sich und ging auf die Tür zu und horchte: Roswitha schlief schon und Annie auch.

Und mit einem Male, während sie das Kind so vor sich hatte, traten ungerufen allerlei Bilder aus den Kessiner Tagen wieder vor ihre Seele: das landrätliche Haus mit seinem Giebel und die Veranda mit dem Blick auf die Plantage, und sie saß im Schaukelstuhl und wiegte sich; und nun trat Crampas an sie heran, um sie zu begrüßen, und dann kam Roswitha mit dem Kinde, und sie nahm es und hob es hoch in die Höhe und küsste es.

»Das war der erste Tag; da fing es an.« Und während sie dem nachhing, verließ sie das Zimmer, drin die beiden schliefen, und setzte sich wieder an das offene Fenster und sah in die stille Nacht hinaus.

»Ich kann es nicht loswerden«, sagte sie. »Und was das Schlimmste ist und mich ganz irremacht an mir selbst …« In diesem Augenblicke setzte die Turmuhr drüben ein, und Effi zählte die Schläge.

»Zehn … Und morgen um diese Stunde bin ich in Berlin. Und wir sprechen davon, dass unser Hochzeitstag sei, und er sagt mir Liebes und Freundliches und vielleicht Zärtliches. Und ich sitze dabei und höre es und habe die Schuld auf meiner Seele.«

Und sie stützte den Kopf auf ihre Hand und starrte vor sich hin und schwieg.

»Und habe die Schuld auf meiner Seele«, wiederholte sie. »Ja, da hab ich sie. Aber lastet sie auch auf meiner Seele? Nein. Und das ist es, warum ich vor mir selbst erschrecke. Was da lastet, das ist etwas ganz anderes – Angst, Todesangst und die ewige Furcht: es kommt doch am Ende noch an den Tag. Und dann außer der Angst … Scham. Ich schäme mich. Aber wie ich nicht die rechte Reue habe, so hab ich auch nicht die rechte Scham. Ich schäme mich bloß von wegen dem ewigen Lug und Trug; immer war es mein Stolz, dass ich nicht lügen könne und auch nicht zu lügen brauche, lügen ist so gemein, und nun habe ich doch immer lügen müssen, vor ihm und vor aller Welt, im Großen und im Kleinen, und Rummschüttel hat es gemerkt und hat die Achseln gezuckt, und wer weiß, was er von mir denkt, jedenfalls nicht das Beste. Ja, Angst quält mich und dazu Scham über mein Lügenspiel. Aber Scham über meine Schuld, die hab ich nicht oder doch nicht so recht oder doch nicht genug, und das bringt mich um, dass ich sie nicht habe. Wenn alle Weiber so sind, dann ist es schrecklich, und wenn sie nicht so sind, wie ich hoffe, dann steht es schlecht um mich, dann ist etwas nicht in Ordnung in meiner Seele, dann fehlt mir das richtige Gefühl. Und das hat mir der alte Niemeyer in seinen guten Tagen noch, als ich noch ein halbes Kind war, mal gesagt: auf ein richtiges Gefühl, darauf käme es an, und wenn man das habe, dann könne einem das Schlimmste nicht passieren, und wenn man es nicht habe, dann sei man in einer ewigen Gefahr, und das, was man den Teufel nenne, das habe dann eine sichere Macht über uns. Um Gottes Barmherzigkeit willen, steht es so mit mir?«

Und sie legte den Kopf in ihre Arme und weinte bitterlich.

Als sie sich wieder aufrichtete, war sie ruhiger geworden und sah wieder in den Garten hinaus. Alles war so still, und ein leiser, feiner Ton, wie wenn es regnete, traf von den Platanen her ihr Ohr.

Aufgabenstellung

1. Legen Sie kurz dar, was Effi zu diesem Selbstgespräch veranlasst.
2. Interpretieren Sie diese Textstelle; beziehen Sie die sprachliche und erzählerische Gestaltung ein.
3. Fontanes „Effi Briest" und Schillers „Kabale und Liebe": Stellen Sie, ausgehend von dieser Textstelle, Effis und Luises Konfliktsituation dar. Vergleichen und erläutern Sie, wie sie sich darin verhalten.

Schritt 1

Aufgabe verstehen

Aufgabe 1

Aufgabentyp und Erklärung der Arbeitsanweisungen

Der **Operator „darlegen"** verlangt von Ihnen eine knappe und zielgerichtete Information über das, was der Leser zum Verständnis der zu analysierenden Szene wissen muss. In diesem Zusammenhang ist keine vollständige Inhaltsangabe des bis dahin Geschehenen zu geben. Fragen Sie sich,

- was der Leser an allgemeinen Informationen über die Ganzschrift benötigt,
- was er über die Charaktere wissen muss, um deren Handlungsweise zu verstehen,
- unter welchen Voraussetzungen die Figuren aufeinandertreffen bzw. in welchem konkreten Kontext Gedanken geäußert werden.

Tipps zur Vorgehensweise

Die erste Aufgabenstellung hat lediglich vorbereitenden Charakter für die nachfolgende Analyse. Verwenden Sie deshalb nicht zu viel Zeit dafür. Versuchen Sie die Ausführungen zu dieser Arbeitsanweisung auf ein bis maximal zwei Seiten zu begrenzen.

Schauen Sie sich die letzten Seiten vor Einsetzen der Textstelle noch einmal genau an, um die unmittelbaren Voraussetzungen so präzise wie möglich erfassen zu können.

Aufgabe 2

Aufgabentyp und Erklärung der Arbeitsanweisungen

Der **Operator „interpretieren“** erfordert eine deutende Beschreibung des Textes. Der Leser muss sich aufgrund Ihrer Ausführungen ein Bild vom Text machen können. Deshalb sollten Sie in Ihrer Darstellung nicht hin- und herspringen, sondern am Text entlang arbeiten. Bei der Deutung sollten Sie sich fragen, wie Äußerungen gemeint sind, worauf sie anspielen und welchem Zweck sie dienen.
In diesen Zusammenhang müssen Sie die sprachliche und erzählerische Gestaltung miteinbeziehen, selbst wenn dies nicht ausdrücklich formuliert ist. Beobachten Sie Auffälligkeiten im Satzbau (z. B. unvollständige Sätze, Satzzeichen), rhetorische Mittel (z. B. Anaphern, Steigerungen, Metaphern) und sprachliche Symbole, die auf immer wiederkehrende Leitmotive des Textes verweisen.

Tipps zur Vorgehensweise

Inhaltliche und sprachliche Deutung gehören zusammen und sollten nicht getrennt bzw. nacheinander abgehandelt werden.

Aufgabe 3

Aufgabentyp und Erklärung der Arbeitsanweisungen

Generell blickt die dritte Aufgabenstellung über das Einzelwerk, welches in den ersten beiden Arbeitsanweisungen im Vordergrund stand, hinaus. Der **Operator „vergleichen“** deutet dies an. Ihre Aufgabe ist es, entsprechende Vergleichsaspekte zu einem anderen bekannten Text zu finden. In diesem Fall sollen Sie das Verhalten der beiden weiblichen Protagonisten **„erläutern“**, d. h. beschreiben und erklären.

Tipps zur Vorgehensweise

Die dritte Aufgabenstellung besitzt beinahe genauso hohe Bedeutung wie die Aufgabe zwei. Planen Sie genügend Zeit dafür ein. Die Darstellung sollte nicht zu kurz geraten.

Schritt 2 Text bearbeiten

Aufgabe 2

Interpretation der Textstelle

Unterstreichen Sie im Text Auffälligkeiten der sprachlichen und erzählerischen Gestaltung! Notieren Sie die Beobachtungen in der rechten Spalte!

Inhalt	Text	Sprache
Schuld	Und ich sitze dabei und höre es und habe die Schuld auf meiner Seele.« Und sie stützte den Kopf auf ihre Hand und starrte vor sich hin und	
Schuld für Ehebruch lastet nicht auf ihr; Angst vor Entdeckung	schwieg. »Und habe die Schuld auf meiner Seele«, wiederholte sie. »Ja, da hab ich sie. Aber lastet sie auch auf meiner Seele? Nein. Und das ist es, warum ich vor mir selbst erschrecke. Was da lastet, das ist etwas ganz anderes – Angst, Todesangst und die ewige Furcht: es kommt doch am Ende noch an	
Scham, keine Reue	den Tag. Und dann außer der Angst … Scham. Ich schäme mich. Aber wie ich nicht die rechte Reue habe, so hab ich auch nicht die rechte Scham. Ich schäme mich bloß von	
Scham über Lügen	wegen dem ewigen Lug und Trug; immer war es mein Stolz, dass ich nicht lügen könne und auch nicht zu lügen brauche, lügen ist so gemein, und nun habe ich doch immer lügen müssen, vor ihm und vor aller Welt, im Großen und im Kleinen, und Rummschüttel hat es gemerkt und	
Bedeutung gesellschaftlichen Ansehens für Effi	hat die Achseln gezuckt, und wer weiß, was er von mir denkt, jedenfalls nicht das Beste. Ja, Angst quält mich und dazu Scham über mein Lügenspiel. Aber Scham über meine Schuld, die hab ich nicht oder doch nicht so recht oder doch nicht genug,	

Inhalt	Text	Sprache
Vergleich mit anderen Frauen Effis Seele Sozialisation durch Niemeyer	und das bringt mich um, dass ich sie nicht habe. Wenn alle Weiber so sind, dann ist es schrecklich, und wenn sie nicht so sind, wie ich hoffe, dann steht es schlecht um mich, dann ist etwas nicht in Ordnung in meiner Seele, dann fehlt mir das richtige Gefühl. Und das hat mir der alte Niemeyer in seinen guten Tagen noch, als ich noch ein halbes Kind war, mal gesagt: auf ein richtiges Gefühl, darauf käme es an, und wenn man das habe, dann könne einem das Schlimmste nicht passieren, und wenn man es nicht habe, dann sei man in einer ewigen Gefahr, und das, was man den Teufel nenne, das habe dann eine sichere Macht über uns. Um Gottes Barmherzigkeit willen, steht es so mit mir?« Und sie legte den Kopf in ihre Arme und weinte bitterlich.	

Für die Gesamtdeutung sollten Sie sich folgende Fragen stellen:

Fragen	Notizen
Was sind die zentralen Gedanken Effis? In welcher emotionalen Verfassung befindet sie sich?	
Durch welche sprachlichen Mittel wird Effis Aufgewühltheit vermittelt?	

Aufgabe 3

Vergleich

Füllen Sie die Spalte für Schillers Protagonistin Luise aus!

Vergleichs-aspekte	Fontanes „Effi Briest"-Figur der Effi	Schillers „Kabale und Liebe"-Figur der Luise
Konfliktsituationen der Frauenfiguren: zwischen gesellschaftlichen Erwartungen und Selbstverwirklichung	- Akzeptanz gesellschaftlich verbindlicher Werte (Treue, Aufrichtigkeit etc.) - Ehebruch	
Wesenszüge und Ideale der Frauen	- Tochter der Luft - passiv, kindlich-naiv - abenteuerlustig - Vorstellungen von einer modernen Partnerschaft	
Verhaltensweisen der Frauen und ihres Umfelds; Folgen	- unfähig zu handeln - lässt sich treiben - Effis Verhalten erklärbar durch ihren Charakter und Innstettens Gefühlskälte - zerbricht an gesellschaftlichen Vorstellungen - gesellschaftliche Ausgrenzung und Tod	

Schritt 3 **Musterlösung**

Gliederung der Klausur

I. Einleitung und Hinführung
A Einleitung: Autor, Texte, Aufgabenstellung
B Aufgabe 1: Gründe für Effis Selbstgespräch

II. Interpretation
Aufgabe 2: Analyse der Textstelle

III. Vergleich
Aufgabe 3: Vergleich der Konfliktsitationen

In der folgenden Lösung sind die Gliederungspunkte im Lösungstext aufgeführt. Dies ist zu Ihrer Orientierung. In einer wirklichen Abi-Klausur müssen diese Punkte nicht stehen.

I. Einleitung und Hinführung

A Einleitung

Haben sich Frauen in früheren Jahrhunderten den gesellschaftlichen Erwartungen stets anpassen müssen oder war es ihnen vergönnt, ihre eigenen Lebenspartner frei zu wählen? Diesen Konflikt zwischen dem Anpassungsdruck des Umfelds und der Liebe frei von gesellschaftlichen Bedingungen thematisieren Friedrich Schiller in seinem bürgerlichen Trauerspiel „Kabale und Liebe“ und Theodor Fontane in seinem Roman „Effi Briest“.

In Schillers Drama muss sich Luise Miller zwischen ihrer Liebe zu dem adligen Präsidentensohn Ferdinand und ihrer bürgerlichen Welt, die vor allem von ihrem Vater verkörpert wird, entscheiden. Fontane, dessen Werk in der vorliegenden Interpretation im Vordergrund steht, lässt seine weibliche Hauptfigur Effi Briest durch eine Affäre aus ihrer konventionellen Ehe ausbrechen, doch ist sie von schweren Gewissensbissen geplagt. Ihre Gefühlswelt wird besonders an einer Textstelle im 24. Kapitel deutlich. Ausgehend von dieser Textstelle werden die Konfliktsituationen der beiden Frauenfiguren detailliert dargestellt und verglichen.

B Aufgabe 1: Gründe für Effis Selbstgespräch

In einer standesgemäßen Eheschließung zwischen zwei Adelsfamilien wird die 17-jährige Effi Briest zu Beginn des Romans mit dem 38-jährigen Baron von Innstetten verheiratet. Schnell werden die Unterschiede zwischen den Ehepartnern deutlich. Alter, Bildung und Charakter könnten nicht gegensätzlicher sein. Innstetten wird seinem Ruf als prinzipientreuer, pflicht- und karrierebewusster Mann gerecht und vernachlässigt die emotionalen Bedürfnisse seiner jungen Ehefrau. Effi vereinsamt in dem öden Provinzort Kessin, in dem Innstetten als Landrat fungiert. Dies macht sie anfällig für eine Affäre mit dem unkonventionellen Lebemann Major von Crampas. Sie lässt sich von der Entwicklung treiben, unfähig, sich zwischen ihrem Mann und dem Liebhaber zu entscheiden. So ist zu erklären, dass sie trotz schwerer Gewissensbisse nicht in der Lage ist, die heimliche Beziehung zu beenden.

Ihr fällt ein Stein vom Herzen, als ihr dies abgenommen wird, indem Innstetten nach Berlin berufen wird und das Ehepaar aus der Provinz in die Hauptstadt ziehen muss. Hals über Kopf begibt sich Effi auf Wohnungssuche, um die Affäre hinter sich zu lassen. Sie täuscht dort sogar einen Rheumaanfall vor, damit sie bis zum Zeitpunkt des tatsächlichen Umzugs nicht noch einmal nach Kessin zurück muss. Ihr durchsichtiges Verhalten wird dabei von dem gutmütigen Arzt Dr. Rummschüttel gedeckt.

Doch auch in der Berliner Zeit wird sehr schnell deutlich, dass Effi die Gewissensnöte bzw. die Gedanken an ihre Heimlichkeiten nicht loswerden kann. Auf einer Urlaubsreise durchqueren sie zufällig einen Ort namens Crampas, doch schon allein der Name löst bei Effi Panik aus. Aus Angst vor der quälenden Erinnerung verschweigt sie gegenüber ihrem Mann den Namen des Dorfes, verstrickt sich also weiterhin in ein Netz aus Lügen.

Auf dem Rückweg machen sie Halt auf dem elterlichen Landgut in Hohen-Cremmen, wobei schon bald wichtige Geschäfte Innstettens Anwesenheit in Berlin erfordern. Es wird verabredet, dass Effi – zusammen mit ihrer Tochter Annie und ihrer Bediensteten Roswitha – bis zu ihrem Hochzeitstag auf dem heimatlichen Gut verweilt. Am Vorabend ihrer Rückkehr zieht sie sich unter dem Vorwand, packen zu müssen, auf ihr Zimmer zurück.

II. Interpretation

Aufgabe 2: Analyse der Textstelle

An dieser Stelle setzt der zu untersuchende Textauszug aus Kapitel 24 ein. Die Beobachtung der schlafenden Tochter löst bei Effi erneut „mit einem Male" und „ungerufen" (Z. 3–4) die Erinnerung an die Vergangenheit aus. Es sind Bilder des landrätlichen Hauses in Kessin, insbesondere der Veranda, auf der sie sich im „Schaukelstuhl" (Z. 7) wiegte.

Das Schaukeln ist ohne Zweifel eines der dominantesten Motive des Romans. Es symbolisiert einerseits die Wankelmütigkeit der Protagonistin, steht andererseits aber auch für die Gefahr des Sturzes, die mit dem Schaukeln einhergeht. In diesem Zusammenhang ist darauf hinzuweisen, dass die Schaukel der Hohen-Cremmener Kindertage Effis Unbeschwertheit ihrer Jugend ausdrücken soll. Von dieser Unbekümmertheit ist in Kessin nur noch wenig zu spüren. Bezeichnenderweise ist die Schaukel einem beengenden Schaukelstuhl gewichen.

Effis ungewollte Erinnerung konzentriert sich auf den Tag, an dem Crampas vom Baden kommend die Veranda betrat und sie sich in zweideutige Bemerkungen über Ehe, Liebe und Treuebruch verstiegen. Interessanterweise scheint sich Effi jedoch nur darauf zu besinnen, dass Roswitha mit dem Kinde gekommen sei, sie Annie hochgenommen und geküsst habe (Z. 8–10). Trotz dieser familiären Szene weiß sie, dass das „der erste Tag" gewesen sei, „da fing es an" (Z. 11). Effi ist unfähig, zu benennen, dass sie die Affäre mit Crampas meint. Stattdessen versucht sie sich durch das unpersönliche Pronomen „es" davon zu distanzieren. Gleichsam als weitere Flucht vor diesen Gedanken verlässt sie das Zimmer (Z. 12) und begibt sich ans offene Fenster. Das offene Fenster ist sicherlich neben dem romantischen Motiv der Sehnsucht und Freiheit als eine Vorausdeutung auf das Ende des Romans zu verstehen, als Effi ebenfalls das offene Fenster sucht. Dort scheint es so, als ob sie den eigenen Tod als eine Erlösung ihres Schicksals beinahe absichtlich herbeiführen wolle. Hier könnte somit durch die Symbolik auf die Konsequenzen ihres Fehltritts angespielt werden.

Der Raumwechsel zeigt jedoch nicht den gewünschten Erfolg. Resignierend muss sie feststellen, dass sie „es nicht loswerden" (Z. 15) könne. Gerade will sie ansetzen und sich darüber klar werden, was „das Schlimmste" für sie sei und sie an ihr selbst ganz „irremacht" (Z. 16), als die Turmuhr sie unterbricht. In ihrem Inneren ist sie aufgewühlt, unfähig einen klaren Gedankengang zu Ende zu führen. Dies wird nicht nur an dem unvollendeten Satz deutlich, sondern auch an der Tatsache, dass sie nach dem Zählen der Schläge der Turmuhr von ihren Assozia-tionen in eine ganz andere Richtung gelenkt wird. Die Klänge der Uhr lassen sie daran denken, dass sie am nächsten Tag zu derselben Stunde in Berlin sein werde. In einer emotional äußerst distanzierten Art und Weise malt sie sich aus, dass sie davon sprechen würden, dass ihr Hochzeitstag sei und Innstetten sage ihr „Liebes und Freundliches und vielleicht auch Zärtliches" (Z. 20 – 22). Diese eher ernüchternde Vorstellung mag einerseits auf Effis Enttäuschung bzw. ihre Erfahrungen im Hinblick auf Innstettens Charakter zu erklären sein, andererseits sucht sie die Ursachen im folgenden Satz insbesondere auch bei sich selbst. Teilnahmslos „sitze [sie] dabei und höre es" (Z. 22). Den Grund für ihre Apathie ist, dass sie die „Schuld" auf ihrer „Seele" (Z. 22) habe. Der Erzähler, der das Selbstgespräch unterbricht, verdeutlicht durch die Körpersprache Effis, die den „Kopf auf ihre Hand" (Z. 24) stützt, vor sich hin starrt und schweigt, welche Gewissensqualen sie bei diesen Gedanken durchlebt. Um ihre wachsende Verzweiflung auch in ihrer Sprache zu zeigen, lässt er sie den nun folgenden längeren Abschnitt des Selbstgespräches mit der Wiederholung der letzten Worte beginnen. Mit dem Halbsatz „und habe die Schuld auf meiner Seele" (Z. 26) setzt Effi das Thema, um das neben der damit verbundenen Angst und der Scham ihre Gedanken im Folgenden kreisen.

Trotz der Wiederholung scheint sie sich dieses Eingeständnis mit dem Satz „Ja, da hab ich sie" (Z. 27) noch einmal bestätigen zu müssen. Auf die daran anschließende entlarvende Frage, ob die Schuld auch auf ihrer Seele „lastet" (Z. 27), antwortet sie mit einem knappen „nein" (Z. 28). Das sei es, warum sie vor sich selbst erschrecke, denn sie weiß, dass dort etwas ganz anderes laste. Noch einmal zögert sie, bis sie es aussprechen kann, was durch den Gedankenstrich deutlich wird. Für sie gibt es keinen Zweifel, dass sie Schuld wegen ihres Ehebruchs empfinden müsste, doch was sie tatsächlich quält, ist „Angst, Todesangst und die ewige Furcht: es kommt doch am Ende noch an den Tag" (Z. 30 f.).

Die Worte, mit denen es aus ihr endlich herausbricht, sind sicherlich einer genaueren Betrachtung wert. Zum einen ist die Steigerung des Angst-Motivs zu betonen, die von der einfachen ersten Erwähnung sich zu einer ewigen Furcht ausweitet. Zum anderen ist dies erneut als eine der häufigen Vorausdeutungen zu verstehen, denn in der Tat sollte sich Effis Sorge, dass die Affäre doch noch bekannt werden würde, bewahrheiten. Die Folgen sind dabei in doppeltem Sinne tödlich. Crampas fällt im Duell mit Innstetten, während Effi verstoßen wird, in tiefe Depressionen verfällt und daran schließlich zugrunde geht.

Ihre emotionale Erregtheit, die durch das obige Eingeständnis ausgelöst wird, zeigt sich in den folgenden zwei Sätzen mehr als deutlich. Wie ein kindlicher Erzähler fährt sie fort, „und dann außer der Angst ... Scham. Ich schäme mich" (Z. 31 – 32). Dies ist der vorläufige Endpunkt einer Reihe von ‚Und'-Sätzen (vgl. Z. 15 – 31), die ein Mangel an klarer Gedankenführung verraten und damit auf den beschriebenen inneren Zustand der Aufgewühltheit und Verzweiflung verweisen. Ähnliches gilt für die elliptische Konstruktion in diesen Zeilen, die durch unvollendete Sätze bzw. Auslassungen ihren Teil zur Verdeutlichung beitragen. Analog zu ihrer fehlenden Reue über ihren Ehebruch klagt Effi sich selbst an, dass sie

„auch nicht die rechte Scham“ (Z. 33) habe, denn sie schäme sich nur wegen dem „ewigen Lug und Trug“ (Z. 34). Es sei immer ihr Stolz gewesen, dass sie nicht habe lügen können und auch nicht zu lügen brauchte. Obwohl Lügen so gemein sei, habe sie im Zusammenhang mit ihrer Affäre doch immer lügen müssen, „vor ihm und vor aller Welt, im Großen und im Kleinen“ (Z. 37–38). Die Anaphern verdeutlichen in diesem Zusammenhang das Ausmaß ihres Lügennetzes und versinnbildlichen bzw. betonen für Effi die Schwere ihres Vergehens.

Diese allgemein formulierte Selbstanklage führt Effis Gedanken zu einer der letzten Lügen, nämlich zu dem ‚Komödienspiel‘, als sie in Berlin eine Krankheit vorgetäuscht hat, um nicht mehr nach Kessin zurückkehren zu müssen. Sie ist sich darüber im Klaren, dass Rummschüttel es gemerkt habe. Die Frage, was dieser nun von ihr denke, beantwortet sie im selben Satz mit der durchaus realistischen Einschätzung, „jedenfalls nicht das Beste“ (Z. 40). Hieran wird deutlich, dass ihr die gesellschaftlichen Erwartungen und ihr Ansehen nicht gleichgültig sind. Im Gegenteil, sie tragen maßgeblich zu ihrem Dilemma bei, indem sie verhindern, dass sich Effi aus ihrer Konfliktsituation lösen kann.

Erneut kehrt sie zu den Gedanken um Angst, Scham und Schuld zurück. In einer Art Zwischenfazit formuliert sie, „Angst quält mich und dazu Scham über mein Lügenspiel“ (Z. 40–41). Wie verunsichert sie hinsichtlich ihrer Gefühle ist, die sie haben sollte bzw. tatsächlich hat, zeigt sich, als sie über die Scham wegen ihrer Schuld nachdenkt. Diese „hab ich nicht oder doch nicht so recht oder doch nicht genug“ (Z. 42–43), formuliert sie verräterisch. Dies bringe sie um.

In ihrer Verzweifelung sucht sie kurz Halt in der Vorstellung, dass „alle Weiber“ (Z. 44) so sein könnten, doch weist sie diese Überlegung sofort als schrecklich zurück. Sie hofft, dass dies nicht der Fall sei und kommt damit zu der schlimmeren Schlussfolgerung, dass es schlecht um sie stehe und dass „etwas nicht in Ordnung“ in ihrer Seele (Z. 46 f.) sei. In ihrer Suche nach möglichen Ursachen denkt sie an den alten Niemeyer, den Geistlichen ihrer Kindertage in Hohen-Cremmen. Dieser habe einmal zu ihr gesagt, dass es auf das richtige Gefühl ankomme. Wenn man es habe, könne man allen Anfechtungen trotzen, doch wenn man es nicht besitze, dann sei man der ewigen Gefahr ausgesetzt, dass der „Teufel (…) eine sichere Macht“ (Z. 54 f.) über einen habe. Wie um sich zu vergewissern, ruft Effi in einer Antithese „Gottes Barmherzigkeit“ (Z. 53 f.) beinahe flehentlich an und fragt sich am Ende ihres Selbstgesprächs, „steht es so mit mir“ (Z. 55).

An dieser Stelle setzt der Erzählerbericht wieder ein und lässt den Leser von außen Effis Verzweiflung miterleben. Als Ausdruck ihrer gewachsenen Seelennot ist ihr Kopf nicht mehr auf die Arme gestützt (vgl. Z. 24), sondern liegt nun in ihren Armen (Z. 56). Endlich lässt sie ihren Gefühlen auch nonverbal freien Lauf, so dass sie „bitterlich“ (Z. 57) weint.
Dies scheint sie in gewisser Weise zu befreien, denn als sie sich wieder aufrichtet,

ist sie „ruhiger“ (Z. 58) und befindet sich damit im Einklang mit der Stille des Gartens. Diese innere und äußere Harmonie mag jedoch als eine Ruhe vor dem Sturm verstanden werden, der bald über sie hereinbrechen wird, da sich ihre Ängste bewahrheiten sollten.

Zusammenfassend für diesen Teil kann festgehalten werden, dass Effi Briest von schwerwiegenden Gewissensnöten geplagt wird, die im Zusammenhang mit ihrem Ehebruch stehen. Ihre Gedanken kreisen dabei – sich wiederholend – um Schuld, Scham und Angst. Sie weiß um die gesellschaftlichen Erwartungen, nach denen Schuldgefühle wegen der Affäre auf ihr lasten müssten, doch beschwert lediglich die ständige unbändige Angst, dass die Heimlichkeiten auffliegen könnten, ihr Gemüt. Sie sucht dabei die Ursachen bei sich selbst und gerät immer mehr in Selbstzweifel. Ihre zunehmende Verzweiflung drückt sich auch sprachlich in den Wiederholungen, Ellipsen bzw. ‚Und‘-Sätzen aus.

III. Vergleich

Aufgabe 3: Vergleich der Konfliktsituation

Effi steht in einem grundlegenden Konflikt zwischen dem „tyrannisierende[n] Gesellschafts-Etwas“ (Fontane, Effi Briest, Kap. 27) und ihrem Wunsch nach Selbstverwirklichung. Hierin ist sie mit der Figur der Luise Miller aus Schillers „Kabale und Liebe“ durchaus vergleichbar, denn die bürgerliche Musikustochter liebt den adligen Major Ferdinand von Walter, doch steht diese Liebe im Gegensatz zu den Wertvorstellungen der Ständegesellschaft. Im Folgenden sollen diese Konfliktsituationen näher beschrieben werden. Zur Erklärung dienen dabei die charakterlichen Wesenszüge und Ideale der Protagonistinnen, da diese die Spannungen im Wesentlichen hervorrufen. Das daraus entstehende Konfliktpotential wird in diesem Kontext auf der jeweiligen Folie der gesellschaftlichen Rahmenbedingungen sichtbar. Abschließend soll verglichen werden, wie die beiden Frauen und ihr Umfeld mit diesem Konflikt umgehen bzw. welche Folgen sich für Effi und Luise daraus ergeben.

Wie aus der Textstelle deutlich geworden ist, sind die Effi anerzogenen Werte wie eheliche Treue, Aufrichtigkeit, Ehrlichkeit und gesellschaftliches Ansehen von hoher Relevanz für ihr Denken und Handeln. Erst ihre grundlegende Akzeptanz dieser Werte stürzen sie in den Gewissenskonflikt. Ihr Streben nach Selbstverwirklichung, das sich in der zurückliegenden Affäre mit Crampas ausdrückt, kann jedoch damit nicht in Einklang gebracht werden.

Luise Miller steht vordergründig einer ganz anderen Ausgangslage gegenüber. Sie ist unverheiratet und hat keinen Ehebruch begangen, dessen sie sich schämen müsste. Dennoch ist ihre frei gewählte Liebe gesellschaftlich stigmatisiert, da sie die Standesgrenzen der absolutistischen Gesellschaft des 18. Jahrhunderts verletzt. Hieraus resultiert, dass die Begegnungen der Liebenden weitgehend im Verborgenen, z. B. in der Privatheit des Hauses, stattfinden. Bei Bekanntwerden in der Öffentlichkeit droht der gesellschaftliche Ruf Luises und ihrer Familie in Mitleidenschaft zu geraten. Luise könnte fälschlicherweise als Mätresse, die gegen Geld ausgehalten wird, aufgefasst werden. Dies hätte die gesellschaftliche Ächtung der Familie Miller zur Folge. Vor diesem Hintergrund ist die Sorge ihres Vaters, dass das Haus „verrufen" (Kabale und Liebe, I,1) werde, durchaus berechtigt.

Luises eigenes religiös geprägtes, kleinbürgerliches Weltbild lässt sie von Anfang an zweifeln, ob die gesellschaftlich geächtete Beziehung im Diesseits Bestand haben kann. Im Gegensatz zu Ferdinand, der allen gesellschaftlichen Realitäten trotzen möchte, sieht sie die Hindernisse, die sich ihnen in den Weg stellen. Insbesondere die Autorität von Ferdinands Vater, des Präsidenten am Hofe, und dessen Drohgebärden fürchtet sie. Entscheidend aber für ihr Denken und Handeln ist die enge Bindung zu ihrem Vater, die ihre Selbstverwirklichung in Bezug auf Ferdinand nahezu unmöglich macht.

Gegenüber der realistischen Luise wirkt Effi Briest über weite Strecken kindlich-naiv. Zu Recht wird sie von ihrer Mutter zu Beginn des Romans als „Tochter der Luft" bezeichnet. Ohne Bodenhaftung für die gesellschaftlichen Bedingungen sehnt sie sich nach Abenteuer und Exotik, was kaum in den Adelskreisen der Briests verwirklicht werden konnte. Von einer besonderen Tragik ist, dass sie in Bezug auf die Partnerwahl eine moderne partnerschaftliche Eheauffassung besitzt. Gegenüber ihrer Mutter formuliert sie im vierten Kapitel, dass sie „für gleich und gleich und natürlich auch für Zärtlichkeit und Liebe" sei, eine Konzeption, die sich mit den gesellschaftlichen Konventionen des 19. Jahrhunderts nicht vertrug.

In den adligen Kreisen war bei Eheschließung der Standeserhalt bzw. der gesellschaftliche Aufstieg ausschlaggebend, nicht aber die emotionale Bindung. Auf diesem Hintergrund wird sie auch mit Innstetten verheiratet. Effi wehrt sich deshalb auch nicht offen gegen die Heirat, sondern verhält sich passiv, d.h. lässt es mit sich geschehen.

Dies ist ein Wesenszug, der auch in der Affäre mit Crampas offen zu Tage tritt. Trotz schwerer Gewissensbisse lässt sie sich verführen. Dass sie sich nicht dagegen wehrt, dürfte durch ihren Charakter bedingt sein, ist aber auch eine Folge der Gefühlskälte ihres Ehemanns, der sie vernachlässigt und nicht auf ihre emotionalen Bedürfnisse eingeht. Effi kann die Affäre nicht beenden. Sie wirkt beinahe unfähig zu handeln und lässt sich treiben, bis ihr durch den Umzug die Entscheidung abgenommen wird. Doch auch danach kann sie – wie die Textstelle gezeigt hat – ihr Gewissen nicht erleichtern. Sie bleibt in ihrem Konflikt gefangen.
Ihre mangelnde Tatkraft erweist sich jedoch nach Jahren als fatal. Innstetten findet die nicht vernichteten Briefe von Crampas an Effi und bringt somit die Katastrophe ins Rollen. Effi wird verstoßen und gesellschaftlich ausgegrenzt, sie muss ein karges Dasein in der Anonymität von Berlin fristen, bis sie schließlich bereits krank gnadenhalber bei den Eltern wieder aufgenommen wird. Sie erholt sich

jedoch nicht mehr und stirbt bald auf dem elterlichen Gut in Hohen-Cremmen. Sie zerbricht damit an den gesellschaftlichen Konventionen, die für ihre Selbstverwirklichung keinen Raum ließen. Auf dem Totenbett verzeiht sie ihrem Mann und stellt damit ihr Aufbegehren gegen die Normen ihrer Zeit in Frage, indem sie die gesellschaftlichen Rahmenbedingungen akzeptiert.

Luise hingegen entscheidet sich im Konflikt zwischen gesellschaftlichen Normen, die sie als eigene Werte verinnerlicht hat, und der Liebe aktiv dafür, Ferdinand aufzugeben. Die Drohungen des Präsidenten, insbesondere auch gegenüber ihrem Vater, lassen ihre Zweifel an der Beziehung gewichtiger und zu einer Entscheidungsgrundlage werden. In der entscheidenden Begegnung zwischen ihr und dem Sohn des Präsidenten im dritten Akt des Dramas erklärt sie ihren individuellen Anspruch als „Kirchenraub" (III, 4). Sie sieht ihre Beziehung im Zusammenhang mit den gesellschaftlichen Bedingungen, so dass sie fürchtet, dass ihre Liebe „die Fugen der Bürgerwelt auseinandertreiben und die allgemeine ewige Ordnung zugrund' stürzen würde" (III, 4). Die Unterordnung persönlicher Lebensziele unter die gesellschaftlichen Ansprüche empfindet sie als „Pflicht" (III, 4). Konsequenterweise kommt sie zu der Schlussfolgerung, dass ihre Beziehung nicht weiter bestehen kann.

Damit legt sie freilich den Grundstein für ihr eigenes Ende, da Ferdinand die Zurückweisung nicht versteht und einen Nebenbuhler hinter ihrem Verhalten vermutet. Der erzwungene Brief Luises, der ihm zugespielt wird, scheint seinen Verdacht zu bestätigen, so dass er sie mit in den Tod reißt. Ihr Opfer erscheint damit vordergründig sinnlos, doch kann die gesellschaftliche Utopie einer ständeübergreifenden Liebe im Jenseits verwirklicht werden. Im Rahmen von Schillers Absolutismuskritik muss das Ende daher als positiver Entwurf verstanden werden.

Beide Frauen können also – so lässt sich zusammenfassen – sich nicht selbst verwirklichen, sondern zerbrechen an den gesellschaftlichen Erwartungen. Obwohl sie in ganz unterschiedlichen Gesellschaftsformationen zu unterschiedlichen Zeiten agieren, ist der Anpassungsdruck für Frauen offenbar ungebrochen hoch. Die absolutistische Ständegesellschaft zur Zeit Schillers zeigt sich genauso resistent gegenüber individuellen Ausbrüchen wie die adlige Gesellschaft ein Jahrhundert später, die Fontane in seinem Roman des bürgerlichen Realismus in den Blick nimmt.

Original-Klausur 2

Aufgabenart	Vergleichende Analyse von zwei literarischen Texten
Ausgangstext	Irmgard Keun, Das kunstseidene Mädchen und Theodor Fontane, Irrungen, Wirrungen
Niveau, Jahr	Grundkurs Deutsch 2007
Bearbeitungszeit	240 Minuten

Irmgard Keun
Das kunstseidene Mädchen

Das war gestern abend so um zwölf, da fühlte ich, daß etwas Großartiges in mir vorging. Ich lag im Bett – eigentlich hatte ich mir noch die Füße waschen wollen, aber ich war zu müde wegen dem Abend vorher, und ich hatte doch gleich zu Therese gesagt: "Es kommt nichts dabei raus, sich auf der Straße ansprechen zu lassen, und man muß immerhin auf sich halten."

Außerdem kannte ich das Programm im Kaiserhof schon. Und dann immer weiter getrunken – und ich hatte große Not, heil nach Hause zu kommen, weil es mir doch ohnehin immer schwer fällt, nein zu sagen. Ich hab gesagt: "Bis übermorgen." Aber ich denke natürlich gar nicht dran. So knubbelige Finger und immer nur Wein bestellt, der oben auf der Karte steht, und Zigaretten zu fünf – wenn einer schon so anfängt, wie will er da aufhören?

Im Büro war mir dann so übel, und der Alte hat's auch nicht mehr dick und kann einen jeden Tag entlassen. Ich bin also gleich nach Hause gegangen gestern abend – und zu Bett ohne Füße waschen. Hals auch nicht. Und dann lag ich so und schlief schon am ganzen Körper, nur meine Augen waren noch auf – der Mond schien mir ganz weiß auf den Kopf – ich dachte noch, das müßte sich gut machen auf meinem schwarzen Haar, und schade, daß Hubert mich nicht sehen kann, der doch schließlich und endlich der einzige ist, den ich wirklich geliebt habe. Da fühlt ich wie eine Vision Hubert um mich, und der Mond schien, und von nebenan drang ein Grammophon zu mir, und da ging etwas Großartiges in mir vor – wie auch früher manchmal – aber da doch nie so sehr. Ich hatte ein Gefühl ein Gedicht zu machen, aber dann hätte es sich womöglich reimen müssen, und dazu war ich zu müde. Aber ich erkannte, daß etwas Besonderes in mir ist, was auch Hubert fand und Fräulein Vogelsang von der Mittelschule, der ich einen Erlkönig hinlegte, daß alles starr war. Und ich bin ganz verschieden von Therese und den anderen Mädchen auf dem Büro und so, in denen nie Großartiges vorgeht. Und dann spreche ich fast ohne Dialekt, was viel ausmacht und mir eine Note gibt, besonders da mein Vater und meine Mutter ein Dialekt sprechen, das mir geradezu beschämend ist.

Und ich denke, daß es gut ist, wenn ich alles beschreibe, weil ich ein ungewöhnlicher Mensch bin. Ich denke nicht an Tagebuch – das ist lächerlich für ein Mädchen von achtzehn und auch sonst auf der Höhe. Aber ich will schreiben wie Film, denn so ist mein Leben und wird noch mehr so sein. Und ich sehe aus wie Colleen Moore[1], wenn sie Dauerwellen hätte und die Nase mehr schick ein bißchen nach oben. Und wenn ich später lese, ist alles wie Kino – ich sehe mich in Bildern. Und jetzt sitze ich in meinem Zimmer im Nachthemd, das mir über meine anerkannte Schulter gerutscht ist, und alles ist erstklassig an mir – nur mein linkes Bein ist dicker als mein rechtes. Aber kaum. Es ist sehr kalt, aber im Nachthemd ist schöner – sonst würde ich den Mantel anziehn.

Anmerkungen:

[1] Colleen Moore: Stummfilmstar der 1920er Jahre

Irmgard Keun, 1905 in Berlin geboren, verlebte ihre Kindheit und Jugendzeit in Köln. Nach einer Ausbildung als Schauspielerin schrieb sie Romane. „Das kunstseidene Mädchen“, 1932 erschienen, ist ihr zweiter Roman. 1933 wurden die Texte Keuns durch die Nationalsozialisten verboten, 1935 ging Keun nach Belgien ins Exil, reiste aber 1940 unter einem Decknamen illegal wieder in Deutschland ein. Irmgard Keun starb 1982 in Köln.

Theodor Fontane
Irrungen, Wirrungen

An dem Schnittpunkte von Kurfürstendamm und Kurfürstenstraße, schräg gegenüber dem „Zoologischen“, befand sich in der Mitte der siebziger Jahre noch eine große, feldeinwärts sich erstreckende Gärtnerei, deren kleines, dreifenstriges, in einem Vorgärtchen um etwa hundert Schritt zurück gelegenes Wohnhaus, trotz aller Kleinigkeit und Zurückgezogenheit, von der vorübergehenden Straße her sehr wohl erkannt werden konnte. Was aber sonst noch zu dem Gesamtgewese der Gärtnerei gehörte, ja die recht eigentliche Hauptsache derselben ausmachte, war durch eben dies kleine Wohnhaus wie durch eine Kulisse versteckt, und nur ein rot und grün gestrichenes Holztürmchen mit einem halb weggebrochenen Zifferblatt unter der Turmspitze (von Uhr selbst keine Rede) ließ vermuten, daß hinter dieser Kulisse noch etwas anderes verborgen sein müsse, welche Vermutung denn auch in einer von Zeit zu Zeit aufsteigenden, das Türmchen umschwärmenden Taubenschar und mehr noch in einem gelegentlichen Hundegeblaff ihre Bestätigung fand. Wo dieser Hund eigentlich steckte, das entzog sich freilich der Wahrnehmung, trotzdem die hart an der linken Ecke gelegene, von früh bis spät aufstehende Haustür einen Blick auf ein Stückchen Hofraum gestattete. Überhaupt schien sich nichts mit Absicht verbergen zu wollen, und doch mußte jeder, der zu Beginn unserer Erzählung des Weges kam, sich an dem Anblick des dreifenstrigen Häuschens und einiger im Vorgarten stehenden Obstbäume genügen lassen.

Es war die Woche nach Pfingsten, die Zeit der langen Tage, deren blendendes Licht mitunter kein Ende nehmen wollte. Heut aber stand die Sonne schon hinter dem Wilmersdorfer Kirchturm, und statt der Strahlen, die sie den ganzen Tag über herabgeschickt hatte, lagen bereits abendliche Schatten in dem Vorgarten, dessen halb märchenhafte Stille nur noch von der Stille des von der alten Frau Nimptsch und ihrer Pflegetochter Lene mietweise bewohnten Häuschens übertroffen wurde. Frau Nimptsch selbst aber saß wie gewöhnlich an dem großen, kaum fußhohen Herd ihres die ganze Hausfront einnehmenden Vorderzimmers und sah, hockend und vorgebeugt, auf einen rußigen alten Teekessel, dessen Deckel, trotzdem der Wrasen auch vorn aus der Tülle quoll, beständig hin und her klapperte. Dabei hielt die Alte beide Hände gegen die Glut und war so versunken in ihre Betrachtungen und Träumereien, daß sie nicht hörte, wie die nach dem Flur hinausführende Tür aufging und eine robuste Frauensperson ziemlich geräuschvoll eintrat. Erst als diese letztre sich geräuspert und ihre Freundin und Nachbarin, eben unsre Frau Nimptsch, mit einer gewissen Herzlichkeit bei Namen genannt hatte, wandte sich diese nach rückwärts und sagte nun auch ihrerseits freundlich und mit einem Anfluge von Schelmerei: „Na, das is recht, liebe Frau Dörr, daß Sie mal wieder rüberkommen. Und noch dazu von's „Schloß". Denn ein Schloß is es und bleibt es. Hat ja 'nen Turm. Un nu setzen Sie sich … Ihren lieben Mann hab' ich eben weggehen sehen. Und muß auch. Is ja heute sein Kegelabend."
Die so freundlich als Frau Dörr Begrüßte war nicht bloß eine robuste, sondern vor allem auch eine sehr stattlich aussehende Frau, die, neben dem Eindruck des Gütigen und Zuverlässigen, zugleich den einer besonderen Beschränktheit machte. Die Nimptsch indessen nahm sichtlich keinen Anstoß daran und wiederholte nur: „Ja, sein Kegelabend. Aber, was ich sagen wollte, liebe Frau Dörr, mit Dörren seinen Hut, das geht nicht mehr. Der is ja schon fuchsblank und eigentlich schimpfierlich. Sie müssen ihn ihm wegnehmen und einen andern hinstellen. Vielleicht merkt er es nich … Und nu rücken Sie ran hier, liebe Frau Dörr, oder lieber da drüben auf die Hutsche … Lene, na Sie wissen ja, is ausgeflogen un hat mich mal wieder in Stich gelassen."
„Er war woll hier?"
„Freilich war er. Und beide sind nu ein bißchen auf Wilmersdorf zu; den Fußweg lang, da kommt keiner. Aber jeden Augenblick können sie wieder hier sein."

„Na, da will ich doch lieber gehn."

„O nich doch, liebe Frau Dörr. Er bleibt ja nich. Und wenn er auch bliebe, Sie wissen ja, der is nicht so."

„Weiß, weiß. Und wie steht es denn?"

„Ja, wie soll es stehn? Ich glaube, sie denkt so was, wenn sie's auch nich wahr haben will, und bildet sich was ein."

Aufgabenstellung

1. Analysieren Sie den Anfang des Romans „Das kunstseidene Mädchen" von Irmgard Keun.
   (48 Punkte)

2. Vergleichen Sie ihn mit dem Anfang des Romans „Irrungen, Wirrungen" von Theodor Fontane.
   (39 Punkte)

Materialgrundlage:
- Irmgard Keun: Das kunstseidene Mädchen. Berlin 2005. (Erstveröffentlichung 1932), S. 7ff.
- Theodor Fontane: Irrungen, Wirrungen. Stuttgart 1994, S. 3–5

Zugelassene Hilfsmittel:
- Wörterbuch zur deutschen Rechtschreibung
- Unkommentierte Ausgabe von Fontanes Roman „Irrungen, Wirrungen"
(liegt im Prüfungsraum zur Einsichtnahme vor)

Schritt 1

Aufgaben verstehen

Aufgabe 1

Aufgabentyp und Erklärung der Arbeitsanweisungen
Der Operator **„Analysieren"** wird häufig mit dem Operator **„Interpretieren"** gleichgesetzt. Dies bedeutet bei literarischen Texten: Texterfassung, Textbeschreibung und Textdeutung. Dieser Dreischritt sollte die Struktur Ihrer Klausur bestimmen.
Texterfassung: Was wird erzählt (Handlung, Personen, Zeitpunkt, Schauplatz)?
Textbeschreibung: Wie wird erzählt? Dabei gilt es zunächst wichtige strukturbildende, gattungstypische, syntaktische, semantische und stilistische Elemente und deren Aufgaben im Text zu erfassen (Erzählperspektive, Erzähler, Anordnung der erzählten Ereignisse, Darstellungsform, Charakteristik der handelnden Personen oder Personenkonstellation, Gestaltung der Zeit, Sprache).
Textdeutung: Welche Bedeutung hat oder hatte der Text? Die Bedeutung kann unter der Perspektive gesehen werden, die der Text zur Zeit seiner Entstehung gehabt haben könnte (Epochenbezug, Epochenumbruch). Zugleich kann auf den aktuellen Verstehenshorizont (also auf Ihre Perspektive) eingegangen werden.

Aufgabe 2

Aufgabentyp und Erklärung der Arbeitsanweisungen
Der Operator **„Vergleichen"** fordert Sie auf, Gemeinsamkeiten und Unterschiede zu ermitteln, indem Sie die beiden Romananfänge unter selbst gewählten Aspekten einander gegenüberstellen und diese in Beziehung zueinander setzen. Bei dieser Aufgabe geht der Vergleich von dem Romananfang von Keun aus. Der Romananfang von Fontane muss keiner ausführlichen eigenen Analyse und Deutung unterzogen, sondern nur im Hinblick auf vergleichbare Aspekte untersucht werden.

Tipps zur Vorgehensweise
Beachten Sie, dass für diese erste Aufgabe 48 Punkte erteilt werden, für die Aufgabe 2 nur 39 Punkte. Sie sollten also etwas mehr Wert auf die Analyse legen.
Verdeutlichen Sie sich zunächst aufgrund der von Ihnen gelesenen Romane, welche Aufgabe dem Anfang eines Romans zukommt. Vielleicht erinnern Sie sich daran, dass Fontane dem Romananfang eine zentrale Bedeutung zugesprochen hat.
Beachten Sie schon frühzeitig, dass Sie zwei Romananfänge vergleichen sollen.
Überlegen Sie, welche Vergleichsmöglichkeiten sich anbieten.

Schritt 2

Text bearbeiten

Aufgabe 1 Textanalyse

Vorarbeit zur Einleitung Ihrer Klausur	Notizen
Aus den zusätzlichen Informationen zum Text oder zum Autor können Sie häufig Rückschlüsse auf die Entstehungszeit oder die Epoche ziehen.	Roman 1932 veröffentlicht – kurze Zeit vor der Machtübernahme durch Hitler 1933; Texte der 27-jährigen Autorin nach 1933 verboten – auch die Hauptperson des Romans entspricht nicht dem Ideal einer deutschen Frau nach 1933.
Identifizieren Sie den Textauszug aufgrund der vorliegenden Daten, der Erzählweise und der Hauptfigur als Romananfang eines modernen Romans.	z. B. offener Anfang, innerer Monolog

Im Hauptteil Ihrer Klausur sollten Sie die folgenden Aspekte erarbeiten:

Schwerpunkte des Hauptteils	Notizen
1. Texterfassung: Inhaltsangabe mit Gliederung Fassen Sie den Inhalt des Romananfangs knapp zusammen. Inhalt Hauptperson Ereignisse Zeit Ort, Räume der Handlung	

Schwerpunkte des Hauptteils	Notizen
2. Textbeschreibung	
Erzähltechnik: Erarbeiten Sie die Erzähltechnik des Romananfangs (= gattungsspezifische Merkmale): Welche Darbietungsform benutzt der Erzähler? Welche Bedeutung haben die Rückblenden im inneren Monolog? Welche Rolle spielen die verschiedenen Räume?	Einige Hinweise zur Erzähltechnik: Keine Exposition, Wechsel zwischen den Zeitebenen Darbietungsform: innerer Dialog, Lebensbericht in filmischer Darstellungstechnik (keine Tagebuchform), Erinnerungen und Assoziationsketten.
Figurencharakteristik: Untersuchen Sie die Gestaltung der Hauptfigur: z. B. soziale Stellung, Sprache, seelische Verfassung. Beachten Sie dabei die implizite Charakteristik (Gedanken, Redeweise, Wahl der Themen) und die Selbstcharakteristik der Ich-Erzählerin.	
Sprache und Figurenrede: Erarbeiten Sie die Figurenrede und die sprachliche Gestaltung des Romananfangs. Beachten Sie den Gegensatz von Alltagsjargon und bewusst gestalteter literarischer Sprache.	

Den Schluss Ihrer Analyse stellt die **Textdeutung** dar. Dabei sollte die Thematik, der historische Hintergrund und die Zugehörigkeit des Textes zu einer literarischen Epoche herausgearbeitet werden.

Schluss der Analyse – Textdeutung	Notizen
Thematik	Widerspiegelung des Alltagslebens einer kleinen Büroangestellten in den späten 20er-Jahren – Lebenswirklichkeit steht unter der Ungewissheit der Wirtschaftskrise, Widerspruch von Wirklichkeit und Traum.
Historischer Kontext	z. B. Arbeitslosigkeit und wirtschaftliche Krise am Ende der 20er-Jahre
Epochenzuordnung (beachten Sie dabei Thematik und Darstellungsweise)	

Aufgabe 2 Textvergleich

Stellen Sie Aspekte, die Ihnen vergleichbar erscheinen, in einer Tabelle zusammen. Bearbeiten und erweitern Sie die folgende Tabelle.

Aspekte des Vergleichs	Fontane – Irrungen, Wirrungen	Keun – Das kunstseidene Mädchen
Erzähler		
Erzähltechnik		
Darstellung und Bedeutung des Raums		
Darstellung und Bedeutung der Zeit (Handlungszeit, Symbolzeit, historische Zeit)		
Personen (Darstellung und Charakteristik)		
Sprache als Spiegel der Charaktere		

Zum Schluss können Sie die beiden Romane unter der Perspektive des Epochenumbruchs vom 19. Jahrhundert in das 20. Jahrhundert vergleichen.

	Aspekte der Literatur des 19. Jahrhunderts	**Aspekte der Literatur des 20. Jahrhunderts**
Weltbild	Übersichtlich, einfach und geprägt von klaren Wertmaßstäben	Unberechenbar, unsicher, vielschichtig
Personen	An klaren Werten orientiert, sozial eingebunden, kommunikativ und offenherzig	Orientierungslos, einsam, fremdbestimmt und auf sich selbst bezogen (innerer Monolog)
Raumdarstellung	Übersichtliche, weite Räume, die Sicherheit versprechen.	Enge, bedrückende Räume
Zeitdarstellung	Chronologischer Verlauf der Ereignisse	Montage verschiedener Zeitebenen.
Darbietungsform	Häufig – auktorialer Erzähler	Verstärkte Ich-Perspektive Innere Handlung überwiegt; Innensicht dominiert (innerer Monolog)

Schritt 3 **Musterlösung**

Gliederung der Klausur

I. Aufgabe 1: Textanalyse – Romananfang Keun
A) Einleitung
B) Hauptteil
   1. Inhalt
   2. Erzähltechnik
   3. Figurencharakterisierung
   4. Erzählperspektive, Figurenrede und Sprache
C) Beurteilung des Romananfangs
D) Überleitung

II. Aufgabe 2: Textvergleich Keun – Fontane
A) Einleitung – Wiedergabe des Anfangs von „Irrungen, Wirrungen"
B) Hauptteil
   1. Figurencharakterisierung im Vergleich
   2. Erzählweisen im Vergleich
C) Schluss – Realismusvorstellungen bei Th. Fontane und I. Keun

I. Aufgabe 1: Textanalyse – Romananfang Keun

A) Einleitung

Die Hauptfigur in Irmgard Keuns Roman „Das kunstseidene Mädchen", der 1932 zum ersten Mal veröffentlicht wurde, ist eine 18-jährige Büroangestellte, die ihre Erlebnisse und Gedanken niederschreibt. Irmgard Keun hat diesen Roman als etwa 26-Jährige geschrieben, nachdem sie eine Schauspielausbildung absolviert hatte. Die Texte Keuns wurden nach 1933 durch die Nationalsozialisten verboten. Das Erscheinungsjahr und die Erzähltechnik erlauben es, diesen Romananfang der Literatur der Moderne zuzuordnen und ihn im Hinblick auf einige Merkmale der Erzähltechnik (z.B. innerer Monolog) in eine Reihe mit Döblins Roman „Berlin Alexanderplatz" zu stellen. Möglicherweise hat das Verbot des Schaffens von Keun im Dritten Reich gerade mit der Modernität ihrer Schreibweise zu tun.

B) Hauptteil

1. Inhalt

Der Roman beginnt mit dem Rückblick der 18-jährigen Protagonistin auf die vorangegangenen Abende und die Gedanken und Gefühle, die sie in der letzten Nacht beim Schlafengehen überkamen.

In Begleitung ihrer Freundin Therese hat sie sich zwei Abende zuvor von einem Mann auf der Straße ansprechen und in den „Kaiserhof" einladen lassen. Weil sie allerdings das Programm im „Kaiserhof" schon kennt, betrinkt sie sich und hat daraufhin Schwierigkeiten, „heil nach Hause zu kommen". Mit dem Mann, der für den Abend aufgekommen ist, verabredet sie sich für den übernächsten Tag, hat aber nicht vor, diese Verabredung einzuhalten. Sie hält ihren Verehrer für geizig, weil er billige Zigaretten und den billigsten Wein von der Karte bestellt hat.

Am folgenden Tag ist ihr im Büro „so übel", dass sie sich am Abend, ohne sich zu waschen, sogleich ins Bett legt. Im Halbschlaf, vom Mond beschienen und durch ein Grammophon von nebenan wachgehalten, hat sie die Vision, Hubert, der „der einzige ist, den [sie] wirklich geliebt [hat]", sei anwesend. Gleichzeitig fühlt sie, dass „etwas Großartiges" in ihr vorgeht, dass „etwas Besonderes in [ihr] ist", was sie den anderen Mädchen in ihrem Büro überlegen macht.

Nach dieser Erinnerung springt die Erzählung in die Gegenwart. Die Ich-Erzählerin sitzt nur mit einem Nachthemd bekleidet in ihrem kalten Zimmer und beschließt, die Ereignisse aufzuschreiben, weil sie „ein ungewöhnlicher Mensch" sei. Ein Tagebuch zu schreiben lehnt sie jedoch ausdrücklich ab, – das sei für „ein Mädchen von achtzehn" lächerlich. Was sie schreiben will, solle eher einem Film ähneln, denn auch ihr Leben sei ein Film und werde „noch mehr so sein". Dabei vergleicht sie sich mit ihrem dauergewellten schwarzen Haar, ihrer Stupsnase und ihrem „erstklassigen" Körper mit Colleen Moore, einem Stummfilmstar der 1920er-Jahre.

2. Erzähltechnik

Zunächst wirkt der Romananfang verwirrend auf den Leser. Aufgrund der Darbietungsform des inneren Monologs und durch die unvermittelte Wiedergabe von Gefühlen und Gedanken, in die Handlungsbruchstücke eingebettet sind, erkennt der Leser keinen chronologischen Handlungsverlauf. Zudem wechselt der Roman zwischen Erinnerung und Gegenwart. Keuns Roman weist damit einen zweigeteilten Anfang auf, was auch sprachlich durch den Wechsel von Präteritum- zu Präsensformen ausgedrückt wird.

Der Roman beginnt ohne eigentliche Einleitung mit einer Erinnerung der Ich-Erzählerin an die letzte Nacht. Der Leser wird durch das Präteritum und das verstärkende Demonstrativpronomen „Das" unmittelbar in die Handlung hineingezogen. Die genaue Zeitangabe suggeriert zudem, dass das Geschehen am vorangegangenen Abend von besonderer Bedeutung gewesen sein muss, was durch ihre Behauptung gestützt wird, „daß etwas Großartiges in [ihr] vorging". Die Erwartungshaltung des Lesers wird jedoch enttäuscht, denn anstatt dieses „Großartige" näher zu erklären, erwähnt die Ich-Erzählerin beiläufig, dass sie sich aus Müdigkeit die Füße nicht gewaschen hatte. In einer Assoziationskette gehen ihre Gedanken dann zurück zu dem Abend, an dem sie sich betrunken hat, weiter zum nächsten Morgen im Büro, um schließlich zu dem Moment der Verträumtheit zurückzukehren, in dem sie das Gefühl überkommen hatte, „etwas Besonderes" zu sein.

Mit dem Gedanken, außergewöhnlich zu sein, beginnt auch der zweite Auftakt des Romans, in dem die Erzählerin in ihrer Erzählgegenwart angekommen ist. Durch die Verwendung des Präsens wird die Aufmerksamkeit des Lesers noch stärker auf das Erzählte gelenkt, er glaubt, nun unmittelbar teilzuhaben an den Geschehnissen und den Gedanken der Protagonistin.

Die 18-Jährige denkt darüber nach, „alles" aufzuschreiben. Ihr schwebt ein Lebensbericht vor. Sie möchte jedoch kein Tagebuch schreiben, sondern stellt sich eher eine Art filmische Darstellung vor. Später, wenn sie ihre Erinnerungen liest, soll „alles wie Kino" sein. Ihre Erlebnisse sollen durch ausdrucksstarke Bilder und Sequenzen nacherlebbar gemacht werden. Gleichzeitig wird damit angedeutet, dass die Protagonistin in die Scheinwelt bewegter Bilder fliehen und sich eine Welt aus Illusionen aufbauen möchte.

Die Erinnerungen und die Erzählgegenwart der Ich-Erzählerin liegen zeitlich nah beieinander, sodass es zwischen dem sich erinnernden Ich und dem erlebenden Ich keinerlei Unterschied gibt. Der Blickwinkel auf die eigene Person und die Welt ist der gleiche. Sowohl die Erinnerung an den geistlosen Abend, die vergangene Liebesbeziehung und den unangenehmen Chef als auch die armselige eigene Wirklichkeit in einem kalten Zimmer werden überlagert durch den Traum von einer großartigen Zukunft. Ihr Glaube an die eigene Attraktivität und erotische Ausstrahlung bestärkt die Protagonistin in ihrem Wunschdenken.

3. Figurencharakterisierung

Der Leser wird durch die Innensicht der Hauptfigur unmittelbar einbezogen in ihre Gedanken, Gefühle und Sehnsüchte. Weil alles Erzählte nur aus dem Blickwinkel der Ich-Erzählerin vermittelt wird, kann der Leser sich kein anderes Bild von ihrem Äußeren machen als das, welches die Ich-Erzählerin ihm anbietet. Darüber hinaus jedoch ist der Leser durch die implizite Charakterisierung der Hautfigur in der Lage, ein sehr genaues Bild der jungen Frau zu entwickeln.

Die Erzählerin charakterisiert sich zunächst selbst, indem sie darauf hinweist, dass sie ein „ungewöhnlicher Mensch" und „etwas Besonderes" sei. Diese Behauptung steht jedoch im Kontrast zu ihrer offensichtlich recht gewöhnlichen Arbeit in einem Büro und den Themen, über die sie spricht. In ihre großartigen Zukunftsphantasien mischt sich die Erinnerung an einen öden Abend mit einem Mann, den sie auf seine abstoßenden „knubbelige[n] Finger" und seinen Geiz reduziert. Die Erinnerung an die Warnung, die sie gegenüber ihrer Freundin Therese ausgesprochen hat, dass nichts dabei herauskomme, wenn man „sich auf der Straße ansprechen" lasse, macht deutlich, dass die beiden jungen Frauen offensichtlich darauf aus waren, sich ansprechen zu lassen. Ihre Sehnsucht nach wahrer Liebe sowie ihre Einsamkeit werden durch ihre Erinnerung an Hubert angedeutet, der der „einzige ist, den [sie] wirklich geliebt" hat und möglicherweise noch liebt.

Die Besonderheit der Hauptfigur reduziert sich letztlich auf einen Gedichtvortrag des „Erlkönigs" während ihrer Schulzeit und die Tatsache, dass sie keinen Dialekt spricht. Der Optimismus, der in ihren Wunschträumen anklingt, steht im Kontrast zur ihrer tatsächlichen sozialen Lage. Zwar glaubt die Ich-Erzählerin, den anderen Büroangestellten und auch ihrer Bekannten, Therese, überlegen zu sein, doch räumt sie gleichzeitig ein, dass jede von ihnen „jeden Tag entlassen" werden könnte. Schon jetzt scheint ihr Geld nicht auszureichen, um das Zimmer ausreichend zu heizen: Arbeitslosigkeit, ein schwerwiegendes Problem der Zeit, in der der Roman erschien, würde die Ich-Erzählerin möglicherweise zwingen, ihre Maxime, „man muß immerhin auf sich halten", zu überdenken oder fallen zu lassen.

So unbestimmt das Großartige bleibt, das die Ich-Erzählerin in sich spürt, so unbestimmt ist ihre Zukunft. Letztlich wird wohl nur die körperliche Attraktivität, die die Hauptperson mehrfach erwähnt, das Kapital sein, mit dem sie ihre Zukunft gestalten kann.

4. Erzählperspektive, Figurenrede und Sprache

Der Romananfang scheint zunächst ein innerer Monolog zu sein. Dafür sprechen die unvollständigen Sätze, die sprunghafte Folge von Erinnerungsfetzen sowie die Darstellung im Indikativ Präsens im letzten Abschnitt. Auch die distanzlose Wiedergabe von Gedanken, Gefühlen und Beobachtungen legt diese Annahme nahe. Doch fällt auf, dass die Ich-Erzählerin wie in einem Selbstgespräch ihr Verhalten und ihre Erlebnisse kommentiert. Sie gesteht ein, dass es ihr schwerfalle „nein zu sagen", was zur Folge hatte, dass sie betrunken war. Die Verabredung mit dem Mann wird sie nicht einhalten, mit der Begründung, dass dieser geizig war. Beim Betrachten ihrer Beine stellt sie fest, dass das linke Bein ein wenig dicker als das rechte ist. Der Leser wird also von der kommentierend erzählenden Ich-Erzählerin in seinen Vorstellungen gelenkt und auf ihren Blick beschränkt.

Nur an einer Stelle wird der innere Monolog durch einen Satz in wörtlicher Rede unterbrochen. Doch dieser Satz unterscheidet sich nicht vom Stil der übrigen Ich-Erzählhaltung. Er ist umgangssprachlich geprägt („raus") und endet in der unvollständig formulierten Aussage „und man muß immerhin auf sich halten". Was zunächst so klingt, als wolle die Protagonistin ausdrücken, dass man sich nicht gehen lassen dürfe, sich vielmehr in bestimmten Situationen zurückhalten müsse, steht dann jedoch im Widerspruch zu der Selbsteinschätzung, nicht „nein" sagen zu können, mit dem die Erzählerin ihre Betrunkenheit entschuldigt.

Der Alltagsjargon („knubbelig", „der Alte", „einen Erlkönig hingelegt") und der verkürzte Satzbau („Ich will schreiben wie Film") weisen genauso wie die Belanglosigkeiten, mit denen sich die Ich-Erzählerin beschäftigt, auf ihren naiven, einfachen Charakter hin. Elliptische Sätze („Und dann immer weiter getrunken", „ist alles wie Kino") bilden die Umgangssprache nach, in der die Hauptperson spricht. Kennzeichnend für die nachlässige Sprechweise der Protagonistin und ein Hinweis auf ihre Herkunft aus einer sozial schwächeren Schicht sind die häufigen Satzbrüche (Anakoluthe) in ihren Schilderungen („Im Büro war mir dann so übel, und der Alte hat's auch nicht mehr dick", „das ist lächerlich für ein Mädchen von achtzehn und auch sonst auf der Höhe").

Ihre Bildung und ihr Können glaubt die Ich-Erzählerin mit dem Hinweis auf einen Gedichtvortrag belegen zu können, allerdings fällt ihr offensichtlich der Autor nicht mehr ein, und im Sinne einer Synekdoche verallgemeinert sie den Vortrag auf die Mitteilung, sie habe „einen Erlkönig hin[gelegt], daß alles starr" gewesen sei.

Die gehäufte Verwendung des Personalpronomens „ich" spiegelt die Ichbezogenheit und Selbstreflexion der Erzählerin wider. Alle Ereignisse und Gedanken werden auf die eigene Person hin konzentriert. Aus einer selbstverliebten Perspektive heraus werden die Außenwelt und andere Personen bewertet.

Die Gedanken werden häufig parataktisch aneinander gereiht („Im Büro war mir dann so übel, und der Alte ..."); zudem werden die Erinnerungen nicht chronologisch vorgetragen, sondern springen zwischen Erinnerungen an die Zeit an der „Mittelschule", der Vision von Hubert und dem Abend im Kaiserhof.

Irmgard Keun verleiht ihrer Hauptperson jedoch durch Sprachwitz, der sich z. B. in Personifikationen („meine anerkannte Schulter"), in Bildern („schlief schon am ganzen Körper, nur meine Augen waren noch auf") und durch ungewöhnliche Sentenzen („Im Nachthemd ist schöner – sonst würde ich den Mantel anziehn.") ausdrückt, eine sympathische Naivität und ein optimistisches Selbstbewusstsein.

Geschickt wird der Alltagsjargon durch eine bewusst literarisch ausgestaltete Sprache überlagert. Inversionen („nach Hause gegangen gestern Abend") verstärken den Eindruck der Unmittelbarkeit des inneren Monologs, ebenso wie überraschende Ellipsen („Hals auch nicht." – „So knubbelige Finger und immer nur Wein bestellt, der ...").

Der wiederholte Erzählanfang mit den Adverbien „da", „dann" bzw. durch die Konjunktion „und dann" erweckt den Eindruck des kindlichen Erzählens, das nur die Reihung der Ereignisse kennt, nicht aber die zeitliche oder kausale Verknüpfung. Einen ähnlichen Effekt haben die Anaphern („Und dann ... Und ich ... Und wenn … Und jetzt …“), die gleichfalls die undifferenzierte Reihung der Gedanken kennzeichnen.

Die Wiederholung des Schlüsselwortes „etwas Großartiges“ baut eine Erwartungshaltung beim Leser auf, die dann jedoch nicht erfüllt wird, sodass die Spannung erhalten bleibt, was denn nun dieses Großartige sei, das die Zukunft der Ich-Erzählerin verändern werde. Damit wird zugleich Neugier auf das Folgende geweckt. Das Unbestimmte dieses Vorgangs im Inneren der Hauptperson wird durch das indefinite Pronomen „etwas“ noch unterstrichen.

C) Beurteilung des Romananfangs

Der Roman führt den Leser unmittelbar in die Gedankenwelt einer 18-jährigen Büroangestellten in den letzten Jahren der Weimarer Republik. Zunächst scheint diese junge Frau etwas Besonderes zu sein. Doch rasch wird deutlich, dass diese Betonung des Außergewöhnlichen nur das im Grunde ärmliche Dasein dieser Büroangestellten verbergen soll. Ihr einziges Kapital scheint ihre körperliche Attraktivität zu sein: ihr schwarzes Haar, ihre Stupsnase, ihre schlanken Beine und ihre Dauerwellen. Dieses Kapital nutzt sie offensichtlich, um sich von Männern ansprechen und einladen zu lassen. Der Titel des Romans spielt möglicherweise auch auf die Steigerung ihrer Anziehungskraft durch kunstseidene Strümpfe an, denn kunstseidene Strümpfe mit einer Naht galten als besonders attraktiv, waren aber gleichzeitig sehr teuer, sodass sich eine Büroangestellte derartige Strümpfe kaum leisten konnte. Gleichzeitig klingt aber auch der euphemistische Ausdruck „halbseiden“ für „kriminell“ im Titel an. Zudem schwingt die Wortbedeutungs-Komponente „Künstlichkeit“ mit. Die Scheinwelt, die die kleine Büroangestellte entwirft, ist ihr Versuch, der Realität zu entfliehen.

Die Absicht des Romananfangs, den Leser in das Denken und in die Gefühle einer jungen Frau hineinzuversetzen, deren Zukunft keineswegs rosig aussieht, lässt sich am besten nachvollziehen, wenn der Roman aus der Perspektive der ausgehenden 1920er-Jahre betrachtet wird. Nach dem Zusammenbruch der New Yorker Börse im Oktober 1929 geriet auch Deutschland in den wirtschaftlichen Abwärtstrend der Weltwirtschaftskrise. In kurzer Zeit stieg die Zahl der Arbeitslosen von 1,4 Millionen im September 1929 auf 3,5 Millionen im Februar 1930; 1932 waren es schon über 6 Millionen. Hinzu kamen die zahllosen schlecht bezahlten Kurzarbeiter und Angestellten. Auch die Protagonistin des Romans, das kunstseidene Mädchen, zählt offensichtlich zur Klasse der unterbezahlten Angestellten; zudem befürchtet sie ihre Entlassung, weil ihr Chef es „auch nicht mehr dick“ hat. Doch zugleich entwirft Irmgard Keun mit ihrer Hauptperson das Bild einer selbstbewussten und optimistischen jungen Frau, in der trotz der Massenverelendung weiter Teile der Bevölkerung und der resignativen Gesamtstimmung „etwas Großartiges“ vorgeht.

Mehrfach bezieht sich die Ich-Erzählerin auf das Medium Film, wenn sie über ihre Darstellungstechnik nachdenkt. Ihr Hinweis auf den Stummfilmstar Colleen Moore deutet an, dass die Erzählerin noch nicht an einen Tonfilm denkt, sondern an die faszinierenden Großaufnahmen der Stummfilmstars, die durch Mimik und Gestik den Ton ersetzen mussten. Mit solch assoziativen Bildern arbeitet auch die Autorin des Romans. Bilder, wie das der halbwachen jungen Frau mit ihren schwarzen Haaren im Mondlicht, sollen vor dem geistigen Auge des Lesers aufsteigen.

Trotz ihrer optimistischen Weltsicht beobachtet die Ich-Erzählerin ihre Umgebung mit nüchternem Blick. So gelingt es ihr, mit ihrer einfachen, aber bilderreichen Sprache, kritische Distanz zur Umwelt zu wahren. Ihrer eigenen Situation und sich selbst gegenüber bleibt sie jedoch voller Illusionen.

Damit wäre dieser Romananfang am ehesten einer wichtigen literarischen Richtung dieser Zeit, der „Neuen Sachlichkeit“, zuzuordnen, auch weil gerade die Verwendung des inneren Monologs an Döblins Großstadtroman „Berlin Alexanderplatz“ erinnert.

D) Überleitung

Fontanes Roman erschien zunächst 1887 im Vorabdruck als Fortsetzungsroman in der „Vossischen Zeitung“, 1888 wird der Roman als Buch verlegt. Schon dieser Umstand macht deutlich, dass sich Fontane an ein breites Leserpublikum wandte, das wöchentlich neu für den Fortsetzungsroman begeistert werden musste. Das bedeutet zugleich, dass Fontane dem Wunsch des Zeitungs-Publikums nachkommen musste, die Wirklichkeit möglichst realistisch und nachvollziehbar abzubilden.

Fontane schildert die Liebesbeziehung zwischen der kleinbürgerlichen Lene Nimptsch und dem adligen Botho von Rienäcker, die an den Standesgrenzen zerbricht. Die Detailgenauigkeit der Beschreibungen, die realistische Wiedergabe des Gesprochenen sowie die Darstellung eines Konflikts zwischen Individuum und gesellschaftlicher Forderung erlauben es, den Roman dem „Realismus“ zuzuordnen.

II. Aufgabe 2: Textvergleich Keun – Fontane

A) Einleitung – Wiedergabe des Anfangs von „Irrungen, Wirrungen“

Schon der erste Satz des Romans führt den Leser zu einer Kreuzung „von Kurfürstendamm und Kurfürstenstraße“ in Berlin, die eine deutliche Trennung der Wohngebiete des Kleinbürgertums und des Adels kennzeichnet. Die Erwähnung des von den Berlinern schon zu dieser Zeit bewunderten „Zoologischen“ präzisiert die Ortsangabe noch. Gleichzeitig wird das Geschehen zeitlich in „die Mitte der siebziger Jahre“ zurückverlegt, um mögliche Zuordnungen der Geschehnisse zur Gegenwart der Veröffentlichung des Romans zu vermeiden.

Nach der Einordnung in einen konkreten historischen und gesellschaftlichen Kontext wird der Leser allmählich an den Ort der Handlung herangeführt. Dabei wird sein Blick von dem Wohnhaus der Gärtnerei auf ein „Holztürmchen" mit weggebrochenem Zifferblatt und einer „Turmspitze" ohne Uhr gelenkt.

Im zweiten Kapitel wird die Handlungszeit genauer bestimmt, es ist eine Woche nach Pfingsten, und die Abendsonne steht hinter dem Kirchturm von Wilmersdorf. Der Vorgarten des kleinen Hauses liegt schon im Schatten, und draußen – wie im Haus selbst – herrscht eine „halb märchenhafte Stille". Der Blick des Lesers wird nun in das Haus gelenkt, wo eine ältere Frau am offenen Herd sitzt und sich wärmt. Frau Nimptsch, die Ziehmutter von Lene, ist so versunken in „Träumereien", dass sie nicht wahrnimmt, wie ihre Nachbarin, Frau Dörr, den Raum „geräuschvoll" betritt. Erst als sie von Frau Dörr angesprochen wird, dreht sie sich um und äußert ihre Freude über den Besuch. Scherzhaft spielt sie auf das Haus der Dörrs an, das sie wegen seines „Türmchens" als „Schloss" bezeichnet, um dann auf den allwöchentlichen Kegelabend von Herrn Dörr und seinen verschlissenen Hut zu sprechen zu kommen.

Mit dem Hinweis darauf, dass Lene „ausgeflogen" und der scherzhaften Andeutung von Frau Nimptsch, dass sie „mal wieder im Stich gelassen" worden sei, nimmt das Gespräch eine neue Wendung. Wohl wissend, was damit gemeint ist, fragt Frau Dörr nach, ob Lenes Bekannter gekommen ist. In diesem Fall wolle sie sofort wieder gehen. Doch Frau Nimptsch hält sie mit dem vertraulichen Hinweis zurück, dass Lenes Begleiter nicht bleiben werde, und selbst wenn er bliebe, sei er „nicht so". Neugierig fragt Frau Dörr nach der Entwicklung der Beziehung und erfährt, dass Lene sich offensichtlich falsche Hoffnungen mache, sie „bilde[ ] sich was ein".

B) Hauptteil

1. Figurencharakterisierung im Vergleich

Trotz ihrer ähnlichen Herkunft sind Frau Dörr und Frau Nimptsch charakterlich sehr unterschiedlich. Frau Dörr wird von dem auktorialen Erzähler als herzlich und zuverlässig charakterisiert, allerdings wird zugleich ihre geistige „Beschränktheit" hervorgehoben. Sie wirkt bei ihrem ersten Auftreten bodenständig, robust und laut. Im Gegensatz zu ihrer Mieterin, Frau Nimptsch, ist sie finanziell unabhängig, da sie durch den Hausbesitz, die Gärtnerei und ihren Ehemann sozial abgesichert ist. Entsprechend selbstbewusst und ungehemmt kann sie auftreten. Der Ratschlag ihrer Nachbarin, den abgetragenen Hut ihres Mannes einfach auszutauschen, deutet darauf hin, dass Frau Dörrs Ehe intakt ist und nur Kleinigkeiten zu bemängeln sind. Diese Ehe spiegelt also jene Ordnung wider, die für Botho bei seiner Entscheidung sich von Lene zu trennen, so bedeutend ist und über die er sagt: „Ordnung ist Ehe". Der Leser wird kurze Zeit später erfahren, dass auch Frau Dörr ein Verhältnis mit einem Adligen hatte, wobei jedoch Liebe nicht ausschlaggebend für die Beziehung war. So ist auch das fast stillschweigende Einverständnis zwischen Frau Nimptsch und Frau Dörr zu verstehen („der is nicht so"). Die Grundlage unstandesgemäßer Beziehungen zwischen Adligen und Kleinbürgerlichen war damals häufig die finanzielle Zuwendung für sexuelle Leistungen, wie sich auch später bei Bothos Freunden und ihren Begleiterinnen zeigt. „Der is nicht so", ist dagegen der deutliche Hinweis, dass in der Beziehung zwischen Lene und Botho Liebe die Grundlage bildet.

Frau Nimptsch wirkt abwesend und eigentümlich fremd in dieser Umgebung. Doch obwohl sie ihren Träumen nachzuhängen scheint, beobachtet sie ihr Umfeld genau. So weiß sie z. B., dass Herr Dörr soeben zu seinem Kegelabend gegangen ist. Dennoch umgibt Frau Nimptsch eine Atmosphäre von Melancholie. Sie wärmt ihre Hände am Feuer, obwohl die Sonne den ganzen Tag über geschienen hat, und sie macht sich Sorgen um Lene. Zunächst äußert sie scherzhaft, dass Lene „ausgeflogen" sei, um dann gespielt bekümmert festzustellen, dass sie sie „mal wieder im Stich gelassen" habe. Hinter dieser Bemerkung verbirgt sich eine tiefere Sorge um ihre Ziehtochter: Sie befürchtet, dass Lene sich Hoffnungen auf einen glücklichen Ausgang ihrer Beziehung zu Botho macht, sich etwas einbildet und damit einem Irrtum aufsitzt. Frau Nimptsch erweist sich als kluge Beobachterin mit Sinn für Realität, wenn sie bemerkt, dass Lene „nich wahr haben will", dass ihre Beziehung zu Botho scheitern wird.

Beide Frauen sind aus ihrem Milieu heraus zu betrachten, das Fontane detailgetreu nachzeichnet. Frau Dörr ist eine handfeste, im Leben stehende einfache Frau, die offenkundig keine großen Sorgen hat. Ihr Mann scheint zwar geizig zu sein, bindet sich aber in die gesellschaftliche kleinbürgerliche Ordnung ein, indem er regelmäßig zu „seinem Kegelabend" geht. Dieser Kegelabend ist ein Zeichen der kleinbürgerlichen Entspannung. Im Gegensatz hierzu steht das Kegeln der adligen Offiziere, das eher dem Bedürfnis entspringt, sich die beschäftigungslose Zeit zu verkürzen.

Frau Nimptsch dagegen lebt zurückgezogen und hat keinen direkten Kontakt zur Außenwelt, obwohl ihre beiden Haustüren zur Straße und zum Hof immer offen stehen. Frau Dörr und Lene sind ihre Bezugspunkte nach außen, und Stille umgibt sie, wenn diese Personen abwesend sind. Ein Bild für die Isolation von Frau Nimptsch und ihre Suche nach menschlicher Wärme ist ihr Sitzen am offenen Herd, auch wenn draußen frühsommerliche Temperaturen herrschen.

Beide Frauen werden vor allem durch ihre Sprache charakterisiert. Fontane bildet den Berliner Alltagsjargon der 1870er-Jahre z. B. durch Elisionen („nu", „nich") und die Verwendung von Ellipsen und umgangssprachlicher Begriffe wie „schimpfierlich" oder „Hutsche" nach. Es fällt auf, dass sich Frau Nimptsch humorvoll und überaus freundlich mit ihrer Nachbarin unterhält, während diese nur kurze, neugierige Sätze formuliert: „Er war woll hier?" Auch Lene ist in dieses Milieu eingebettet. Ihr Spaziergang mit Botho nach Wilmersdorf beweist gleichwohl, dass

Lene die gesellschaftlichen Spielregeln beherzigt, denn auf dem „Fußweg [...] kommt keiner". Sie vermeidet so kompromittierende Begegnungen, die auf der anderen Seite der Gebäude, auf dem Kurfürstendamm, nicht zu umgehen gewesen wären.

Im Gegensatz zu Fontanes detaillierter Milieu-Beschreibung beschränkt sich Keuns Romananfang auf wenige Merkmale, die den Lebensraum der Hauptfigur kennzeichnen. Dabei muss der Leser sorgfältig die einzelnen Aussagen deuten. Keuns Protagonistin scheint in einer Dachwohnung zu leben, der Mond scheint auf ihren Kopf, die Wände sind dünn und das Zimmer ist kalt. Die Situation im Büro ist unbefriedigend, und der Lebenshunger des jungen Mädchens wird durch Träume und durch Erinnerungen nur unzureichend gestillt.

Vergleicht man die persönliche Situation von Lene mit der des „kunstseidenen Mädchens", so muss man feststellen, dass Lenes persönlicher Rückhalt durch ihre Ziehmutter und die Nachbarn – allen voran Frau Dörr – wesentlich größer ist als der der Ich-Erzählerin in Keuns Roman. Lene ist in ihr kleinbürgerliches Milieu integriert und fühlt sich geborgen, während sich die weibliche Hauptfigur Keuns offensichtlich allein durchschlagen muss. Dem täglichen Trott der Büroarbeit entzieht sie sich abends durch kleine Abenteuer. Ihre Männerbekanntschaften sind geprägt von der Suche nach Unterhaltung und dem Bedürfnis nach Abwechslung. Lene dagegen hat ihre wahre Liebe gefunden. Auch wenn sie weiß, dass ihre Beziehung zu Botho nicht von Dauer sein wird, wie ihre Ziehmutter schon frühzeitig erkennt, gibt sie sich dieser Liebe uneingeschränkt hin.

Auch Keuns Hauptfigur blickt zuversichtlich in ihre Zukunft, obgleich sich in ihrer Sorge um den Arbeitsplatz schon eine konkrete existenzielle Bedrohung abzeichnet. Ihr Optimismus speist sich aus ihrem Glauben, etwas „Besonderes" zu sein. Zugleich verbirgt sich dahinter die Verdrängung ihrer eigenen bescheidenen Lage.

2. Erzählweisen im Vergleich

Schrittweise führt der auktoriale Erzähler in Fontanes „Irrungen, Wirrungen" den Leser an den ersten Schauplatz des Romans heran. Eine genaue geographische Einordnung wird ergänzt durch eine recht exakte Zeitangabe. Zunächst wird das kleine Wohnhaus und seine Entfernung vom Kurfürstendamm erwähnt, dabei lenkt der Erzähler das Interesse auf das hinter dem Wohnhaus liegende „Gesamtgewese" der Gärtnerei, das man von der Straße aus nicht sehen kann. Der Hinweis des Erzählers, dass das Dahinterliegende „wie durch eine Kulisse" versteckt sei, ist eine der vielen „Finessen", wie Fontane seine literarischen Kunstgriffe selbst nennt, mit denen er die Aufmerksamkeit des Lesers weckt. Dieser Vergleich wird durch den Erzähler noch einmal aufgenommen, wenn er feststellt, dass „sich nichts mit Absicht verbergen zu wollen" scheint. Im Verlauf des Romans wird jedoch deutlich, dass gerade das Sich-Verstecken vor der Öffentlichkeit durch den Handlungsort mit seinem unbeobachteten Weg nach Wilmersdorf ermöglicht wird.

Detailliert wird auch das „Holztürmchen" beschrieben, die Farben „rot" und „grün" scheinen erwähnenswert, ebenso der Umstand, dass unter der Turmspitze keine Uhr, sondern nur ein zerbrochenes Ziffernblatt zu sehen ist. Auch hier wird deutlich, dass die Gegenstandsbeschreibung einerseits den Eindruck großer Genauigkeit hervorrufen soll, zugleich aber auch als Metapher für Zeitlosigkeit, für das Zerbrechen der alten Zeit, für die Vergänglichkeit von Liebe und Hoffnung (Farbmetaphern) verstanden werden kann. Die Atmosphäre in der Wohnung von Frau Nimptsch wird durch die Hinweise auf die Stille, den klappernden Kessel und das Halbdunkel verdichtet.

Dagegen kann Keuns Roman nur durch die Perspektive der Ich-Erzählerin Atmosphäre erzeugen. Der objektiven Wirklichkeit von Fontanes auktorialem Erzähler wird die subjektive der Ich-Erzählerin entgegengesetzt. Auch der Selbstreflexion der Erzählerin kann der Leser nicht immer trauen. Beispielsweise wird ihre Aussage, dass man „auf sich halten" müsse, durch das Eingeständnis, volltrunken nach Hause gekommen zu sein, weil sie nicht „nein" sagen könne, korrigiert.

Keuns Protagonistin wohnt in einem Haus, dessen Wände so dünn sind, dass die Musik aus dem Nebenzimmer herüber dringt, doch sie fühlt sich hierdurch nicht gestört, sondern gleitet in ihre Traumwelt ab. Die Kälte des Zimmers nimmt sie zwar wahr, doch sie gefällt sich in ihrem Nachthemd besser als im Mantel. Einen Morgenmantel besitzt sie offensichtlich nicht.

Der Leser muss aus den Gedanken und Reflexionen der Hauptperson eine Wirklichkeit rekonstruieren, die stellenweise durch den lässigen und fröhlich klingenden Erzähl-Ton überdeckt wird. Er erkennt jedoch beim genauen Lesen, dass sich hinter dem lockeren Tonfall eine beklemmend lieblose und ärmliche Wirklichkeit verbirgt.

Den Charakter der Hauptperson in Keuns Roman muss der Leser selbst erschließen und dabei stets die Diskrepanz zwischen Selbst- und Fremdwahrnehmung der Erzählerin berücksichtigen. Die Selbstdarstellung der Ich-Erzählerin entspricht nicht unbedingt der Wirklichkeit. Während die Protagonistin von sich meint, „ganz verschieden von Therese" zu sein, spricht der Besuch des Kaiserhofs zusammen mit Therese eher für Gemeinsamkeiten der beiden jungen Frauen.

Die Darstellung und Charakterisierung der handelnden Personen wird bei Fontane einerseits dem auktorialen Erzähler überlassen, auf der anderen Seite charakterisieren sich die Personen durch ihre Dialoge. So wird z. B. der explizite Hinweis von Fontanes Erzähler auf Frau Dörrs „Beschränktheit" auch durch die wenigen Redeanteile gestützt, die sie in der analysierten Textstelle hat.

C) Schluss – Realismusvorstellungen bei Th. Fontane und I. Keun

1853 verfasste Fontane eine theoretische Abhandlung mit dem Titel „Realismus in unserer Zeit". Nicht selten werden Gedanken aus diesem Frühwerk Fontanes auf seine Romane übertragen. Dabei wird übersehen, dass sich Fontane im Laufe der Zeit einen veränderten Realismusbegriff zu Eigen gemacht hat. Ein eigenes theoretisches Konzept hat Fontane nicht entwickelt, es ist jedoch möglich, aus dem Anfang von „Irrungen, Wirrungen" einige wesentliche Elemente seines Realismus-Verständnisses abzuleiten.

Wie gezeigt, ist die Detailgenauigkeit nicht immer nur Ausdruck einer realistischen Schreibweise, sondern fordert vom Leser, aus dem Erzählten eine gesellschaftliche Wirklichkeit zu entwickeln. So kann der Leser z. B. aus Frau Nimptschs beiläufiger Bemerkung, dass Lene und Botho den „Fußweg" nach Wilmersdorf gewählt haben, die vordergründig nur wie ein Puzzlestück eines möglichst realistischen Panoramas wirkt, Rückschlüsse über die gesellschaftlichen Normen zu Fontanes Zeit ziehen. Das Liebespaar, das den Weg zum Hof hinaus nach Wilmersdorf wählt, wählt ihn aus Gründen der gesellschaftlichen Ordnung. Weder Botho noch Lene wollen als Liebespaar gesehen werden, daher wird Botho später auch die Abendstunden für seine Besuche bevorzugen. Der Turm und die humorvolle Charakterisierung des Dörr'schen Hauses als Schloss spielen zusammen mit der Erwähnung der „märchenhaften Stille" und der Figurenkonstellation auf ein „märchenhaftes" Verhältnis an, wie das von Aschenputtel und dem Prinzen. Doch von Anfang an deuten viele Zeichen auf das wenig märchenhafte Ende hin. Zu offensichtlich sind die Hinweise auf das Verstecken und Verbergen, auf den Verfall und die Scheinhaftigkeit des Daseins. Auch die Wiedergabe der dialektgefärbten Sprache von Frau Dörr und Frau Nimptsch ist durchaus gemäßigt und verständlich, sodass Fontane sie einem gebildeten Leserpublikum zumuten konnte. Die Detailtreue, die Fontanes Roman ausmacht, dient also der Erzeugung von Atmosphäre, der Individualisierung von Personen und der Beschreibung der sozialen und gesellschaftlichen Wirklichkeit seiner Zeit.

Keuns Realismus dagegen verbirgt sich hinter dem Schicksal ihrer Hauptperson. Dabei wird die Misere der Weimarer Republik um 1932 mit hoher Arbeitslosigkeit und schlecht bezahlten Angestellten durch die Erzählperspektive und den naiv optimistischen Erzählton der Protagonistin nur gebrochen spürbar. Das junge Mädchen ist, ohne dass sie dies zur Resignation treibt, bedroht von Armut, Arbeitslosigkeit und einer Männerwelt, die glaubt, sich Abenteuer erkaufen zu können. Gleichzeitig wird ihre Sehnsucht nach Liebe, menschlicher Wärme und einer erfolgreichen Zukunft sichtbar. Keuns Sozialkritik ist eingekleidet in die naive Stimme ihrer Hauptperson, mit der der Leser umso mehr mitfühlen kann, je deutlicher er die fatale Wirklichkeit hinter dieser Kulisse erkennt. Das Pathos des Expressionismus ist einer Stimme gewichen, die wirklichkeitsgetreu die Stimmung, Gefühle und Wünsche einer 18-Jährigen widerspiegelt.

Original-Klausur 3

Aufgabenart	Vergleichende Analyse von zwei literarischen Texten
Ausgangstext	Rainer Maria Rilke, Die Aufzeichnungen des Malte Laurids Brigge (1910) und Theodor Fontane, Irrungen, Wirrungen
Niveau, Jahr	Leistungskurs Deutsch 2007
Bearbeitungszeit	240 Minuten

Rainer Maria Rilke
Die Aufzeichnungen des Malte Laurids Brigge (1910)

Paris, 11. September, rue Toullier.

So, also hierher kommen die Leute, um zu leben, ich würde eher meinen, es stürbe sich hier. Ich bin ausgewesen. Ich habe gesehen: Hospitäler. Ich habe einen Menschen gesehen, welcher schwankte und umsank. Die Leute versammelten sich um ihn, das ersparte mir den Rest. Ich habe eine schwangere Frau gesehen. Sie schob sich schwer an einer hohen, warmen Mauer entlang, nach der sie manchmal tastete, wie um sich zu überzeugen, ob sie noch da sei. Ja, sie war noch da. Dahinter? Ich suchte auf meinem Plan: Maison d'Accouchement[1]. Gut. Man wird sie entbinden – man kann das. Weiter, rue Saint-Jacques, ein großes Gebäude mit einer Kuppel. Der Plan gab an Val-de-grâce, Hôpital militaire[2]. Das brauchte ich eigentlich nicht zu wissen, aber es schadet nicht. Die Gasse begann von allen Seiten zu riechen. Es roch, soviel sich unterscheiden ließ, nach Jodoform[3], nach dem Fett von pommes frites, nach Angst. Alle Städte riechen im Sommer. Dann habe ich ein eigentümlich starblindes[4] Haus gesehen, es war im Plan nicht zu finden, aber über der Tür stand noch ziemlich leserlich: Asyle de nuit[5]. Neben dem Eingang waren die Preise. Ich habe sie gelesen. Es war nicht teuer.

Und sonst? Ein Kind in einem stehenden Kinderwagen: es war dick, grünlich und hatte einen deutlichen Ausschlag auf der Stirn. Er heilte offenbar ab und tat nicht weh. Das Kind schlief, der Mund war offen, atmete Jodoform, pommes frites, Angst. Das war nun mal so. Die Hauptsache war, daß man lebte. Das war die Hauptsache.

Daß ich es nicht lassen kann, bei offenem Fenster zu schlafen. Elektrische Bahnen rasen läutend durch meine Stube. Automobile gehen über mich hin. Eine Tür fällt zu. Irgendwo klirrt eine Scheibe herunter, ich höre ihre großen Scherben lachen, die kleinen Splitter kichern. Dann plötzlich dumpfer, eingeschlossener Lärm von der anderen Seite, innen im Hause. Jemand steigt die Treppe. Kommt, kommt unaufhörlich. Ist da, ist lange da, geht vorbei. Und wieder die Straße. Ein Mädchen kreischt: Ah tais-toi, je ne veux plus[6]. Die Elektrische rennt ganz erregt heran, darüber fort, fort über alles. Jemand ruft. Leute laufen, überholen sich. Ein Hund bellt. Was für eine Erleichterung: ein Hund. Gegen Morgen kräht sogar ein Hahn, und das ist Wohltun ohne Grenzen. Dann schlafe ich plötzlich ein. Das sind die Geräusche. Aber es gibt hier etwas, was furchtbarer ist: die Stille. Ich glaube, bei großen Bränden tritt manchmal so ein Augenblick äußerster Spannung ein, die Wasserstrahlen fallen ab, die Feuerwehrleute klettern nicht mehr, niemand rührt sich. Lautlos schiebt sich ein schwarzes Gesimse vor oben, und eine hohe Mauer, hinter welcher das Feuer auffährt, neigt sich, lautlos. Alles steht und wartet mit hochgeschobenen Schultern, die Gesichter über die Augen zusammengezogen, auf den schrecklichen Schlag. So ist hier die Stille.

Anmerkungen

1	Maison d'Accouchement	Entbindungsanstalt
2	Val-de-grâce, Hôpital militaire	Militärkrankenhaus mit dem Namen „Gnadental"
3	Jodoform	stark riechendes Desinfektionsmittel
4	starblindes Haus, starblind	eigentlich eine Augenkrankheit
5	Asyle de nuit	Nachtasyl für Obdachlose
6	tais-toi, je ne veux plus	schweig, ich will nicht mehr

Rainer Maria Rilke, geb. 4.12.1875 in Prag, gest. 29.12.1926 in Valmont (Schweiz); bedeutender Lyriker des Epochenumbruchs 19./20. Jahrhundert; frühe Erfolge; nach Studien ohne feste Berufsvorstellungen in Prag, München und Berlin, einer Beziehung zu der Schriftstellerin und Psychoanalytikerin Lou Andreas Salomé und einer kurzen Ehe mit Clara Westhoff lebte Rilke längere Zeit in Paris, wo er u.a. Privatsekretär des Bildhauers Auguste Rodin war; Reisen in den Mittelmeerraum; im ersten Weltkrieg, nach kurzem Einsatz im Wiener Kriegsarchiv, Aufenthalt in München; seit 1919 lebte er meist in der Schweiz.
1910 Erstveröffentlichung des Romans; der Roman in Tagebuchform weist keine größere durchgängige Handlung auf, sondern schildert die unterschiedlichsten Wahrnehmungen, Erinnerungen und Überlegungen der Erzählfigur Malte Laurids Brigge. Malte ist ein junger, verwaister dänischer Adeliger, der nach Paris gekommen ist, um dort seinen Weg als Dichter zu finden.
Im ersten Teil des aus 71 Abschnitten bestehenden Romans stehen Reaktionen auf die Großstadt Paris im Vordergrund, im zweiten Teil Erinnerungen an die Kindheit in Dänemark. Gegen Ende kreisen seine Gedanken um die Bedeutung des Gleichnisses vom verlorenen Sohn.

Theodor Fontane
Irrungen, Wirrungen

An dem Schnittpunkte von Kurfürstendamm und Kurfürstenstraße, schräg gegenüber dem „Zoologischen", befand sich in der Mitte der siebziger Jahre noch eine große, feldeinwärts sich erstreckende Gärtnerei, deren kleines, dreifenstriges, in einem Vorgärtchen um etwa hundert Schritt zurück gelegenes Wohnhaus, trotz aller Kleinigkeit und Zurückgezogenheit, von der vorübergehenden Straße her sehr wohl erkannt werden konnte. Was aber sonst noch zu dem Gesamtgewese der Gärtnerei gehörte, ja die recht eigentliche Hauptsache derselben ausmachte, war durch eben dies kleine Wohnhaus wie durch eine Kulisse versteckt, und nur ein rot und grün gestrichenes Holztürmchen mit einem halb weggebrochenen Zifferblatt unter der Turmspitze (von Uhr selbst keine Rede) ließ vermuten, daß hinter dieser Kulisse noch etwas anderes verborgen sein müsse, welche Vermutung denn auch in einer von Zeit zu Zeit aufsteigenden, das Türmchen umschwärmenden Taubenschar und mehr noch in einem gelegentlichen Hundegeblaff ihre Bestätigung fand. Wo dieser Hund eigentlich steckte, das entzog sich freilich der Wahrnehmung, trotzdem die hart an der linken Ecke gelegene, von früh bis spät aufstehende Haustür einen Blick auf ein Stückchen Hofraum gestattete. Überhaupt schien sich nichts mit Absicht verbergen zu wollen, und doch mußte jeder, der zu Beginn unserer Erzählung des Weges kam, sich an dem Anblick des dreifenstrigen Häuschens und einiger im Vorgarten stehenden Obstbäume genügen lassen.

Es war die Woche nach Pfingsten, die Zeit der langen Tage, deren blendendes Licht mitunter kein Ende nehmen wollte. Heut aber stand die Sonne schon hinter dem Wilmersdorfer Kirchturm, und statt der Strahlen, die sie den ganzen Tag über herabgeschickt hatte, lagen bereits abendliche Schatten in dem Vorgarten, dessen halb märchenhafte Stille nur noch von der Stille des von der alten Frau Nimptsch und ihrer Pflegetochter Lene mietweise bewohnten Häuschens übertroffen wurde. Frau Nimptsch selbst aber saß wie gewöhnlich an dem großen, kaum fußhohen Herd ihres die ganze Hausfront einnehmenden Vorderzimmers und sah, hockend und vorgebeugt, auf einen rußigen alten Teekessel, dessen Deckel, trotzdem der Wrasen auch vorn aus der Tülle quoll, beständig hin und her klapperte. Dabei hielt die Alte beide Hände gegen die Glut und war so versunken in ihre Betrachtungen und Träumereien, daß sie nicht hörte, wie die nach dem Flur hinausführende Tür aufging und eine robuste Frauensperson ziemlich geräuschvoll eintrat. Erst als diese letztre sich geräuspert und ihre Freundin und Nachbarin, eben unsre Frau Nimptsch, mit einer gewissen Herzlichkeit bei Namen genannt hatte, wandte sich diese nach rückwärts und sagte nun auch ihrerseits freundlich und mit einem Anfluge von Schelmerei: „Na, das is recht, liebe Frau Dörr, daß Sie mal wieder rüberkommen. Und noch dazu von's „Schloß". Denn ein Schloß is es und bleibt es. Hat ja ‚nen Turm. Un nu setzen Sie sich … Ihren lieben Mann hab' ich eben weggehen sehen. Und muß auch. Is ja heute sein Kegelabend."

Die so freundlich als Frau Dörr Begrüßte war nicht bloß eine robuste, sondern vor allem auch eine sehr stattlich aussehende Frau, die, neben dem Eindruck des Gütigen und Zuverlässigen, zugleich den einer besonderen Beschränktheit machte. Die Nimptsch indessen nahm sichtlich keinen Anstoß daran und wiederholte nur: „Ja, sein Kegelabend. Aber, was ich sagen wollte, liebe Frau Dörr, mit Dörren seinen Hut, das geht nicht mehr. Der is ja schon fuchsblank und eigentlich schimpfierlich. Sie müssen ihn ihm wegnehmen und einen andern hinstellen. Vielleicht merkt er es nich … Und nu rücken Sie ran hier, liebe Frau Dörr, oder lieber da drüben auf die Hutsche … Lene, na Sie wissen ja, is ausgeflogen un hat mich mal wieder in Stich gelassen."

„Er war woll hier?"

„Freilich war er. Und beide sind nu ein bißchen auf Wilmersdorf zu; den Fußweg lang, da kommt keiner. Aber jeden Augenblick können sie wieder hier sein."

„Na, da will ich doch lieber gehn."

„O nich doch, liebe Frau Dörr. Er bleibt ja nich. Und wenn er auch bliebe, Sie wissen ja, der is nicht so."

„Weiß, weiß. Und wie steht es denn?"

„Ja, wie soll es stehn? Ich glaube, sie denkt so was, wenn sie's auch nich wahr haben will, und bildet sich was ein."

Aufgabenstellung

1. Analysieren Sie den vorliegenden Anfang von Rainer Maria Rilkes Roman „Die Aufzeichnungen des Malte Laurids Brigge" vor allem im Hinblick auf die Erzählform und vor dem Hintergrund des Epochenumbruchs 19./20. Jahrhundert.
   (45 Punkte)

2. Vergleichen Sie ihn anschließend mit dem Beginn von Theodor Fontanes Roman „Irrungen, Wirrungen".
   (42 Punkte)

Materialgrundlage:
- Rainer Maria Rilke, Die Aufzeichnungen des Malte Laurids Brigge.
  In: ders., Lyrik und Prosa, hrsg. von Dieter Lamping, Düsseldorf, Zürich 1999, S. 313–494, hier Anfang des Romans S. 315–316
- Theodor Fontane, Irrungen, Wirrungen. Stuttgart 1994, S. 3–5

Zugelassene Hilfsmittel:
- Wörterbuch zur deutschen Rechtschreibung
- Unkommentierte Ausgabe von Th. Fontanes Roman „Irrungen, Wirrungen"
(liegt im Prüfungsraum zur Einsichtnahme aus)

Schritt 1

Aufgaben verstehen

Aufgabe 1

Aufgabentyp und Erklärung der Arbeitsanweisungen
Im Folgenden geht es zunächst um die **Analyse** eines epischen Textes (Romananfang). In einer Analyse bzw. Interpretation gelangt man ausgehend von beobachtbaren Merkmalen des Sprachmaterials zu konkret überprüfbaren Resultaten und wertet diese so aus, dass man zu allgemeinen Aussagen bezüglich der Thematik, der Autorenintention oder der Weltsicht gelangt. Zum Arbeitsauftrag der Analyse finden Sie auf S. 22 (Fontane – Keun) konkrete Hinweise in einer Übersicht.

Aufgabe 2

Aufgabentyp und Erklärung der Arbeitsanweisungen
Das **Vergleichen** gehört zu den wichtigsten Operatoren bei Aufgabenstellungen. Vergleiche sind bei Deutungen sehr beliebt, weil sie Hinweise auf Analogien (Übereinstimmungen) und Differenzen (Unterschiede) geben, die Aussagen über epochengeschichtliche, kulturelle, generations- oder geschlechtsspezifische Eigenarten ermöglichen. Ein Textvergleich hat eine erhebliche erkenntnisstiftende Funktion.

Tipps zur Vorgehensweise
Beachten Sie, dass für beide Aufgaben fast die gleiche Punktzahl vergeben wird.
- Bei zwei literarischen Texten als Prüfungsgegenstände ist es entscheidend, dass diese im Hinblick auf ihr Thema, ihren Inhalt oder ihre Form interessante Vergleichspunkte und wechselseitige Bezüge aufweisen. Lesen Sie zuerst beide Texte auf mögliche Gemeinsamkeiten. Formulieren Sie Stichworte zur Entwicklung einer Deutungshypothese, z. B.: „In beiden Texten geht es um …".
- Setzen Sie sich dann mit Text 1 auseinander, indem Sie ihn erneut lesen, am Rand Notizen machen und auffällige Stellen markieren. Achten Sie dabei nochmals auf die genaue Aufgabenstellung in ihren Arbeitsanweisungen. Fertigen Sie dann eine stichwortartige Liste mit Deutungsaspekten an.
- Beschäftigen Sie sich mit Text 2. Gehen Sie ihn systematisch an, heben Sie Auffälligkeiten hervor. Mit wiederholtem Lesen, Notieren und Markieren werden Sie Deutungshinweise begründen und an Textstellen belegen können.
- Arbeiten Sie in einer Übersicht zuerst die Gemeinsamkeiten und dann die Unterschiede zwischen den Texten heraus, bevor Sie Ihre Klausur niederschreiben.

Schritt 2

Text bearbeiten

Aufgabe 1 – Textanalyse Rilke „Malte Laurids Brigge"

Um den Anfang zu untersuchen, können Sie nach folgendem Schema mit ersten Deutungen vorgehen. Notieren Sie sich dazu die entsprechenden Textbelege.

Rilke „Malte Laurids Brigge"	Textbelege (Zitate)
Angaben zum Autor und zu den Merkmalen seines Romans „Malte Laurids Brigge"	
Inhalt des Romananfangs	
Analyse 1. Teil (Außenraum Paris) • negative Wahrnehmungen statt positiver Erwartungen • Gegensatz Leben und Tod • Sinneswahrnehmungen • Gegensatz Schauen – Blindsein	
Analyse 2. Teil (Innenraum Wohnung) • Außenraum – Innenraum • Geräusche – Geräuschlosigkeit • Natur – Technik	
Analyse der Tagebuchform: Opposition von objektiver und subjektiver Darstellung	
Formen der persönlichen Darstellung: Bild, Metapher, Personifikation, Vergleich, Synästhesie (= Kombination verschiedener Sinnesbereiche)	
Sprachform Satzbau, Zeitform usw.	

Aufgabe 2 – Vergleich

Halten Sie Übereinstimmungen und Unterschiede zwischen den beiden Romananfängen fest. Dies könnte z. B. in Form einer Tabelle geschehen. Füllen Sie in der folgenden Tabelle die fehlenden Entsprechungen aus:

Vergleichs-aspekte	Rilke: „Aufzeichnungen“(1910)	Fontane: „Irrungen“ (1887)
Inhalt	– Wiedergabe negativer Eindrücke – Stadtbesuch – Wohnung – Entfremdung durch Tod, Krankheit, Wahn, Einsamkeit	– Sozialidylle
Ort	Paris – moderne Großstadt	
Zeit	11. 9. (ohne Jahresangabe; es gibt bereits Elektrizität und Automobile)	
Form	– Aufbau: außen – innen – Ich-Erzähler – Parataxe – monologisch – Hochsprache – Präsens	– Aufbau: groß – klein
Ausdruck	– subjektiv – expressiv-assoziativ – sinnliche Wahrnehmung – bildhaft (Metapher, Personifikation, Vergleich, Synästhesie, Bild)	– abbildend (photographisch, filmartige Präsentation: Zoom)
Zeitbezug	– 3. Republik nach 1900 (Epochenumbruch 19./20. Jh.) – Expressionismus	
Thema	– Pathologie des Individuums – Problematisierung der Großstadt	

Schritt 3 Musterlösung

I. Analyse – Romananfang „Malte Laurids Brigge"

Der Anfang des im Jahre 1910 erstmals veröffentlichten Romans „Die Aufzeichnungen des Malte Laurids Brigge" von Rainer Maria Rilke (1875–1926) gibt eine Tagebucheintragung des Erzählers vom 11. September in Paris wieder, ohne dass eine Jahreszahl genannt wird.

Der junge dänische Adlige Malte Laurids Brigge, der in die französische Hauptstadt gekommen ist, um dort seinen Weg als Dichter zu finden, notiert an seinem Aufenthaltsort in der Rue Toullier seine Wahrnehmungen und Empfindungen nach der ersten Begegnung mit dem Alltag in der Metropole: „So, also hierher kommen die Leute, um zu leben" (Z. 2). Die einleitende Formulierung „so, also …" signalisiert als Ausdruck der Verwunderung die Enttäuschung ursprünglich positiver Erwartungen: dem klischeehaften Topos des brodelnden Stadtlebens stellen sich Eindrücke einer Metropole entgegen, die von Tod („… ich würde eher meinen, es stürbe sich hier." (Z. 2f.)) und Krankheit („Ich habe gesehen: Hospitäler. Ich habe einen Menschen gesehen, welcher schwankte und umsank." (Z. 3f.)) gezeichnet ist. Der Anblick eines „Kind[es] in einem stehenden Kinderwagen" (Z. 16) vermittelt keine Idylle, sondern ist ein Abbild des Hässlichen: „es war dick, grünlich und hatte einen deutlichen Ausschlag auf der Stirn" (Z. 16f.). In ähnlicher Weise erscheint dem Betrachter das Bild „eine[r] schwangere[n] Frau" (Z. 5) nicht als Ausdruck von Glück und Vitalität, sondern als Sinnbild der Suche nach Halt: „Sie schob sich schwer an einer hohen, warmen Mauer entlang, nach der sie manchmal tastete, wie um sich zu überzeugen, ob sie noch da sei" (Z. 5ff.). Dem Blick des Erzählers, der das urbane Milieu systematisch mithilfe eines Stadtplans in der Hand erkundet, steht der Seh- und Orientierungsverlust der werdenden Mutter entgegen.

Der zweite Teil des vorgelegten Textes zeigt aus einer sich verengenden Perspektive die Situation des Erzählers im Innenraum seines Zimmers bzw. seiner Wohnung. Er vergegenwärtigt mit der Darstellung von Geräuschen – dem Läuten von Straßenbahnen, dem Zufallen von Türen, dem Klirren von Scheiben oder dem Kreischen eines Mädchens – akustische Wahrnehmungen, die vom erzählenden Hörer als unangenehm und aggressiv empfunden werden. Insbesondere die modernen Verkehrsmittel erscheinen aus der subjektiven Perspektive des Ich heraus als Phänomene der Störung („Elektrische Bahnen rasen läutend durch meine Stube." (Z. 20f.)) und der Zerstörung („Automobile gehen über mich hin." (Z. 21)). Die chaotisch laute Hektik der Großstadt dringt unmittelbar in den Privatbereich des Ich-Erzählers. Im Unterschied zur Technik und zu den Äußerungen von Menschen („Jemand ruft." (Z.26)) wirken hingegen Tierlaute wie das Bellen eines Hundes oder das morgendliche Krähen eines Hahnes auf den Erzähler als „Erleichterung" (Z. 27) und als „Wohltun ohne Grenzen" (Z. 28).

Das Tagebuch als Medium der Mitteilung ist in besonderer Weise geeignet, die Unmittelbarkeit des persönlichen Eindrucks, den der Ich-Erzähler von Paris erhält, wiederzugeben. Der Bericht enthält zwar objektive Informationen etwa zur Topographie und zur Architektur der Hauptstadt („Weiter, rue Saint-Jacques, ein großes Gebäude mit einer Kuppel. Der Plan gab an Val-de-grâce, Hôpital militaire." (Z. 8 ff.)) sowie eine Fülle von Details aus dem Straßenleben, doch erscheinen die Angaben durchgängig subjektiv gebrochen. An die Stelle sachlicher Beschreibungen der Außenwelt tritt mit der Darstellung der eigenen Reaktionen auf die Wirklichkeit die Konzentration auf das Ich und die Wiedergabe der Innenwelt. Neben Kommentaren („Die Hauptsache war, daß man lebte. Das war die Hauptsache." (Z. 19)) und sinnlichen Eindrücken („Jemand steigt die Treppe. Kommt, kommt unaufhörlich. Ist da, ist lange da, geht vorbei." (Z. 24 f.)) ist es vor allem auch die bildhafte Darstellungsweise, die dem erinnernden Rückblick auf den Ausflug in die Stadt einen erlebnishaften und unmittelbaren Charakter verleiht. Metaphern („ein eigentümlich starblindes Haus" (Z. 13)), Personifikationen („Irgendwo klirrt eine Scheibe herunter, ich höre ihre großen Scherben lachen, die kleinen Splitter kichern." (Z. 22 ff.)), Vergleiche („... wie um sich zu überzeugen, ob sie noch da sei." (Z.6 f.)) und Synästhesien („Es roch [...] nach Angst." (Z. 11 f.)) zeigen eine verzerrte Wirklichkeit, welche pathologische Züge trägt. Die ausführliche Auseinandersetzung mit der Stille verweist im alptraumhaften Bild einer Brandkatastrophe, die mit dem Einsturz eines Hauses endet, auf die Angst des Tagebuchschreibers vor Zerstörung, Machtlosigkeit und Tod. Die Grundhaltung des Besuchers im Angesicht der Misere der Großstadt ist die Abwehr von Gefühlen – so etwa, wenn er konstatiert, dass ihm die Versammlung von Menschen um einen Schwerkranken ‚den Rest erspart' oder die Entbindung einer Frau von Fachkundigen („... man kann das." (Z. 8)) übernommen wird. Zwischen beginnendem Leben (Schwangerschaft) und nahendem Tod (Zusammenbruch eines Menschen auf der Straße) besteht keine Differenz mehr, sondern eine direkte Nähe, die vom Ich-Erzähler ebenso selbstverständlich angenommen wird wie das Zerrbild eines schlafenden Kleinkindes: „Das war nun mal so" (Z. 18).

Verstärkt wird die Unmittelbarkeit des Erzählten durch die Reihung von kurzen und einfachen Sätzen („Neben dem Eingang waren die Preise. Ich habe sie gelesen. Es war nicht teuer." (Z. 14 f.)) und durch die dominante Zeitform des Präsens („Dann schlafe ich plötzlich ein." (Z. 28 f.)).

II. Analyse – Romananfang „Irrungen Wirrungen"

Die expressionistische Erzählform in Rainer Maria Rilkes „Die Aufzeichnungen des Malte Laurids Brigge" steht in einem diametralen Gegensatz zu derjenigen in Theodor Fontanes „Irrungen, Wirrungen" aus dem Jahre 1887. Ein Vergleich der Romananfänge zeigt, dass der ältere Text typische Merkmale des bürgerlichen Realismus in der zweiten Hälfte des 19. Jahrhunderts aufweist.

„Irrungen, Wirrungen" handelt von der unstandesgemäßen Liebesbeziehung zwischen dem jungen Baron Botho von Rienäcker und der Plätterin Lene Nimptsch. Der Adlige verlässt am Ende die Geliebte aus ständischen und vor allem aus finanziellen Gründen, um seine vermögende Kusine zu heiraten und so den ökonomischen Status seiner Familie zu sichern.

Nach Angaben zu Handlungsort und -zeit (Berlin, „in der Mitte der siebziger Jahre" (Z. 2)) sowie nach dem Hinweis auf die kalendarische Zeit („die Woche nach Pfingsten" (Z. 19)) und auf die Tageszeit („abendliche Schatten" (Z. 22)) stellt der „Beginn unserer Erzählung" (Z. 16) mit Lenes Pflegemutter, der Wäscherin Frau Nimptsch, sowie mit ihrer Besucherin Frau Dörr zwei Romanfiguren im unmittelbaren Umkreis der Protagonistin vor. Die beiden Frauen sprechen zunächst kurz darüber, dass der Ehemann von Frau Dörr einen neuen Hut erhalten sollte, bevor sich das Interesse auf die abwesende Lene richtet, die von ihrem Liebhaber zu einem Spaziergang abgeholt wurde.

Aus der auktorialen Perspektive eines Erzählers heraus werden das Aussehen und das Verhalten der Figuren beobachtet und in mitunter spöttischer Weise kommentiert. „... Frau Dörr [...] war nicht bloß eine robuste, sondern vor allem auch eine sehr stattlich aussehende Frau, die, neben dem Eindruck des Gütigen und Zuverlässigen, zugleich den einer besonderen Beschränktheit machte" (Z. 37 ff.). Zugleich ermöglicht die ausführliche Beschreibung und wörtliche Wiedergabe ihrer Unterhaltung eine vertiefende Charakterisierung der Gesprächspartnerinnen. Während Frau Nimptsch ihre Nachbarin „freundlich und mit einem Anfluge von Schelmerei" (Z. 33) willkommen heißt, ihre Wertschätzung durch den mehrfachen Gebrauch der Anrede „liebe Frau Dörr" betont und bei der Erörterung von Lebensbereichen privater Natur Ehrlichkeit und Anteilnahme zeigt („‚Aber, was ich sagen wollte, liebe Frau Dörr, mit Dörren seinen Hut, das geht nicht mehr.'" (Z. 40 f.)), wirkt die Freundin mit ihren knappen und bruchstückhaften Redebeiträgen („‚Er war woll hier?'" (Z. 46); „‚Weiß, weiß. Und wie steht es denn?'" (Z. 52)) hingegen weniger zugewandt und authentisch.

Die dialektale und umgangssprachliche Prägung des Dialogs („Und nu rücken Sie ran hier [...]." (Z. 43)) schafft eine Atmosphäre intimer Vertrautheit und spiegelt das Milieu des Kleinbürgertums wider. Die Form naturalistischer Abbildung der Wirklichkeit beschränkt sich jedoch nicht auf die fiktionale Dokumentation von Rede und Gegenrede, sondern erweist sich auch in einer sehr genauen Beschreibung der Lebenswelt. Die Geschichte wird im vorliegenden Textausschnitt mit präzisen und detaillierten Angaben zu Ort und Zeit der Handlung eröffnet: „An dem Schnittpunkte von Kurfürstendamm und Kurfürstenstraße, schräg gegenüber dem ‚Zoologischen', befand sich in der Mitte der siebziger Jahre noch eine große, feldeinwärts sich erstreckende Gärtnerei […]" (Z. 1ff.). Zahlreiche Attribute („… ein rot und grün gestrichenes Holztürmchen mit einem halb weggebrochenen Zifferblatt unter der Turmspitze …" (Z. 8f.)) und insbesondere der wiederholte Gebrauch von ortsbestimmenden Ausdrücken („[a]n dem Schnittpunkte" – „schräg gegenüber" – „an der linken Ecke" – „hinter dem Kirchturm" usw.) vermitteln dem Leser ein anschauliches Abbild des Dargestellten.

Lange und komplex konstruierte Sätze bilden die syntaktische Basis für eine Wiedergabe, die, wie im folgenden Beispiel, eine photographische Qualität annimmt: „Frau Nimptsch selbst aber saß wie gewöhnlich an dem großen, kaum fußhohen Herd ihres die ganze Hausfront einnehmenden Vorderzimmers und sah, hockend und vorgebeugt, auf einen rußigen alten Teekessel, dessen Deckel, trotzdem der Wrasen auch vorn aus der Tülle quoll, beständig hin und her klapperte" (Z. 24ff.) Dem Bildhaften entspricht auf der Ebene der Romanstruktur der filmartige Zoom vom großstädtischen „Schnittpunkte von Kurfürstendamm und Kürfürstenstraße" (Z. 1) über das „Gesamtgewese" (Z. 6) einer Gärtnerei bis zum baulichen Detail einer „Haustür" (Z. 14).

III. Interpretation – abschließender Vergleich der Romananfänge

Vergleicht man die schrittweise perspektivische Annäherung des Erzählers an den Ort des Geschehens und die indirekte Präsentation der Hauptperson Lene über ein Gespräch zwischen Pflegemutter und Nachbarin mit dem Anfang von Rilkes Roman „Die Aufzeichnungen des Malte Laurids Brigge", so fällt die Unvermitteltheit auf, mit welcher dort das Geschehen über den Tagebucheintrag „Paris, 11. September, rue Toullier" (Z. 1) räumlich und zeitlich festgelegt ist.

Während der auktoriale Erzähler in „Irrungen, Wirrungen" eine vergangene Geschichte in der Zeitform des epischen Präteritums („Es war die Woche nach Pfingsten […].") vergegenwärtigt, rückt der Ich-Erzähler in den „Aufzeichnungen" mit dem Präsens-Satz „So, also hierher kommen die Leute, um zu leben" nicht nur einen Sachverhalt der Gegenwart, sondern mit dem Sachverhalt auch die eigene Person in den Blickpunkt des Interesses. Diese Person ist als erzählende Instanz zugleich Hauptperson der Ereignisse, sodass sie auch nicht, wie der Erzähler in Fontanes Roman, aus der objektivierenden Distanz der Erinnerung berichtet und kommentiert, sondern aus der Spontaneität des persönlichen Eindrucks heraus seine subjektiven Reflexionen und Gefühle in den Vordergrund stellt.

Rilkes Roman weist dabei deutliche Analogien zur expressionistischen Lyrik aus der Zeit des beginnenden 20. Jahrhunderts auf. Das negative Erleben der Außenwelt wird durch spezifische Formen des Ausdrucks (Ellipse, Anapher, Klimax, Neologismus, Metapher, Personifikation usw.) verbildlicht und zugleich durch Rhythmisierung der Sätze („Jemand ruft. Leute laufen, überholen sich." (Z. 26 f.)) poetisiert. Der epische Text zeigt lyrische Merkmale.

„Die Aufzeichnungen des Malte Laurids Brigge" knüpfen mit der Thematisierung von Großstadt, Tod, Krankheit, Gewalt, Angst und Einsamkeit zugleich an bevorzugte Motive des Expressionismus an. Wenige Jahre vor Ausbruch des Ersten Weltkriegs – Rilkes Roman wurde 1910 veröffentlicht – setzt sich diese Kunstrichtung mit der Gefährdung des Menschen durch Industrialisierung, Technisierung und Bürokratisierung auseinander. Mit dem drohenden Verlust von Individualität angesichts der sich entwickelnden Massengesellschaft und mit der Anonymität des Menschen in der Großstadt fragt sie nach der Identität des Ich. Die ironische Feststellung „Die Hauptsache war, dass man lebte. Das war die Hauptsache" (Z. 19) im ersten Tagebucheintrag der „Aufzeichnungen" aber lässt die Sinnfrage unbeantwortet.

In Fontanes „Irrungen, Wirrungen" konzentriert sich die Problematik hingegen auf die Beziehung von Mann und Frau, von Oberschicht und Unterschicht, von Freiheit und Zwang. Trotz aller Fremdbestimmtheit ist das Verhältnis der Menschen zueinander – anders als bei Malte Laurids Brigge – noch dialogisch bestimmt. Selbst die Welt der Großstadt wirkt dörflich-naturnah (eine „feldeinwärts sich erstreckende Gärtnerei" (Z. 2 f.)), beinahe miniaturesk („Vorgärtchen" (Z. 3), „kleine Wohnhaus" (Z. 7), „Holztürmchen" (Z. 8)) und geordnet („Überhaupt schien sich nichts mit Absicht verbergen zu wollen […]." (Z. 10 f.)) Die „Stille", die von Malte – stärker noch als der Lärm – als Horror empfunden wird, erhält hier das Attribut „märchenhaft" (Z. 22). Die Souveränität des Erzählers gewährleistet, dass Ton und Tempo dort ruhig und gelassen bleiben, wo der Ich-Erzähler Malte brüchig und gehetzt von seiner Verstörung berichtet.

Rilkes Roman signalisiert somit auf der künstlerischen Ebene auch das Ende konventioneller Erzähltraditionen. Dagegen präsentiert der realistische Roman im Stile von Fontanes „Irrungen, Wirrungen" die Wirklichkeit und ihre Widersprüche noch in einer geschlossenen Form.

Original-Klausur 4

Aufgabenart	Erschließung eines poetischen Textes
Ausgangstext	Friedrich Christian Delius, Der Sonntag, an dem ich Weltmeister wurde (1994)
Niveau, Jahr	Grundkurs Deutsch 2007
Bearbeitungszeit	300 Minuten

Vorbemerkung
Der elfjährige Ich-Erzähler, Sohn eines protestantischen Pfarrers im hessischen Dorf Wehrda, darf im Amtszimmer seines Vaters die Radioreportage über das Endspiel der Fußballweltmeisterschaft 1954 anhören. In diesem Spiel besiegte die deutsche Nationalmannschaft überraschend das hochfavorisierte ungarische Team („Wunder von Bern").

Friedrich Christian Delius (*1943)
Der Sonntag, an dem ich Weltmeister wurde (1994)

[...]

Ecke für Deutschland, und ... Tor! Tor! Eckball von Fritz Walter, Tor von Rahn! Aus null zu zwei zwei zu zwei! Ja ist es zu glauben, wir haben ausgeglichen gegen Ungarn, die großartigste Technikerelf, die man kennt!

Die Stimme bebte, ich bebte mit, ich schrie nicht auf, durfte während der Mittagsruhe den Torschrei nicht mit meiner Stimme verstärken, denn der Ofen war durch einen Schacht mit dem Kachelofen im Zimmer der Großeltern verbunden und übertrug jedes auffällige Geräusch direkt nach oben. *Und wieder stürmt Deutschland* ... die leise laute Stimme hob mich, peitschte mich zu einer Regung auf, die mich gleichzeitig in einen stimmlosen Stillstand versetzte, ich fühlte den Sturm der Gefühle, den das zweite Tor in mir ausgelöst hatte, aber ich hatte kein Ventil dafür, durfte keins haben, also staute ich alles auf, sammelte, speicherte und hielt still ... *Kinder, ist das eine Aufregung!*

Ich hatte noch nie eine Fußballreportage gehört, immer öfter fielen Wörter, die nichts mit Fußball zu tun hatten ... *Wunder! ... Gott sei Dank! ... So haben wir alle gehofft, gebetet!* ... und ich staunte, daß der Reporter das Wort glauben mit mehr Inbrunst als ein Pfarrer oder Religionslehrer aussprechen konnte. Beinah wieder ein Tor für Ungarn, beinah ein Tor für Deutschland, und wieder hielt Toni Turek einen unmöglichen Ball, wieder Gefahr, der Ball im Tor, nein ... *Turek, du bist ein Teufelskerl! Turek du bist ein Fußballgott!*

Ich erschrak über diese Sätze und freute mich gleichzeitig, daß Turek gehalten hatte, aber der Schrecken saß tiefer, und im Abklingen des Echos dieser Rufe begann ich auf die schüchternste Weise zu ahnen, was für Schreie das waren: eine neue Form der Anbetung, ein lästerlicher, unerhörter Gottesdienst, eine heidnische Messe, in der einer gleichzeitig als Teufel und Gott angerufen wurde. Auch wenn es nicht wörtlich gemeint war, Phrasen des Jubels nur, ich drehte die Lautstärke noch ein wenig herunter, weil es mir peinlich gewesen wäre, wenn jemand mich beim Hören von Wörtern wie *Fußballgott* abgehört hätte. Ich sträubte mich gegen diese Lästerung und bot alle meine angelernten Argumente dagegen auf: *Du sollst keine anderen Götter haben neben mir, Du sollst den Namen des Herrn nicht unnützlich führen*, und doch gefiel mir, noch immer gebannt vom Nachklang der drei Silben Fußballgott, daß dieser Gott sehr menschlich war, daß da Götter, statt blutend am Kreuz zu hängen, für mich im Tor standen oder Tore schossen, sich abrackerten im strömenden Regen und kämpften wie *Liebrich, Liebrich, immer wieder Liebrich*, und langsam ahnte ich, weshalb meine Eltern für den Fußball und für meine schüchterne Neigung zu diesem Sport nichts übrig hatten und hier vielleicht die Konkurrenz anderer, lebendigerer Götter fürchteten.

Die Spannung des Spiels lockerte meine widerspenstigen Schuldgefühle, gegen das erste Gebot zu verstoßen durch bloßes Zuhören, ich fand von Minute zu Minute mehr Gefallen daran, einen heimlichen Gott, einen *Fußballgott* neben dem Herrgott zu haben. Der Mann der Gebote hing direkt hinter mir an der Wand, ich sah mich um, auf einem postkartengroßen, goldgerahmten Bild hielt ein braundunkler, bärtiger Moses die Feder und nahm das Diktat der Zehn Gebote entgegen, aber er blickte zur Seite, zum Herrn, schrieb mit der Gänsefeder und kümmerte sich um die Gotteslästerung des Reporters und meinen Anflug der Zustimmung nicht.

Ich war allein, aber umstellt von Bildern und Gegenständen, die das Zimmer zum Amts- und Gotteszimmer machten, wo Predigten geschrieben, Andachten gehalten, Anweisungen an Brautpaare und Taufpaten gegeben wurden, wo die Bücher dunkel hinter Glas aufgereiht auf ihre staubige Auferstehung warteten, wo die Strenge zweier Kreuze die Wände markierte und die dreifache Rose als Familienwappen ein Schmuck war, hier mußte man sich jeden Vormittag um elf zu einem kurzen Gebet versammeln, hier wertete mein Vater die Wunder Jesu aus dem heiligen Land für die Bauern von Wehrda, Rhina, Schletzenrod und Wetzlos aus, hier wälzte er das Wort Gottes um und schöpfte Erkenntnisse, Zitate, Stichworte, hier wollte er nicht gestört sein und spielte die bekannten Kirchenlieder auf dem Klavier, hier teilte er Prügel und Geschenke aus: wenn die Zehn Gebote irgendwo galten, dann hier. Die Rufe des Reporters *Ein Wunder! … gebetet! … Fußballgott!* klangen in meinen Ohren nach und rüttelten an allem, was ich in diesem Zimmer sah, aber die Kreuze waren nicht von der Wand gerutscht, der Ermunterungsspruch in halbverständlichem Latein für den Seelsorger VENI SANCTE SPIRITUS / PASCE PASTOREM / DUC DUCEM / APERI APERTURO / DA DATURO[1] prangte in gespreizter Schönschrift unter dem Kreuz, ohne daß der Heilige Geist dazwischen-

4

gefahren war, die dicke HEILIGE SCHRIFT lag wie ein schwarzer Kindergrabstein auf dem grünen Filz des Schreibtischs, und als der Reporter von unserem *Schutzengel* sprach, rührten sich die Musikengel über dem Klavier so wenig wie der Engel der Verkündigung gegenüber an der Wand, der steif vor der knienden Maria im Säulengang die segnenden Hände hob. Immer besser gefiel mir die Lästerung, und in diesen Minuten rückte ich ab von der Dreieinigen Besatzungsmacht Gott, Jesus und Heiliger Geist und begann an einen Fußballgott und Außenseitergott zu glauben, und nicht nur an einen, denn wenn Turek ein *Fußballgott* war, dann mußten die anderen zehn auch so etwas wie Götter sein. Unentschieden ging es in Bern hin und her ... *an den Pfosten, an den Pfosten! Turek war schon geschlagen* ... und im schnellen Spiel mit überraschenden Wechseln vom einen in den anderen Strafraum klammerte ich mich weiter an die Namen, die der Reporter nannte, *Kohlmeyer, Posipal, Otmar Walter,* die gerade den Ball führten, schossen, köpften, stoppten, hielten. Ich atmete auf, wenn die guten Namen fielen, *Eckel der Windhund, May mit einem Kämpferherzen ohnegleichen, Rahn aus Essen, Fritz ist überall,* während ich bei den ungarischen Namen zuckte und das Schlimmste erwartete von *Puschkasch, Hidegkuti, Lorant, Butschanski, Zakarias,* jeder dieser zischenden, tückischen Namen schmerzte wie ein Stich ... *wieder die Ungarn ... die Ungarn sind am Drücker ... die Ungarn mit aller Macht.*

Ich lehnte mich zurück im Stuhl, drehte zum Schreibtisch mit Telefon, Tintenfaß, Füllhalter, Bleistiften, Rotstiften und Briefen. ... *ein ungeheures Tempo* ... nahm den Brieföffner in die Hand, ohne es zu merken, hielt den Elfenbeingriff, suchte meine Gegner, drehte mich nach allen Seiten, sah Kreuze und Engel und Jesus und Moses und das große Foto gerahmt mit dem Portal der Kathedrale von Chartres ... *wundervolle Kombination der Deutschen* ... und legte den Brieföffner zurück. In meiner Spannung wollte ich durchs Zimmer gehen, am Bücherregal entlang, zum Sofa in der Ecke oder um die Festung Schreibtisch herum, aber ich blieb auf dem Platz, von dem die väterliche Gewalt ausging, von dem aus er die Gemeinden in vier Dörfern regierte, ich konnte nicht weg vom Gerät, aus dem meine frohe Botschaft kam. Die Stimme hatte mich wieder nah an den Lautsprecher gezogen, unter dem Radio das *Stuttgarter Biblische Nachschlagewerk*, das *Evangelische Kirchenlexikon*, Predigthilfen, Kommentare, Aktenordner, das Werkzeug des Vaters, der schlief oder schon nicht mehr schlief, ich wußte die Uhrzeit nicht, es zählten nur die Spielminuten ... *sechs Minuten noch, zwei zu zwei, das ist mehr, als wir in unsern kühnsten Träumen erwartet haben.*

[...]

Aus: Friedrich Christian Delius: Der Sonntag, an dem ich Weltmeister wurde. Reinbek bei Hamburg: Rowohlt Verlag 1994

Anmerkungen

[1] Komm, Heiliger Geist / Weide den Hirten / führe den Führer / öffne dem, der öffnen wird / gib dem, der geben wird

Aufgabenstellung

a Erschließen und interpretieren Sie den Textausschnitt! Berücksichtigen Sie dabei besonders, welche Wirkung das Hören der Fußballreportage auf den Ich-Erzähler hat!

b Legen Sie, ausgehend von Ihren Ergebnissen, vergleichend dar, welche Rolle der hier mehrfach angesprochene Bereich der Religion in einem anderen literarischen Werk spielt!

Schritt 1 **Aufgaben verstehen**

Aufgabe a

Aufgabentyp und Erklärung der Arbeitsanweisungen
Bei Aufgabe a ist die Erschließung und Interpretation eines Auszugs aus der Erzählung „Der Sonntag, an dem ich Weltmeister wurde" von F. C. Delius gefordert. Es kommt bei der **Texterschließung** (oder Textanalyse) darauf an, dass Sie den Inhalt, die **Sprache und die Form genau untersuchen** und auffällige Merkmale, die denn Text kennzeichnen, herausarbeiten. In der **Interpretation** sollen Sie im Rahmen einer **fundierten Deutung** besonders darauf eingehen, wie das Hören der Fußballreportage auf den Ich-Erzähler wirkt.

Aufgabe b

Aufgabentyp und Erklärung der Arbeitsanweisungen
Der Operator **„darlegen"** besagt, dass Sie **einen Zusammenhang oder ein Ergebnis genau wiedergeben** sollen. Sie sollten deutlich machen, welche Rolle im vorliegenden Text der Religion zukommt. Die Erkenntnisse müssen Sie dann vergleichen mit einem anderen Werk, in dem die Religion ebenfalls eine Rolle spielt. Welches Werk Sie dabei wählen, bleibt Ihnen überlassen.

Tipps zur Vorgehensweise

Machen Sie sich zuerst mit dem Inhalt des Textes vertraut, lesen Sie den Text mindestens zweimal. Unklare Stellen oder Auffälligkeiten sollten Sie schon jetzt am Rand kenntlich machen.

Klären Sie dann: Wer ist der Erzähler? In welcher Situation befindet er sich? Was ist an der beschriebenen Situation für ihn so außergewöhnlich, dass er erzählt?

Als Nächstes sollten Sie versuchen, diesen umfangreichen Textauszug „in den Griff" zu bekommen. Strukturieren Sie dazu den Text, indem Sie ihn in Sinnabschnitte gliedern. Gehen Sie aber dabei nicht zu kleinschrittig vor.

Nun können Sie mit der Niederschrift der ersten Aufgabe beginnen. Gehen Sie dabei – wie bei jeder Textanalyse – auf Inhalt, Aufbau und Sprache ein. Die einzelnen Gesichtspunkte können Sie getrennt voneinander beschreiben, Sie können sie aber auch, nach Sinnabschnitten getrennt, zusammenfassen. Die Textanalyse muss dann in eine Interpretation einmünden.

Am Ende des ersten Teils Ihres Aufsatzes müssen Sie auf die Wirkung der Fußballreportage auf den Ich-Erzähler eingehen.

Beschäftigen Sie sich nun mit Aufgabe b. Wählen Sie ein literarisches Werk, das sie natürlich gut kennen müssen, und geben Sie seinen Inhalt in Kürze wieder. Beschreiben Sie, welche Rolle die Religion in diesem Werk spielt und vergleichen Sie dies mit dem vorliegenden Textauszug.

Schritt 2

Text bearbeiten

Aufgabe a, Teil 1 – Sinnabschnitte benennen

Um einen Überblick über den Textauszug zu bekommen, sollten Sie diesen in Sinnabschnitte gliedern und diese mit einer Überschrift versehen. In der folgenden Tabelle sind die Sinnabschnitte schon vorgegeben, so dass Sie in der rechten Spalte Ihre Überschrift eintragen können.

Sinnabschnitte	Überschriften
1. Sinnabschnitt (Z. 1–19)	Faszination des Ich-Erzählers durch die Fußballreportage
2. Sinnabschnitt (Z. 20–35)	
3. Sinnabschnitt (Z. 36–67)	
4. Sinnabschnitt (Z. 68–93)	

Aufgabe a, Teil 2 – Die erzählerische Gestaltung untersuchen

Die erzählerische Gestaltung des vorliegenden Textauszugs ist nicht einheitlich, sie spielt aber für das Verständnis eine wichtige Rolle. Machen Sie sich deshalb bewusst, wie der Text erzählt ist, indem Sie die Beispielsätze in der linken Spalte benennen.

Beispielsätze	Erzählerische Gestaltung
„Beinah wieder ein Tor für Ungarn, beinah ein Tor für Deutschland, und wieder hielt Toni Turek einen *unmöglichen* Ball, wieder Gefahr, der Ball im Tor, nein ..." (Z. 16 ff.)	
„Ich erschrak über diese Sätze und freute mich gleichzeitig, ... aber der Schrecken saß tiefer, und im Abklingen des Echos dieser Rufe begann ich auf die schüchternste Weise zu ahnen, was für Schreie das waren ..." (Z. 20 ff.)	Der Ich-Erzähler erzählt als erinnerndes Ich.
„Ecke für Deutschland, und ... Tor! Tor! Eckball von Fritz Walter, Tor von Rahn! Aus null zu zwei zwei zu zwei! Ja ist es zu glauben, wir haben ausgeglichen gegen Ungarn, die großartigste Technikerelf, die man kennt! (Z. 1 ff.)	
„Du sollst keine anderen Götter haben neben mir. Du sollst den Namen des Herrn nicht unnützlich führen ..." (Z. 28 f.)	
„VENI SANCTE SPIRITUS / PASCE PASTOREM / DUC DUCEM / APERI APERTURO / DA DATURO" (Z. 57 f.)	

Aufgabe a, Teil 3 – Stilmittel erkennen

Der sprachlichen Gestaltung des Textauszugs kommt bei der Analyse und Interpretation besondere Bedeutung zu. Folgende Tabelle erleichtert Ihnen das Auffinden wichtiger sprachlicher Mittel. Unterstreichen Sie diese dazu in den Textzitaten.

Textzitat	Stilmittel	erledigt
Ich hatte noch nie eine Fußballreportage gehört, immer öfter fielen Wörter, die nichts mit Fußball zu tun hatten … *Wunder!* … *Gott sei Dank!* … *So haben wir alle gehofft, gebetet!* … und ich staunte, daß der Reporter das Wort *glauben* mit mehr Inbrunst als ein Pfarrer oder Religionslehrer aussprechen konnte." (Z. 13 ff.)	Hyperbel	○
„*Turek, du bist ein Teufelskerl!*" (Z. 18)	Metapher	○
„… *wieder die Ungarn … die Ungarn sind am Drücker … die Ungarn mit aller Macht.*" (Z. 76 f.)	Anapher	○
Unentschieden ging es in Bern hin und her … *an den Pfosten, an den Pfosten! Turek war schon geschlagen …*" (Z. 68 f.)	Geminatio	○
„… und wieder hielt Toni Turek einen unmöglichen Ball, wieder Gefahr, der Ball im Tor, nein, … *Turek, du bist ein Teufelskerl. Turek, du bist ein Fußballgott!*" (Z. 17)	Parallelismus	○

Aufgabe a, Teil 4 – Die Sprache untersuchen

Lesen Sie den Text noch einmal genau und beantworten Sie die folgenden Fragen:

Textzitat	richtig	falsch
Der Enthusiasmus des Reporters drückt sich in Hypotaxen aus.	○	○
Der Ich-Erzähler verwendet eine weitgehend deskriptive Sprache.	○	○
Bei der Beschreibung religiöser Insignien und Glaubensinhalte werden negative besetzte Attribute verwendet.	○	○
Zwischen der Sprache des Reporters und der des Ich-Erzählers ist kein Unterschied feststellbar.	○	○

Schritt 3 **Musterlösung**

I. Analyse von Inhalt und Aufbau

Der vorliegende Auszug aus der Erzählung „Der Sonntag, an dem ich Weltmeister wurde" von F. C. Delius ist in vier Abschnitte gegliedert.

1. Faszination des Ich-Erzählers durch die Fußballreportage (Z. 1–19)

Zu Beginn des ersten Abschnitts des Erzählauszugs stehen als Zitat einige Sätze aus der Radio-Live-Übertragung des Fußballendspiels Deutschland-Ungarn bei der Weltmeisterschaft 1954 in Bern. Der Ich-Erzähler lauscht als elfjähriger Junge den Worten des Reporters im Arbeitszimmer seines Vaters, eines evangelischen Pfarrers. Der Berichterstatter kommentiert begeistert den unerwarteten Ausgleichstreffer der deutschen Mannschaft und zieht damit den Jungen in seinen Bann. Dieser lässt sich von der euphorischen Stimmung anstecken, darf aber nicht mitjubeln, sondern muss seine Emotionen unterdrücken. Als Grund dafür nennt er die Hellhörigkeit des Hauses und die Gefahr, dass er seine Großeltern aus dem Mittagsschlaf wecken würde. Der Junge, der bis zu diesem Zeitpunkt noch nie eine Fußballreportage gehört hatte, wundert sich darüber, dass der Reporter religiös besetzte Begriffe verwendet und mit welcher „Inbrunst" (Z. 15) er sie ausspricht.

2. Wahrnehmung eines inneren Konflikts zwischen den elterlichen Glaubenssätzen und der Vergötterung der Fußballspieler (Z. 20–35)

Im zweiten Abschnitt berichtet der Ich-Erzähler von seinen widersprüchlichen Gefühlen. Einerseits freut er sich über den Spielverlauf, andererseits ist er zutiefst erschreckt über die Wortwahl des Reporters, der den deutschen Torwart zugleich als „Teufelskerl" und als „Fußballgott" (Z. 18 f.) bezeichnet hat. In seiner kindlichen Naivität hält er wegen der religiösen Begrifflichkeit und dem enthusiastischen Vortrag des Reporters das Fußballspiel für eine „neue Form der Anbetung […] einen lästerlichen, unerhörten Gottesdienst" (Z. 22 f.) – zugleich wissend, dass das Gesagte „nicht wörtlich gemeint" war (Z. 24). In der Fußballberichterstattung glaubt er aber doch Blasphemie zu erkennen, worauf er als Sohn eines Pfarrers mit „angelernten Argumenten" (Z. 27) reagiert: Er ruft sich das erste und das zweite der zehn Gebote in Erinnerung, gleichsam um sich selbst zu läutern. Er kann damit jedoch nicht verdrängen, dass ihm diese neuen Fußballgötter näher sind, als der Gott, der „blutend am Kreuz [hängt]" (Z. 30 f.). Zugleich keimt in ihm eine leise Ahnung dafür auf, warum seine Eltern Fußballspiele ablehnen.

3. Zunehmende Abkehr vom väterlichen Gottesbild hin zur religiösen Verehrung der Fußballspieler (Z. 36 – 67)

Der dritte Abschnitt beginnt damit, dass der Ich-Erzähler sich zunächst voll auf die Fußballreportage konzentriert. Damit entschärft sich das moralische Dilemma, in dem er sich befindet. Trotzdem nimmt er unwillkürlich die Passivität der ihn umgebenden religiösen Symbolträger wahr.

Dabei wird dem Ich-Erzähler die bedrückende Atmosphäre des väterlichen Arbeitszimmers bewusst. Er zählt auf, welche religiösen oder rituellen Handlungen der Vater dort vornimmt, und erinnert sich daran, dass sich die Familie jeden Vormittag um 11 Uhr dort zum Gebet versammeln musste. Angesichts der mit religiöser Inbrunst (vgl. Z. 54 f.) zelebrierten Fußballreportage erkennt der Ich-Erzähler die Wirkungslosigkeit der väterlichen und religiösen Machtinsignien. So distanziert er sich schließlich vom traditionellen christlichen Gottesbild, das er nur noch als bedrückend empfindet, und wendet sich den vergötterten Fußballidolen zu.

4. Ablösung von der väterlichen Autorität durch gebannte Hingabe an die Fußballberichterstattung (Z. 68 – 93)

Im vierten Abschnitt wendet sich der Ich-Erzähler schließlich ganz der Radioübertragung zu und fiebert mit der deutschen Mannschaft mit. Dabei vermischt sich seine Wahrnehmung des väterlichen Zimmers mit der der Reportage. Mit dem Brieföffner in der Hand sucht er selbst nach den imaginären Gegnern, sieht aber nur die religiösen Figuren und Insignien. Indem er auf dem Stuhl des Vaters sitzen bleibt, identifiziert er sich mit diesem und der Gewalt, die von ihm ausgeht, er befindet sich selbst in der Position des Vaters und ist diesem damit gleichgestellt. Damit hat sich der Sohn, der bisher ausschließlich dem väterlichen Einflussbereich unterstellt war, durch die Anziehungskraft des Spielgeschehens innerlich von dieser Haltung freigemacht.

Nun gewinnt auch die Überschrift der Erzählung eine neue Bedeutung: Sie bezieht sich nicht nur auf den Bereich Fußball und den Sieg der deutschen Mannschaft in Bern, sie kann auch verstanden werden als Emanzipation des Sohnes gegenüber der väterlichen Wertewelt aufgrund der Fußballübertragung.

II. Analyse der erzählerischen und sprachlichen Gestaltung

Der vorliegende Textauszug, der überwiegend innere Handlung wiedergibt, wird von einem Ich-Erzähler präsentiert, der sich einerseits als erlebendes Ich, andererseits als erinnerndes Ich zeigt.

Aus der Perspektive des unmittelbar erlebenden Ich schildert der Ich-Erzähler die Fußballreportage („Beinah wieder ein Tor für Ungarn, beinah ein Tor für Deutschland, und wieder hielt Toni Turek einen *unmöglichen* Ball, wieder Gefahr, der Ball

im Tor, nein ...", Z. 16ff.) sowie die Reaktionen des elfjährigen Jungen auf diese akustischen Wahrnehmungen. Dabei ist auffällig, dass diese Reaktionen sich vorwiegend im Bereich der inneren Handlung abspielen, wie die folgenden Beispiele zeigen: „Ich erschrak über diese Sätze ..." (Z. 20), „Ich sträubte mich gegen diese Lästerung ..." (Z. 27), „ich fand von Minute zu Minute mehr Gefallen daran" (Z. 37f.).
Schon hier wird deutlich, dass dem Elfjährigen der unmittelbare Ausdruck von Gefühlen nicht möglich war, dass seine Sozialisation und die familiäre Situation dies nicht zuließ.

Das erinnernde Ich kommentiert in der Rückschau das Verhalten des elfjährigen Jungen aus der Perspektive des erwachsenen Erzählers. Indem es die Innensicht des Elfjährigen berücksichtigt, erhält der Leser einen Einblick in dessen Gefühlswelt und die beklemmende Stimmung des elterlichen Pfarrhauses, die den Jungen in seiner Entfaltung behindert: „... die leise laute Stimme hob mich, peitschte mich zu einer Regung auf, die mich gleichzeitig in einen stimmlosen Stillstand versetzte, ich fühlte den Sturm der Gefühle, den das zweite Tor in mir ausgelöst hatte, aber ich hatte kein Ventil dafür, durfte keins haben, also staute ich alles auf, sammelte, speicherte und hielt still ..." (Z. 8ff.); „im Abklingen des Echos dieser Rufe begann ich auf die schüchternste Weise zu ahnen, was für Schreie das waren: eine neue Form der Anbetung ..." (Z. 21f.).

Die Wirkung der inneren Handlung ist dadurch verstärkt, dass sich die äußere Handlung auf geringfügige Bewegungen des Ich-Erzählers beschränkt. Dies zeigt die Enge und Begrenztheit des kindlichen Lebensraumes im Haus des evangelischen Pfarrers und die innere Anspannung des Elfjährigen: „... ich sah mich um ..." (Z. 39); „Ich war allein, aber umstellt von Bildern und Gegenständen ..." (Z. 44); „Ich lehnte mich zurück im Stuhl, drehte zum Schreibtisch mit Telefon, Tintenfaß, Brieföffner, Bleistiften, Rotstiften und Briefen ... nahm den Brieföffner in die Hand ..." (Z. 78ff.); „In meiner Spannung wollte ich durchs Zimmer gehen ..., aber ich blieb auf dem Platz, von dem die väterliche Gewalt ausging" (Z. 83ff.). Während sich der Junge mehr und mehr auf die physische Realität konzentriert, die durch das Fußballspiel unterstützt wird, gewinnt der Leser einen immer deutlicheren Einblick in das psychische Geschehen.

Der Ich-Erzähler gibt die innere Handlung in einer weitgehend deskriptiven Sprache wieder. Auffallend sind die umfangreichen Hypotaxen, die Aufzählungen und Attribute: „Ich lehnte mich zurück im Stuhl, drehte zum Schreibtisch mit Telefon, Tintenfaß, Füllhalter, Bleistiften, Rotstiften und Briefen. ... nahm den Brieföffner in die Hand, ... hielt den Elfenbeingriff, suchte meine Gegner, drehte mich nach allen Seiten, sah Kreuze und Engel und Jesus und Moses und das große Foto ..." (Z. 78 ff.). Die anaphorische Reihung mit „hier" (Z. 48) verdeutlicht die Allgegenwart des abwesenden Vaters. Der spürbaren Ruhelosigkeit des erlebenden Ich und dessen beinahe unkindlicher Selbstkontrolle steht die analytische Distanz des erinnernden Ich gegenüber: „In meiner Spannung wollte ich durchs Zimmer gehen ..." (Z. 83 f.).

In nahezu hysterischem Enthusiasmus lässt der Ich-Erzähler den Reporter sprechen; die emphatische Sprache der Fußballreportage steht deshalb der deskriptiven Sprache des Ich-Erzählers kontrastiv gegenüber. Die verschiedenen Stilmittel wie die Geminatio („*Tor! Tor!*", *Z. 2*, „*an den Pfosten, an den Pfosten!*", Z. 68), die Hyperbel („*Ein Wunder!*", Z. 54 f.), die Anapher („*... wieder die Ungarn ... die Ungarn sind am Drücker ... die Ungarn mit aller Macht.*", Z. 76 f.) und der Ausruf („Ja ist es zu glauben", Z. 3, „*Turek, du bist ein Teufelskerl!*", Z. 18) verdeutlichen die Authentizität und Lebendigkeit der Welt des Fußballs und stehen im Gegensatz zu der erstarrten häuslichen Atmosphäre des Ich-Erzählers.

Auffällig ist in diesem Zusammenhang auch das Vorherrschen negativ besetzter Attribute bei der Beschreibung von religiösen Insignien und Glaubensinhalten („aber die Kreuze waren nicht von der Wand gerutscht, der Ermunterungsspruch in halbverständlichem Latein für den Seelsorger ... prangte in gespreizter Schönschrift unter dem Kreuz, ohne dass der Heilige Geist dazwischengefahren wäre, die dicke HEILIGE SCHRIFT lag wie ein schwarzer Kindergrabstein auf dem grünen Filz des Schreibtischs ...", Z. 56 ff.). Diese Wortwahl verdeutlicht den repressiven Charakter der elterlichen Glaubenssätze und der väterlichen Autorität, was seinen Gipfelpunkt in der Bezeichnung für Gott, Jesus und den Heiligen Geist als der „dreieinigen Besatzungsmacht" (Z. 65 f.) findet.

III. Darstellung der Wirkung des Hörens der Fußballreportage auf den Ich-Erzähler
Der Elfjährige entdeckt beim Anhören der ersten Fußballreportage seines Lebens eine Gegenwelt zu der ihm bisher vertrauten familiären Atmosphäre im Pfarrhaus. Er reagiert zunächst erschreckt, dann aber mehr und mehr fasziniert auf die Bezeichnungen, die der Berichterstatter für die Fußballspieler und das Spiel findet. Denn indem dieser dieselben religiös besetzten Begriffe für den Sport verwendet, wie er sie vom Vater aus der religiösen Unterweisung kennt, ergibt sich für den Jungen ein Konflikt: Er glaubt Blasphemie zu erkennen, ist von der hier eröffneten Gegenwelt aber gefesselt. Bald erkennt er den Antagonismus zwischen der in tradierter Sprache und bildhafter Symbolik erstarrten Religion und den neuen, lebensnahen Fußballhelden, die ihm näher stehen. Umgeben von religiösen Insignien reflektiert er dies im Arbeitszimmer seines Vaters während der Fußball-

übertragung und kann sich so von den aufgezwungenen Glaubensvorstellungen mehr und mehr lösen. Auch das Bild des dominanten Vaters erfährt dadurch eine Relativierung. So kann man zusammenfassend feststellen, dass das Anhören der Fußballübertragung den Ablösungsprozess des Jungen vom Elternhaus inititiert und beschleunigt, dass der Sieg der deutschen Nationalelf in Bern zugleich den Sieg des Jungen über die tradierten religiösen Werte des Elternhauses bedeutet.

IV. Interpretation

F. C. Delius übt in seiner Erzählung „Der Sonntag, an dem ich Weltmeister wurde" deutliche Kritik am moralischen Rigorismus der autoritären Erziehung des Vaters. Diese vermittelt er durch die Darstellung des Kontrastes zwischen dem von Lebendigkeit, Dynamik und Körperlichkeit geprägten Bereich des Fußballs und dem sinnenfeindlichen, strenggläubigen Elternhaus und dessen Wirkung auf den Ich-Erzähler. Dieser erkennt durch das Anhören der Fußballreportage, dass das authentische emotionale Erleben den bis dahin weitgehend unreflektiert übernommenen Glaubens- und Erziehungsinhalten bei weitem überlegen ist. Dadurch bildet er eine eigene, mehr gefühlte als reflektierte Sichtweise heraus, die durch die ausschließlich positive Darstellung des modernen Mediums Rundfunk unterstützt wird, indem dem medialen Geschehen eine stärkere Wirkung und Unmittelbarkeit als der tatsächlich vorhandene Umgebung des Ich-Erzählers zukommt.
Die nationale Bedeutung des Endspiels tritt in der Darstellung hinter die individuelle Bewertung des Ich-Erzählers als Impuls für die persönliche Befreiung zurück. Somit kann die Darstellung als ein Initiationserlebnis in der Tradition des Adoleszenzromans gelesen werden.

V. Vergleich des Themas „Religion" mit einem anderen literarischen Werk

Die Religion spielt auch in Alfred Anderschs Roman „Sansibar oder der letzte Grund", der 1957 erschienen ist, eine zentrale Rolle.

Der Roman spielt in der kleinen Ostseehafenstadt Rerik. Im Herbst 1937 treffen dort fünf Personen zusammen, die alle unter dem nationalsozialistischen Regime leiden: Der junge Kommunist Gregor und die Jüdin Judith, die von den Nationalsozialisten verfolgt werden und deshalb über die Ostsee nach Schweden fliehen wollen; ein abenteuerlustiger Schiffsjunge, der ausreißen und auf große Fahrt gehen will; der Fischer Knudsen, der ebenfalls über eine Flucht nachdenkt, aber durch seine kranke Frau an Rerik gebunden ist; der todkranke Pastor Helander, der die Plastik des „lesenden Klosterschülers", die sich in seiner Kirche befindet, vor den Nazis in Sicherheit bringen will, da diese sie, weil sie sie der „entarteten Kunst" zurechnen, in einem Magazin verschwinden lassen wollen.
Gregor und Knudsen organisieren die Rettung Judiths und der Plastik, die ihnen

mit der Hilfe des Schiffsjungen gelingt. Pastor Helander stellt sich im Kampf den Beamten der politischen Polizei entgegen und wird erschossen.

Interessant ist dabei die Figur des Pastors. Pastor Helander hat den Glauben an Gott verloren, weil dieser die Gräueltaten der Nationalsozialisten nicht verhindert. Er selbst hat im Ersten Weltkrieg ein Bein verloren und leidet unter schwerer Diabetes. Sollte die Narbe an seinem Beinstumpf aufbrechen, würde sie wegen seiner Krankheit nicht mehr verheilen. In dieser auch persönlich äußerst schwierigen Zeit wartet er inständig darauf, dass Gott sich zeigt – und hasst ihn dafür, dass er es nicht tut. So steht er vor schwierigen Entscheidungen: Soll er den „lesenden Klosterschüler" vor den Nationalsozialisten retten? Das würde für ihn Verhaftung und Folter bedeuten, was er nicht überleben würde. Soll er sich vor der Verantwortung für die Figur, die für das humane Deutschland steht, drücken und damit sein eigenes Leben retten? Oder soll er – wenn er die Plastik Gregor und Knudsen nach Schweden mitgibt – sich selbst oder auch die Nationalsozialisten töten, die die Figur abholen wollen? Helander macht es sich mit seiner Entscheidung nicht leicht, da er durch Mord oder Selbstmord schwere Sünden auf sich laden würde. Er entscheidet sich aber schließlich für die letzte Variante: Er übergibt Knudsen und Gregor die Figur und stellt sich selbst den NS-Schergen, die diese kurz darauf konfiszieren wollen, in den Weg, eröffnet das Feuer auf sie und wird anschließend selbst erschossen. Im Tod hat er die Vision, dass ihm Gott ein Zeichen gibt, dass er doch anwesend ist, und nimmt das als Signal dafür, dass der Widerstand, den er im Namen der Menschlichkeit leistet, einen höheren Sinn hat.

Anders als der Ich-Erzähler in Delius' Erzählung, der durch das säkulare Ereignis der Fußballreportage in Distanz zur überlieferten Religiosität des Elternhauses gerät, gibt Pastor Helander durch den Widerstand gegen das NS-Regime seinem Leben einen tieferen Sinn und findet im Tod zum Glauben zurück.

Original-Klausur 5

Aufgabenart	Textinterpretation mit Textvergleich und weiterführendem Schreibauftrag
Ausgangstext	Franz Kafka, Heimkehr und Lukas-Evangelium, Kapitel 15, Vom verlorenen Sohn
Niveau, Jahr	Leistungskurs, 2007
Bearbeitungszeit	285 Minuten

Material 1
Franz Kafka, Heimkehr

Ich bin zurückgekehrt, ich habe den Flur durchschritten und blicke mich um. Es ist meines Vaters alter Hof. Die Pfütze in der Mitte. Altes, unbrauchbares Gerät, ineinander verfahren, verstellt den Weg zur Bodentreppe. Die Katze lauert auf dem Geländer. Ein zerrissenes Tuch, einmal im Spiel um eine Stange gewunden, hebt sich im Wind.

Ich bin angekommen. Wer wird mich empfangen? Wer wartet hinter der Tür der Küche? Rauch kommt aus dem Schornstein, der Kaffee zum Abendessen wird gekocht. Ist dir heimlich[1], fühlst du dich zu Hause? Ich weiß es nicht, ich bin sehr unsicher. Meines Vaters Haus ist es, aber kalt steht Stück neben Stück, als wäre jedes mit seinen eigenen Angelegenheiten beschäftigt, die ich teils vergessen habe, teils niemals kannte. Was kann ich ihnen nützen, was bin ich ihnen und sei ich auch des Vaters, des alten Landwirts Sohn. Und ich wage nicht an die Küchentür zu klopfen, nur von der Ferne horche ich, nur von der Ferne horche ich stehend, nicht so, dass ich als Horcher überrascht werden könnte. Und weil ich von der Ferne horche, erhorche ich nichts, nur einen leichten Uhrenschlag höre ich oder glaube ihn vielleicht nur zu hören, herüber aus den Kindertagen. Was sonst in der Küche geschieht, ist das Geheimnis der dort Sitzenden, das sie vor mir wahren. Je länger man vor der Tür zögert, desto fremder wird man. Wie wäre es, wenn jetzt jemand die Tür öffnete und mich etwas fragte. Wäre ich dann nicht selbst wie einer, der sein Geheimnis wahren will.

Franz Kafka, Sämtliche Erzählungen. Frankfurt am Main: S. Fischer Verlag 1981, S. 320 f.; der Text wurde 1920 verfasst.

Anmerkungen

[1] „heimlich": ursprünglich im Sinne von: zum Hause gehörig, heimelig/heimisch

Material 2

Lukas-Evangelium, Kapitel 15: Vom verlorenen Sohn

(Anmerkung: Im vorliegenden Text spricht Jesus zu seinen Jüngern.)

11 Und er sprach: Ein Mensch hatte zwei Söhne. 12 Und der jüngere von ihnen sprach zu dem Vater: Gib mir, Vater, das Erbteil, das mir zusteht. Und er teilte Hab und Gut unter sie. 13 Und nicht lange danach sammelte der jüngere Sohn alles zusammen und zog in ein fernes Land; und dort brachte er sein Erbteil durch mit Prassen.

14 Als er nun all das Seine verbraucht hatte, kam eine große Hungersnot über jenes Land, und er fing an zu darben 15 und ging hin und hängte sich an einen Bürger jenes Landes; der schickte ihn auf seinen Acker, die Säue zu hüten. 16 Und er begehrte, seinen Bauch zu füllen mit den Schoten, die die Säue fraßen; und niemand gab sie ihm.

17 Da ging er in sich und sprach: Wie viele Tagelöhner hat mein Vater, die Brot in Fülle haben, und ich verderbe hier im Hunger! 18 Ich will mich aufmachen und zu meinem Vater gehen und zu ihm sagen: Vater, ich habe gesündigt gegen den Himmel und vor dir. 19 Ich bin hinfort nicht mehr wert, dass ich dein Sohn heiße; mache mich zu einem deiner Tagelöhner!

20 Und er machte sich auf und kam zu seinem Vater. Als er aber noch weit entfernt war, sah ihn sein Vater, und es jammerte ihn; er lief und fiel ihm um den Hals und küsste ihn.

21 Der Sohn aber sprach zu ihm: Vater, ich habe gesündigt gegen den Himmel und vor dir, ich bin hinfort nicht mehr wert, dass ich dein Sohn heiße.

22 Aber der Vater sprach zu seinen Knechten: Bringt schnell das beste Gewand her und zieht es ihm an und gebt ihm einen Ring an seine Hand und Schuhe an seine Füße 23 und bringt das gemästete Kalb und schlachtet's; lasst uns essen und fröhlich sein! 24 Denn dieser mein Sohn war tot und ist wieder lebendig geworden, er war verloren und ist gefunden worden. Und sie fingen an, fröhlich zu sein.

25 Aber der ältere Sohn war auf dem Feld. Und als er nahe zum Hause kam, hörte er Singen und Tanzen 26 und rief zu sich einen der Knechte, und fragte, was das wäre. 27 Der aber sagte ihm: Dein Bruder ist gekommen, und dein Vater hat das gemästete Kalb geschlachtet, weil er ihn gesund wieder hat.

28 Da wurde er zornig und wollte nicht hineingehen. Da ging sein Vater heraus und bat ihn. 29 Er antwortete aber und sprach zu seinem Vater: Siehe, so viele Jahre diene ich dir und habe dein Gebot noch nie übertreten, und du hast mir nie einen Bock gegeben, dass ich mit meinen Freunden fröhlich gewesen wäre. 30 Nun aber, da dieser dein Sohn gekommen ist, der dein Hab und Gut mit Huren verprasst hat, hast du ihm das gemästete Kalb geschlachtet.

31 Er aber sprach zu ihm: Mein Sohn, du bist allezeit bei mir, und alles, was mein ist, das ist dein. 32 Du solltest aber fröhlich und guten Mutes sein; denn dieser dein Bruder war tot und ist wieder lebendig geworden, er war verloren und ist wiedergefunden.

Die Bibel. Nach der Übersetzung Martin Luthers. Bibeltext in der revidierten Fassung von 1984. Herausgegeben von der Evangelischen Kirche in Deutschland und vom Bund der Evangelischen Kirchen in der DDR. Stuttgart: Deutsche Bibelgesellschaft 1985, S. 94 (im Neuen Testament)

Aufgabenstellung

1. Interpretieren Sie den Prosatext *Heimkehr* von Franz Kafka.
   (30 BE)

2. Vergleichen Sie das Gleichnis *Vom verlorenen Sohn* aus dem Lukas-Evangelium mit dem Prosa-Text *Heimkehr* von Franz Kafka.
   (30 BE)

3. Gestalten Sie die Fortsetzung des Prosa-Textes im Stil Kafkas. Greifen Sie das Gedankenexperiment des Erzähler-Ichs auf: „Wie wäre es …?" (Z. 18). Gehen Sie dabei von der Annahme aus, der Vater würde die Tür öffnen.
   Begründen Sie anschließend Ihr eigenes schriftstellerisches Vorgehen und erläutern Sie dabei Ihren Text.
   (40 BE)

Erlaubte Hilfsmittel:
Wörterbuch zur deutschen Rechtschreibung

Schritt 1 **Aufgaben verstehen**

Aufgabe 1

Aufgabentyp und Erklärung der Arbeitsanweisungen
Aufgabe 1 verlangt von Ihnen die Interpretation der Parabel „Heimkehr" von Franz Kafka. Der Operator **„interpretieren"** verlangt, dass Sie **Textmerkmale**, Zusammenhänge und Fakten vor dem Hintergrund eines konkreten Sachverhalts **deuten**. Dabei müssen Sie den Text **zuerst analysieren, d.h.** genau im Hinblick auf Inhalt, Form und Sprache **untersuchen**. Um dies leisten zu können, müssen Sie die Darstellung der Figuren und ihr Verhältnis zueinander, die Bedeutung der Zeit und der Zeitgestaltung ebenso einer genauen Untersuchung unterziehen, wie die Bedeutung des Raumes und die Raumgestaltung, die Komposition des Textes und die Funktion der verwendeten Sprache bzw. der sprachlich-stilistischen Mittel. Es liegt aber an Ihnen, die Ihnen wichtig erscheinenden Kriterien auszuwählen.

Aufgabe 2

Aufgabentyp und Erklärung der Arbeitsanweisungen
Der Operator **„vergleichen"** signalisiert, dass Sie die beiden Texte **aufeinander beziehen** sollen – und zwar an Hand von Aspekten, die in beiden Texten sinnstiftend sind. Damit sind Sie zwar in der Wahl Ihrer Vergleichsaspekte eingeschränkt, können den Vergleich aber zielgerichtet durchführen. In Bezug auf die vorliegenden Texte bedeutet das, dass Sie den Kafka-Text als Ausgangstext verwenden, den Bibel-Text aber nur bezüglich des Inhalts bzw. der Thematik heranziehen müssen. Eine genaue Analyse des Gleichnisses „Vom verlorenen Sohn", die z.B. sprachliche Aspekte berücksichtigen könnte, ist in der Aufgabenstellung nicht gefordert.

Aufgabe 3

Aufgabentyp und Erklärung der Arbeitsanweisungen
Diese Aufgabe ist dem Aufgabentypus **„Gestaltende Interpretation"** zuzuordnen. Dabei liegt der Schwerpunkt weniger auf der analytischen Ebene als auf der eigenen Kreativität. Da Ihr Text aber eine möglichst stil- und treffsichere Antwort auf die Vorlage sein muss, ist die unbedingte Voraussetzung, dass Sie die literarische Vorlage, auf die Sie reagieren sollen, genau verstanden haben.

Lösung in 3 Schritten

Aufgabentyp und Erklärung der Arbeitsanweisungen

Bei dieser Aufgabe ist verlangt, dass Sie den vorliegenden **Prosa-Text im Stil Kafkas fortsetzen**. Sie sind dabei in Ihrer kreativen Tätigkeit geleitet, da Sie auf das „Wie wäre es …?“ (Z. 18) reagieren müssen.
In der angeschlossenen Aufgabe sind Sie dann aufgefordert, das eigene gestalterische Vorgehen zu begründen und Ihren Text damit zu erläutern.

Tipps zur Vorgehensweise
Da alle drei Teilaufgaben ungefähr gleiches Gewicht haben, sollten Sie alle drei annähernd gleich umfassend und in gleicher Qualität behandeln.
Lesen Sie zuerst Kafkas Parabel genau, mindestens zweimal. Bedenken Sie, dass dieser Text die Grundlage für Ihre weitere Arbeit ist. Markieren Sie den Text schon ab dem ersten Lesen, streichen Sie die Textstellen an, die Ihnen auffallen, die Ihnen wichtig erscheinen oder die Ihnen unklar sind.
Machen Sie sich nun an die schriftliche Ausgestaltung Ihrer Prüfungsarbeit:
Analysieren Sie den Text genau im Hinblick auf die Untersuchungskriterien für Prosatexte. Überdenken Sie dann Ihre Analyseergebnisse und wagen Sie eine Interpretation.
Anschließend beschäftigen Sie sich mit dem Bibel-Text. Suchen Sie Gemeinsamkeiten und Unterschiede zur Parabel Kafkas und legen Sie diese vergleichend dar. Achten Sie darauf, dass Sie zu klaren Vergleichsergebnissen kommen.
In Aufgabe 3 setzen Sie den Text Kafkas unter den genannten Bedingungen fort. Orientieren Sie sich dabei am Stil und am Inhalt der Vorlage. Schließlich müssen Sie Rechenschaft ablegen: Warum haben Sie Ihre Fortsetzung so und nicht anders gestaltet? Was wollten Sie damit ausdrücken? Auf welche Aspekte sind Sie besonders eingegangen, welche haben Sie außer Acht gelassen und warum?

Schritt 2

Text bearbeiten

Aufgabe 1, Teil 1 – Untersuchung des Aufbaus

Die Parabel Kafkas ist in vier Abschnitte gegliedert. Bringen Sie die Abschnitte in die richtige Reihenfolge, indem Sie die jeweiligen Überschriften nummerieren.

Abschnitte	Nummer
Erwartung und Selbstzweifel	
Die Heimat wird zur Fremde	
Reaktionen des „Ich“ und die Folge	
Ankunft und Überblick	

Aufgabe 1, Teil 2 – Stilmittel benennen

Der Text Kafkas ist kurz und gedrängt, doch er erzielt seine Wirkung aufgrund einer Vielzahl von Stilmitteln. Benennen Sie sie in der folgenden Übung.

Stilmittel	Begriff
Ich bin zurückgekehrt, ich habe den Flur durchschritten … Ich bin angekommen. (Z. 1, Z. 6)	Anapher / Parallelismus
Die Pfütze in der Mitte. (Z. 2)	
Wer wird mich empfangen? Wer wartet hinter der Tür der Küche? (Z. 6 f.)	
Was kann ich Ihnen nützen, was bin ich ihnen … (Z. 11)	
… nur von der Ferne horche ich, nur von der Ferne horche ich stehend … (Z. 13)	

Aufgabe 2 – Vergleich zentraler Aspekte

In der Tabelle sind Vergleichsaspekte vorgegebe. Ergänzen Sie das Fehlende, damit Sie dann den Vergleich durchführen können.

„Heimkehr“	„Vom verlorenen Sohn“
	Der Sohn führt ein leichtes Leben.
Der Sohn fühlt sich am väterlichen Hof fremd.	
	Der Sohn zeigt Reue.
Der Sohn fragt sich, was er der Familie nützen kann.	
	Der Vater vergibt ihm.
	Der Bruder reagiert mit Neidgefühlen.
Die Eltern und der Sohn haben ein „Geheimnis“.	
	Der Vater nimmt den verlorenen Sohn wieder auf.

Aufgabe 3 – Wichtige Aspekte für die Fortsetzung

In folgender Tabelle sind einige Kennzeichen der Parabel Kafkas aufgelistet. Kreuzen Sie an, was Ihnen für Ihre Fortsetzung wichtig erscheint.

Abschnitte	erledigt
kurze Sätze, Parataxen	○
viele Fragesätze	○
Parallelismen	○
inhaltliche Wiederholung	○
keine namentliche Nennung der Personen	○
Verwendung des bestimmten Artikel bei der Nennung des Vaters	○
Verwendung von inhaltlichen Leerstellen	○
Thematisierung des Vater-Sohn-Konflikts	○
Fehlen von wörtlicher Rede	○
Verwendung des inneren Monologs	○
Gliederung in zwei Abschnitte	○

Schritt 3 **Musterlösung**

1. Interpretation von Kafkas Parabel „Heimkehr"

Kafkas Parabel „Heimkehr" handelt von einem Sohn, der vermutlich nach längerer Abwesenheit wieder zu seinem Elternhaus kommt, jedoch seiner Gefühle unsicher ist und nicht einzutreten wagt. Die Parabel gibt aus der Sicht des Sohnes in Form eines inneren Monologs dessen Gedanken und Gefühle wieder.

Der erste Absatz beschreibt die Grundsituation: Der Sohn ist zu seinem Elternhaus zurückgekehrt, und nähert sich diesem durch den Hof, der genauer beschrieben wird: „Die Pfütze in der Mitte, unbrauchbares Gerät, ineinander verfahren, verstellt den Weg zur Bodentreppe." (Z. 2 f.). Diese Beschreibung zeigt, dass der Ich-Erzähler den elterlichen Hof wiedererkennt und dass dieser, vielleicht erst neuerdings, einen verwahrlosten Eindruck macht. Auch die Katze erkennt er wieder, was der bestimmte Artikel nahe legt (s. Z. 3).

Der zweite Abschnitt beginnt mit der Feststellung: „Ich bin angekommen." (Z. 6). Der parallele Satzbau des ersten und zweiten Satzes verdeutlicht den Versuch des Ich-Erzählers, Sicherheit zu gewinnen. Dies gelingt aber nicht, sogleich überkommen ihn erste Zweifel (s. Z. 6 ff.), die in Fragesätze gekleidet sind. Seine Gedanken kreisen um die Personen, die er antreffen wird, und um seine Gefühle. Zwar nimmt er den Rauch wahr, der aus dem Schornstein kommt, und vermutet (oder riecht?), dass Kaffee gekocht wird. Doch er ist sich seiner Gefühle unsicher und empfindet keine Vertrautheit, worauf die redundante Antwort auf die Frage „Ist dir heimlich, fühlst du dich zu Hause?"(Z. 8) hinweist. Er versichert sich zwar selbst, dass es „[s]eines Vaters Haus" (Z. 9) sei, vor dem er sich befindet, aber er empfindet die Atmosphäre als kalt. Die häufig verwendeten Possessivpronomina in diesem Teil des Textes dienen nicht der Darstellung eines Besitzes, sondern sind vielmehr der Versuch, die Zugehörigkeit des Ich-Erzählers zu bestimmen. Dabei wird die Entfremdung von dem einst Vertrauten erkennbar, wenn er feststellt: „kalt steht Stück neben Stück" (Z. 9). Die Entfremdung, die hier sichtbar wird, bezieht sich auch auf den Vater, der als der Besitzer dieses Hauses genannt wird. Die Unsicherheit des Ich-Erzählers wird durch den verwendeten Konjunktiv („und sei ich auch des Vaters, des alten Landwirts Sohn", Z. 11 f.) verdeutlicht, sie bezieht sich aber ebenso auf die übrigen Familienmitglieder, wie die folgenden Fragen des inneren Monologs zeigen: „Was kann ich ihnen nützen, was bin ich ihnen" (Z. 11). Der Ich-

Erzähler wagt deshalb nicht den Schritt über die Türschwelle, er klopft nicht an. Wohl empfindet er aber Interesse für das, was im Haus vor sich geht und verlegt sich deshalb aufs Horchen; das Verb „horchen" kommt in den Zeilen 13 und 14 fünfmal in Variation vor.
Inzwischen hat der Ich-Erzähler längst beschlossen, das Elternhaus nicht zu betreten und sich nicht zu erkennen zu geben. Deshalb will er auch beim Horchen nicht überrascht werden. In einem Anflug von Sentimentalität glaubt er, der sonst keine Geräusche aus dem Haus wahrnimmt, den Uhrenschlag zu hören, räumt aber sofort ein, dass dies auch nur eine Erinnerung aus „Kindertagen" (Z. 16) sein könne.

Doch nicht nur der Ich-Erzähler ist allein mit seinen Gedanken und Erinnerungen, auch die in der Küche Versammelten sind von der Außenwelt abgeschlossen und nehmen den vor der Tür ausharrenden Sohn nicht wahr. Das „Geheimnis der dort Sitzenden" (Z. 16 f.), ihre Gefühle, ihre Gedanken, ihr Tun, bleibt dem Ich-Erzähler verschlossen. Dieses Wissen führt ihn zu der sentenzhaft formulierten Erkenntnis: „Je länger man vor der Tür zögert, desto fremder wird man." (Z. 17 f.). Die Vorstellung, jemand würde die Tür öffnen und ihn etwas fragen, macht ihm bewusst, dass er tatsächlich ein Fremder mit einem eigenen „Geheimnis" (Z. 19) geworden ist, dem die Kontaktaufnahme nicht leicht fallen würde.

2. Vergleich des Gleichnisses „Vom verlorenen Sohn" mit der Parabel „Heimkehr"

Auch im Gleichnis aus dem Lukas-Evangelium hat ein Sohn das Vaterhaus verlassen und kommt eines Tages wieder zurück nach Hause.

Jesus berichtet seinen Jüngern von einem Vater, der zwei Söhne hat. Während der ältere Sohn zusammen mit dem Vater den Hof bewirtschaftet, lässt sich der jüngere Sohn sein zu erwartendes Erbe auszahlen und zieht in die Fremde. Er verprasst sein Erbe, leidet Hunger und verdient sich seinen kargen Lebensunterhalt als Schweinehirt. Dabei wird ihm klar, dass es den Tagelöhnern im Haus seines Vaters besser geht als ihm in der Fremde. Er entschließt sich deshalb heimzukehren, den Vater um Verzeihung für seine Leichtfertigkeit zu bitten und um eine Anstellung als Tagelöhner nachzusuchen. Anders als in Kafkas Text sieht der Vater seinen verloren geglaubten Sohn von weitem, läuft ihm entgegen, fällt ihm um den Hals und küsst ihn. An dieser Stelle wird klar, dass der Vater seinem jüngeren Sohn verziehen hat. Als dann anlässlich der Heimkehr des jüngeren ein großes Wiedersehensfest gefeiert wird, fühlt sich der ältere Sohn, der seinem Vater stets treu gedient hatte, zurückgesetzt. Der Vater beruhigt jedoch seinen älteren Sohn und erklärt seine Reaktion auf die Heimkehr des jüngeren mit den Worten: „denn dieser dein Bruder war tot und ist wieder lebendig geworden, er war verloren und ist wiedergefunden" (Z. 35 ff.).

Das Gleichnis aus dem Lukas-Evangelium setzt den Vater mit dem gütigen Gott gleich. Dieser fragt nicht nach begangenem Unrecht oder kleineren Verfehlungen; jeder Sohn wird geliebt, wenn er sich auf das rechte Handeln besinnt und Buße tut. Dies ist bei Kafka anders. Der Vater tritt in seiner Parabel gar nicht aktiv in Erscheinung. Wie er sich verhalten würde, kann nur aus dem Verhalten des Sohnes erschlossen werden: Es geht wohl vorrangig um den Nutzen für die Familie („Was kann ich ihnen nützen", Z. 11), denn erst dann fragt sich der Sohn: „Was bin ich ihnen?" (Z. 11). Damit äußert der Ich-Erzähler eine deutliche Kritik am Vater. Doch auch er verhält sich anders als der Sohn im Bibel-Gleichnis. Er kehrt nicht reumütig zurück, vielleicht, weil es keinen Grund dafür gibt. Deutlich wird aber, dass nicht nur die Familie daheim, sondern er selbst ein „Geheimnis" hat. Worin dieses besteht wird nicht ausgesprochen, es lässt sich aber vermuten, dass die Lebenswirklichkeiten zu verschieden sind, um eine Annäherung zuzulassen. Dies korrespondiert mit dem Begriff der Entfremdung, die es Vätern und Söhnen jenseits der Schuldfrage unmöglich macht, sich in ihrer Individualität und Andersartigkeit anzunehmen und versöhnlich miteinander umzugehen.

3. Fortsetzung des Kafka-Textes

So könnte die Fortsetzung gestaltet sein:
Wie wäre es ... hänge ich gerade meinen Gedanken nach, als sich plötzlich unter lautem Knarzen die Tür öffnet. Der Vater steht im Türrahmen, den Blick direkt auf mich gerichtet. Ich stehe reglos im Schatten des Schuppens. Sieht er mich, erkennt er mich? Plötzlich ein Schrei, aus der Tiefe der Vergangenheit: Mein Sohn, mein Sohn. Endlich. Du bist da. Er läuft auf mich zu, er umarmt mich. Wir warten auf dich. Die Mutter und die Schwester warten auf dich. Schon lange. Komm herein, dein Kaffee steht am Tisch, an deinem Platz, wie jeden Abend.
In der Küche gibt es ein herzliches Wiedersehen. Die Nacht wird lang. Viel gibt es zu erzählen. Von einem Geheimnis keine Spur. Wie unsicher man doch wird, wenn man lange von zu Hause weg war.

Erläuterung der Fortsetzung:
Die Texte Kafkas werden oft unter biografischem Aspekt interpretiert. Die schwierige Beziehung zwischen Vater und Sohn, die im „Brief an den Vater" thematisiert wird, ist dafür ebenso die Grundlage wie die Darstellung der Vaterfiguren in den literarischen Texten Kafkas. In dieser Fortsetzung wurde der biografische Deutungsansatz bewusst ausgeblendet. Eine textimmanente Interpretation weist nicht zwingend auf eine problematische Vater-Sohn-Beziehung hin. Es besteht

sehr wohl die Möglichkeit, den Text gegen den Strich der gängigen Interpretationen zu lesen und den Vater in der Fortsetzung positiv zu zeichnen – ähnlich wie im Gleichnis aus dem Lukas-Evangelium. In diesem Fall kommt jedoch der Sohn schlechter weg. Er wird als unsicher, als nervlich überreizt dargestellt, als jemand, der sich lediglich einbildet, zu Hause nicht mehr willkommen zu sein.

Beide Interpretationslinien fügen sich in die literaturgeschichtlichen Aspekte der Entstehungszeit der Parabel (1920), den späten Expressionismus und die neue Sachlichkeit, ein. Sowohl der Vater-Sohn-Konflikt als auch die nervöse Überreizung sind literarische Motive dieser Zeit.

Die sprachliche Gestaltung orientiert sich eng an der literarischen Vorlage: Die Verwendung von kurzen Sätzen, die parataktische Reihung, gepaart mit parallelem Satzbau und inhaltlicher Wiederholung („Sieht er mich, erkennt er mich?“) findet sich auch im Text Kafkas. Ebenso die Frageform, die Zweifel ausdrückt. Die Personen werden hier wie bei Kafka nicht namentlich genannt; bei der Erwähnung des Vaters wird der bestimmte Artikel „der“, nicht wie sonst üblich das Possessivpronomen „mein“ verwendet.

Inhaltlich knüpft die Fortsetzung an den Kafka-Text durch die Erwähnung des abendlichen Kaffees an. Auch dass der Sohn nicht direkt vor der Tür wartet, sondern im Schatten der Abendsonne vor dem Schuppen auf dem Hof steht, ergibt sich aus der literarischen Vorlage. Auf die von Kafka gesetzte Leerstelle des Textes, das „Geheimnis“ der Figuren, wird Bezug genommen, sie wird jedoch aufgelöst als Einbildung des Sohns. Der Stil Kafkas wird auch dadurch nachgeahmt, dass eine neue Leerstelle gesetzt wird: „... ein Schrei, aus der Tiefe der Vergangenheit“. Dies würde künftigen Interpretationen des fortgesetzten Textes neuen Deutungsspielraum geben.

Original-Klausur 6

Aufgabenart	Analyse eines literarischen Textes mit weiterführendem Schreibauftrag
Ausgangstext	Hans Sahl, Die Letzten
Bezugstext	Bernhard Schlink, Der Vorleser
Niveau, Jahr	Grundkurs, 2007
Bearbeitungszeit	300 Minuten

Hans Sahl
Die Letzten

Wir sind die Letzten.
Fragt uns aus.
Wir sind zuständig.
Wir tragen den Zettelkasten
mit den Steckbriefen unserer Freunde
wie einen Bauchladen vor uns her.
Forschungsinstitute bewerben sich
um Wäscherechnungen Verschollener,
Museen bewahren die Stichworte unserer Agonie[1]
wie Reliquien[2] unter Glas auf.
Wir, die wir unsre Zeit vertrödelten,
aus begreiflichen Gründen,
sind zu Trödlern des Unbegreiflichen geworden.
Unser Schicksal steht unter Denkmalschutz.
Unser bester Kunde ist das
schlechte Gewissen der Nachwelt.
Greift zu, bedient euch.
Wir sind die Letzten.
Fragt uns aus.
Wir sind zuständig.

Anmerkungen:

[1] Agonie: Todeskampf

[2] Reliquien: Überreste (z. B. Gebeine) oder Sachen (z. B. Kleider, Ring …) eines Heiligen als Gegenstand religiöser Verehrung

Hans Sahl, 1902 in Dresden geboren, entstammt einer großbürgerlichen jüdischen Familie. Nach dem Studium der Literatur- und Kunstgeschichte, Architektur und Philosophie arbeitet er von 1924 bis 1933 als Film- und Theaterkritiker in Berlin. 1933 flieht er vor den Nationalsozialisten zunächst nach Prag, später geht er nach Paris ins Exil. Bei Kriegsausbruch 1939 wird er wie viele Emigranten als „feindlicher Ausländer" interniert. 1941 gelingt ihm die Flucht über Marseille in die USA. Erst in den frühen 1950er Jahren kehrt er nach Deutschland zurück, kann aber nicht mehr heimisch werden. 1957 wandert er erneut in die Vereinigten Staaten aus. Erst 1989 kehrt der Erzähler, Dramatiker, Chronist und Lyriker endgültig nach Deutschland zurück, wo er 1993 in Tübingen stirbt.

Aufgabenstellung

1. Analysieren Sie das Gedicht von Hans Sahl und berücksichtigen Sie dabei die Lebensdaten des Autors.
   (57 Punkte)

2. Setzen Sie sich, vor dem Hintergrund von Schlinks Roman „Der Vorleser", mit der Frage auseinander, unter welchen Bedingungen auch die Täter „als letzte Zeugen" für die Bewältigung der Vergangenheit zuständig sein können.
   (30 Punkte)

Materialgrundlage:
- Hans Sahl, Die Letzten, in: ders., Wir sind die Letzten. Gedichte. Heidelberg, 1976, S. 13

Zugelassene Hilfsmittel:
- Wörterbuch zur deutschen Rechtschreibung
- Unkommentierte Ausgabe von B. Schlinks Roman „Der Vorleser"
(liegt im Prüfungsraum zur Einsichtnahme vor)

Schritt 1 **Aufgaben verstehen**

Aufgabe 1

Aufgabentyp und Erklärung der Arbeitsanweisungen

Die **Analyse** eines lyrischen Textes rückt sehr viel stärker als die anderen Gattungen (Epik, Drama) die Form der Textgestaltung in den Blickpunkt der Untersuchung, weil Thema, Inhalt und Aussage von Gedichten in besonderem Maße künstlerisch kodiert, d.h. ‚aufbereitet' sind. Von der Zeichensetzung über den Satzbau bis zum Einsatz von Bildern und Motiven lässt eine Fülle äußerlicher Details Rückschlüsse auf die Bedeutung des Kunstwerks zu.

Im vorliegenden Fall wird das Textverständnis durch den Umstand erleichtert, dass Sie das Gedicht unter ausdrücklichem Einbezug der biographischen Informationen interpretieren sollen, so dass das Thema des literarischen Gegenstandes (Rassismus, Verfolgung, Gewalt) für Sie von Anfang an erkennbar ist.

Aufgabe 2

Aufgabentyp und Erklärung der Arbeitsanweisungen

Der Begriff der **Auseinandersetzung** fordert Sie dazu auf, zu einer (fachlichen) Problemstellung, These oder Frage eine Argumentation zu entwickeln, die zu einem begründeten und nachvollziehbaren Ergebnis führt.

Die Aufgabe 2 lenkt den Blick auf Schlinks Roman „Der Vorleser", dessen Kenntnis aus dem Unterricht vorausgesetzt wird und Sie in die Lage versetzt, die Frage nach den Möglichkeiten der Teilhabe von Tätern an der Bewältigung vergangener Verbrechen am Beispiel der Protagonistin Hanna zu beantworten. Jenseits des Gedichts und seiner Opferperspektive muss Ihre Gedankenführung auf der Grundlage einer Romanerzählung die distanzierte Betrachtung und kritische Bewertung einer Täterperspektive leisten.

Tipps zur Vorgehensweise

Berücksichtigen Sie besonders die Wertigkeit der Aufgaben. Die nahezu doppelte Punktzahl für die Bearbeitung der Aufgabe 1 sollte Sie dazu veranlassen, der Interpretation von Sahls Gedicht „Die Letzten" einen entsprechenden Stellenwert innerhalb Ihrer Arbeit zukommen zu lassen.

Schritt 2

Text bearbeiten

Aufgabe 1

Analysieren Sie das Gedicht und berücksichtigen Sie dabei die Lebensdaten des Autors. Ergänzen Sie folgende Teilaussagen durch Ihre Erkenntnisse.

Einleitung	
Informationen über Autor, Textsorte, Titel, Publikationsort und -jahr sowie über das Thema	*Das Gedicht „Die Letzten“ von Hans Sahl erschien im Jahre*
Kontext	
geschichtlicher und biographischer Hintergrund des lyrischen Textes	*Der lyrische Text spricht nicht allgemein von den Auswirkungen von Tyrannei und Diktatur, sondern er bezieht sich konkret auf …*
formale Aspekte	
insbesondere Merkmale von Satzbau und Satzgrammatik	*Das Gedicht besteht aus einer einzigen Strophe mit insgesamt 20 Versen. Es liegt weder ein Reimschema noch ein Metrum vor. In den ersten drei Versen erscheinen einfache Aussage- und Befehlssätze („Wir sind die Letzten. / Fragt uns aus. / Wir sind zuständig.“), die …*

Lösung in 3 Schritten

Gedichtanalyse unter Berücksichtigung der Autorendaten

Kommunikationsstruktur	
Wer spricht? In welcher Weise? Zu wem?	*Das Pronomen „Wir" in dem einleitenden Vers „Wir sind die Letzten" bezeichnet die …*
Struktur des Gegensatzes	
- Oberfläche – Tiefe - außen – innen - Dialog – Monolog - Vergangenheit – Gegenwart - Tod – Leben	*… Die virtuell dialogische Gestaltung („wir" – „euch") meint jedoch kein echtes Gespräch, denn auf die zweimalige Bestätigung der eigenen Kompetenz („Wir sind zuständig." (V. 3/20)) und auf die doppelte Aufforderung zum Gespräch („Fragt uns aus." (V. 2/19)) folgt keine Reaktion. Das Reden des Wir bleibt trotz des Appells monologisch. …*
Redemittel	
Ermittlung und Analyse der rhetorischen Figuren	*Der Grundton des lyrischen Textes ist der lakonisch-informelle Ton der Mitteilung. Dagegen legen ironische Metaphern („Unser Schicksal steht unter Denkmalschutz." (V. 14)) die Leidenswirklichkeit offen, die …*
Semantische Analyse	
Deutung des Titelbegriffs „Die Letzten"	*Der Titel „Die Letzten" und mit ihm die doppelte Verwendung des Satzes „Wir sind die Letzten" in den Versen 1 und 18 ist semantisch mehrdeutig. Er meint …*

Aufgabe 2: Weiterführender Schreibauftrag

Setzen Sie sich mit der Frage auseinander, unter welchen Bedingungen auch die Täter „als letzte Zeugen" für die Bewältigung der Vergangenheit zuständig sein können.

Einleitung: Erfassung von Unterschieden Gedicht – Roman	
Sahl: „Die Letzten"	Schlink: „Der Vorleser"
Erfassung von Gemeinsamkeiten	

Hauptteil: Inhalt des Romans „Der Vorleser“

Täterproblematik im Roman „Der Vorleser“

Schlussteil: Zusammenfassende Beantwortung der Leitfrage

Schritt 3 Musterlösung

Gliederung

I. Aufgabe 1: Textanalyse – Sahl: Die Letzten

A) Kurze **Einführung** in den Untersuchungsgegenstand zur allgemeinen Orientierung des Lesers sowie Einbeziehung der Hintergrundinformationen zum Aufbau eines Verstehenshorizontes

B) **Analyse der Textgestalt** zur Vergegenwärtigung struktureller Besonderheiten (Form des Gedichts, personale und kommunikative Merkmale, Oppositionen, Redemittel)

C) **Analyse des Textgehalts** zur Deutung des Textes: Zusammenführung der Analyseergebnisse durch Rückbesinnung auf den Titel

II. Aufgabe 2: Weiterführender Schreibauftrag – **Erörterung der Frage: Täter – „letzte Zeugen" für die Bewältigung der Vergangenheit?**

A) **Überleitung** zu Schlinks Roman „Der Vorleser": Textvergleich

B) **Einführung in die Thematik der Leitfrage:** Erfassung grundsätzlicher Unterschiede und Gemeinsamkeiten zwischen Gedicht und Roman

C) **Hauptteil:** Analyse des Täterbildes unter besonderer Berücksichtigung der Frage nach der Auseinandersetzung mit der Vergangenheit

D) **Schlussteil:** abschließende Beantwortung der Leitfrage

I. Aufgabe 1: Textanalyse – Sahl: Die Letzten

Das Gedicht „Die Letzten" von Hans Sahl erschien im Jahre 1976 innerhalb der Gedichtsammlung „Wir sind die Letzten". Es thematisiert die Auseinandersetzung mit der Frage, welche geschichtliche Bedeutung die überlebenden Opfer totalitärer Gewaltherrschaft für die nachfolgenden Generationen einnehmen.

Der lyrische Text spricht nicht allgemein von den Auswirkungen von Tyrannei und Diktatur, sondern er bezieht sich konkret auf die Verfolgung und Ermordung von Millionen Menschen im Dritten Reich. Dies wird dem Leser auch ohne Kenntnis der Biographie des Verfassers bewusst, wenn er in den beiden Sätzen „Forschungsinstitute bewerben sich / um Wäscherechnungen Verschollener / Museen bewahren die Stichworte unserer Agonie / wie Reliquien unter Glas auf" (Verse 7–10) klare Bezüge zur Gegenwart der deutschen Nachkriegszeit entdeckt. Der im Jahr 1902 in Dresden geborene Film und Theaterkritiker Hans Sahl musste aufgrund seiner

Abstammung aus einer großbürgerlichen jüdischen Familie im Jahr der Machtergreifung der Nationalsozialisten aus Deutschland fliehen. Im Pariser Exil wurde er bei Ausbruch des Krieges 1939 als „feindlicher Ausländer" interniert, doch gelang es ihm 1941, über Marseille in die USA zu fliehen. Nach dem vergeblichen Versuch, sich in seinem Heimatland wieder niederzulassen, emigrierte er von 1957 bis 1989 erneut in die USA. Der Erzähler, Chronist und Lyriker starb 1993 in Tübingen.

Das Gedicht besteht aus einer einzigen Strophe mit insgesamt 20 Versen. Es liegt weder ein Reimschema noch ein Metrum vor. In den ersten drei Versen erscheinen einfache Aussage- und Befehlssätze („Wir sind die Letzten. / Fragt uns aus. / Wir sind zuständig."), die im Schlussteil des Gedichtes in identischer Form und Reihenfolge wieder auftauchen und damit den Charakter eines Refrains annehmen. Den Mittelteil des Gedichtes bilden mit den Versen 4–17 vier längere Sätze, von denen einer, im Gegensatz zur parataktischen Struktur der übrigen, hypotaktisch und unter Einschaltung einer Parenthese aufgebaut ist: „Wir, die wir unsere Zeit vertrödelten, aus begreiflichen Gründen, sind zu Trödlern des Unbegreiflichen geworden" (V. 11–13).

Das Pronomen „Wir" in dem einleitenden Vers „Wir sind die Letzten" bezeichnet die Perspektive eines anonymen Kollektivs, das an die Stelle eines lyrischen Ich tritt. In der mitunter marktschreierischen Pose eines Ware anbietenden Verkäufers („Greift zu, bedient euch." (V. 17)) und mit dem wiederholten Appell „Fragt uns aus" (V. 2/19) wendet sich die Gemeinschaft des „wir" zu Beginn und am Ende des Textes ausdrücklich an eine Gruppe von nicht näher benannten Adressaten. Durch die Pluralform des Imperativs („greift zu", „fragt", „bedient euch") wird dabei zugleich das Leserpublikum angesprochen.

Die virtuell dialogische Gestaltung („wir" – „euch") bleibt aber bloßes Gehabe, denn auf die zweimalige Bestätigung der eigenen Kompetenz („Wir sind zuständig." (V. 3/20)) und auf die doppelte Aufforderung zum Gespräch („Fragt uns aus." (V. 2/19)) folgt keine Reaktion. Das Reden des Wir bleibt trotz des Appells monologisch. Neben der insgesamt sechsmaligen Nennung des Subjektpronomens „wir" erscheinen mehrfach auch das Objektpronomen „uns" und das Possessivattribut „unser", sodass der Eindruck des Versuches einer Selbstvergewisserung entsteht. Der anaphorische Gebrauch des „wir" („Wir sind die Letzten / […] Wir sind zuständig. / Wir tragen den Zettelkasten …" (V. 1–4)), und des Attributs „unser" als Ausdruck der Besitzanzeige („Unser Schicksal […]. / Unser bester Kunde […]." (V. 14–15)) signalisiert eine intensive Auseinandersetzung mit der eigenen Identität.

Der Opposition von Sprechen und Schweigen entspricht die Gegenüberstellung von Vergangenheit und Gegenwart. Die Situation der Opfer ist durch den Verlust von geliebten Menschen gekennzeichnet („Wir tragen den Zettelkasten / mit den Steckbriefen unserer Freunde / […] vor uns her." (V. 4–6)), von denen noch Dokumente ihrer Existenz („Wäscherechnungen" (V. 8)), aber keine Lebenszeichen

mehr vorhanden sind; sie bleiben ‚verschollen'. Tod („Agonie" (V. 9)) und lange Gefangenschaft („Wir, die wir unsere Zeit vertrödelten, / aus begreiflichen Gründen […]." (V. 11–12)) bestimmen das „Schicksal" (V. 14) der ‚letzten' Überlebenden. Die Nachkriegsgesellschaft hingegen macht das Leid der Verfolgten und Ermordeten zum Studienobjekt der Wissenschaft in „Forschungsinstitute[n]" (V. 7), zum Ausstellungsobjekt der „Museen" (V. 9) und zum Objekt der Konservierung („Unser Schicksal steht unter Denkmalschutz." (V. 14)).
Die äußerste Form der Instrumentalisierung des Schreckens verdichtet sich in ihrer Kommerzialisierung durch die Konsumgesellschaft, die im Gedicht über das metaphorische Wortspiel „Unser bester Kunde ist das / schlechte Gewissen der Nachwelt. / Greift zu, bedient euch" (V. 15–17) durch die Form der Ironie denunziert wird.
Der Grundton des lyrischen Textes ist der lakonisch-informelle Ton der Mitteilung. Dagegen legen ironische Metaphern („Unser Schicksal steht unter Denkmalschutz." (V. 14)) die Leidenswirklichkeit offen, die sich hinter der Banalität der Aussagesätze verbirgt. Sarkastische Feststellungen zum Erwerb von ‚Opfer- und Leidenskompetenz' durch rassistisch motivierte Erniedrigung und Auslöschung („Wir sind zuständig" (V. 3 / 20)) verschärfen die Kritik an der Form des Umgangs mit den Opfern des Nazi-Terrors nach 1945. In grotesken Vergleichen („Wir tragen den Zettelkasten / mit den Steckbriefen unserer Freunde / wie einen Bauchladen vor uns her." (V. 4–6); „Museen bewahren die Stichworte unserer Agonie / wie Reliquien unter Glas auf." (V. 9–10)) enthüllt sich die unüberwindbare Schwierigkeit des Umgangs mit dem Grauen der nationalsozialistischen Verbrechen. Die chiastische Struktur des Satzes „Wir, die wir unsere Zeit vertrödelten, / aus begreiflichen Gründen, / sind zu Trödlern des Unbegreiflichen geworden" (V. 11–13) entlarvt entsprechend durch die spielerische Kontrastierung der Begriffe ‚vertrödeln' – ‚Trödler' und ‚begreiflich' – ‚das Unbegreifliche', die Unmöglichkeit einer Verarbeitung des Bösen. Die Variierung des Motivs von Kauf und Verkauf in Begriffen wie ‚Bauchladen', ‚Trödler', ‚Kunde' und in dem Werbesatz „Greift zu, bedient euch." lenkt zum einen den Blick auf die primär kapitalistischen Motive des deutschen Wiederaufbaus. Zum anderen verdeutlicht es in geradezu karikaturesker Form, dass die ökonomische Verwertung von Erinnerung einer sinnvollen Aufarbeitung der Vergangenheit ebenso wenig gerecht wird wie die Musealisierung und Archivierung von Geschichte.
Der Titel „Die Letzten" und mit ihm die doppelte Verwendung des Satzes „Wir sind die Letzten" in den Versen 1 und 18 ist semantisch mehrdeutig. Er meint im eigentlichen Sinne die Tatsache, dass die Überlebenden des Holocaust in der Nachkriegszeit die einzigen Zeugen der Verfolgung und der Konzentrationslager sind und mit ihrem Tod keine Möglichkeit mehr besteht, unmittelbare mündliche Informationen über die nationalsozialistischen Verbrechen zu beziehen. Im übertragenen Sinn schwingt in dem Wort von den „Letzten" zugleich aber auch die Asso-

ziation mit, dass es sich bei den Opfern der Shoah um Menschen handelt, die in der sozialen Hierarchie der Nachkriegsgesellschaft eine untergeordnete Position einnehmen. Möglicherweise bietet diese Deutung auch eine Erklärung dafür, dass der Autor Hans Sahl im Deutschland der 50er-Jahre „nicht mehr heimisch werden" konnte. Der Text entlarvt die Reduktion der Opfer des Nationalsozialismus auf die Rolle der bloßen Zeitzeugenschaft im Dienste der gesellschaftlichen Aufklärung. Indem das Private („Wäscherechnungen" (V. 8)) und das Intime („Stichworte unserer Agonie" (V. 9)) zum Gegenstand des öffentlichen Interesses und zum Allgemeingut gemacht werden, setzt sich die Verfolgung der Opfer des Faschismus in der Nachkriegszeit fort.

II. Aufgabe 2: Weiterführender Schreibauftrag

Während Hans Sahl als Verfolgter des Nazi-Regimes in einem Gedicht aus dem Jahre 1976 seiner unmittelbaren Betroffenheit über Fragen des Umgangs mit der Vergangenheit Ausdruck verleiht, setzt sich der Rechtswissenschaftler und Schriftsteller Bernhard Schlink (*1944) als Repräsentant der Nachkriegsgeneration in dem 1995 erstmals veröffentlichten Roman „Der Vorleser" mit den Motiven und der Schuld der in die Nazi-Verbrechen verstrickten Menschen auseinander. Die Opferperspektive, die in Sahls Gedicht bestimmend ist, tritt hier in den Hintergrund und der Fokus verlagert sich auf die Täter.

Mit dem Romanhelden muss sich auch der Leser fragen: „Was sollte und soll meine Generation der Nachlebenden eigentlich mit den Informationen über die Furchtbarkeiten der Vernichtung der Juden anfangen? Wir sollen nicht meinen, begreifen zu können, was unbegreiflich ist, dürfen nicht vergleichen, was unvergleichlich ist, dürfen nicht nachfragen, weil der Nachfragende die Furchtbarkeiten [...] zum Gegenstand der Kommunikation macht und nicht als etwas nimmt, vor dem er nur in Entsetzen, Scham und Schuld verstummen kann. Sollen wir nur in Entsetzen, Scham und Schuld verstummen? Zu welchem Ende?" (S. 99–100). Diese Frage impliziert – versteht man sie rhetorisch und beantwortet sie entsprechend mit ‚Nein' – die Beschäftigung mit der folgenden Frage, ob nämlich neben den Opfern auch die Täter als Informationsträger und „als letzte Zeugen" für die Bewältigung der Vergangenheit zuständig sein können. Einen möglichen Beitrag zur Klärung des Problems bietet die Umformulierung der soeben zitierten Ausgangsfrage an einer anderen Stelle des Romans, wo es heißt: „Wie sollten die, die die nationalsozialistischen Verbrechen begangen oder bei ihnen zugesehen oder von ihnen weggesehen oder die nach 1945 die Verbrecher unter sich toleriert oder sogar akzeptiert hatten, ihren Kindern etwas zu sagen haben?" (S. 161). Durch das modale Fragewort ‚wie' wird es möglich, jenseits der extremen Positionen von Befürwortung (‚Ja, NS-Täter können bei der Bewältigung der Vergangenheit mitwirken') und Ablehnung (‚Nein, dies ist nicht der Fall') einen Lösungsweg zu finden, der die Art und Weise der Aufklärung durch die Täter zum Gradmesser der Zulässigkeit macht. Dass es dieser Aufklärung bedarf, wird vom Erzähler durch ein weiteres Argument unterstützt, demgemäß „die Auseinandersetzung mit der nationalsozialistischen Vergangenheit […] das eigentliche Problem" (S. 161) der Kinder ist, die somit einen Anspruch darauf erheben dürfen, auch von den Tätern umfassend informiert zu werden.

Der Roman zeigt die Kriegs- und die Nachkriegsgeneration in einer Situation äußerster Intimität. Ausgehend von der skandalösen Geschichte einer sexuellen Beziehung zwischen dem 15-jährigen Ich-Erzähler Michael Berg und der 36-jährigen Straßenbahnschaffnerin Hanna Schmitz von 1958 bis 1959 (1 Teil) erzählt der Roman im 2. Teil vom Gerichtsverfahren gegen die als KZ-Aufseherin entlarvte Hanna Schmitz im Jahre 1965 und im 3. Teil von ihrer zwei Jahrzehnte währenden Haftzeit bis zu ihrem Selbstmord. Das Gerichtsurteil basiert auf Erkenntnissen über die Beteiligung Hannas an der Selektion von Frauen, die für die Fabrikarbeit als nicht mehr tauglich eingestuft und zur Vernichtung ins Konzentrationslager Auschwitz deportiert worden waren. In der Schlussphase des Dritten Reiches hatte sie zudem während eines Todesmarsches von KZ-Häftlingen nach Westen gemeinsam mit anderen Bewacherinnen mehrere hundert Frauen während einer Bombennacht in einer Kirche verbrennen lassen, indem sie die Portale verschlossen hielt.

Anders als etwa das Theaterstück „Die Ermittlung" von Peter Weiss, das durch die Wiedergabe von Aussagen aus dem ersten Auschwitzprozess in Frankfurt 1963–65 die Bestialität der KZ-Aufseher dokumentiert, vermenschlicht sich im Roman „Der Vorleser" aus dem Blickwinkel des Erzählers das Bild einer Frau, deren Unmenschlichkeit zur Zeit des Dritten Reiches unvorstellbar groß war. Michael Berg entdeckt mit Hannas Analphabetismus einen wichtigen Schlüssel zum Verständnis ihrer Handlungsmotive. Aus Angst davor, dass ihre Unfähigkeit zu lesen und zu schreiben öffentlich bekannt werden könnte, hatte sie im Alter von kaum mehr als 20 Jahren das Angebot zu einer Tätigkeit als Vorarbeiterin in einer großen Berliner Firma abgelehnt und war freiwillig der SS beigetreten. In Fortsetzung seiner Funktion als Vorleser während der Zeit seiner jugendlichen Beziehung mit Hanna schickt Michael Berg der Gefängnisinsassin zwischen 1974 und 1984 Tonbandkassetten, auf denen er Lesungen literarischer Texte aufgenommen hat. Er verweigert allerdings einem direkten brieflichen oder persönlichen Kontakt, durch den die ehemalige Geliebte ihm gegenüber noch einmal zu Wort kommen könnte. Die Adressatin seiner Paketsendungen bringt sich unterdessen unter großen Anstrengungen selbst Lesen und Schreiben bei und räumt mit dem Analphabetismus die entscheidende Barriere für ihre Kommunikationsfähigkeit beiseite. Durch die Lektüre der „Literatur der Opfer" und durch das Studium „wissenschaftliche[r] Literatur über Konzentrationslager" (S. 193) beschäftigt sie sich mit ihrer Vergangenheit und verfügt in einer testamentarischen Notiz, dass nach ihrem Tod ihr

Sparguthaben der Tochter zukommen soll, „die mit ihrer Mutter den Brand der Kirche überlebt hat" (S. 196).
Hanna Schmitz hatte sich bis zum Nachweis ihrer verbrecherischen Teilhabe an der Judenvernichtung in den Jahren 1943–45 nicht mit ihren Taten auseinandergesetzt, sondern verharrte in der Rolle einer sozial bindungslosen Einzelgängerin, die häufig die Wohnorte wechselte. Erst während ihres Gefängnisaufenthaltes in einer karg eingerichteten Zelle stellt sie sich den historischen Fakten und ihrem moralischen Versagen. Auf der Motivebene steht der Reinigungszwang vor ihrer Inhaftierung symbolisch für die unbewusste Reinwaschung von Schuld, während umgekehrt der offenkundige Verzicht auf die Pflege der eigenen Person in ihrer letzten Lebensphase ein Zeichen dafür ist, dass mit dem Bewusstsein der eigenen Schuld die Körperhygiene an ritueller Bedeutung verliert. In einem letzten persönlichen Gespräch mit dem Ich-Erzähler artikuliert sie erstmals ihre eigene Situation und zeigt dabei einen hohen Grad an Selbstreflexion: „Ich hatte immer das Gefühl, dass mich ohnehin keiner versteht, dass keiner weiß, wer ich bin und was mich hierzu und dazu gebracht hat. Und weißt du, wenn keiner dich versteht, dann kann auch keiner Rechenschaft von dir fordern. Auch das Gericht konnte nicht Rechenschaft von mir fordern. Aber die Toten können es. Sie verstehen [...] Hier im Gefängnis waren sie viel bei mir" (S. 187).
Hannas Anstrengung zur Selbstaufklärung und zur Wahrheitsfindung steht in einem direkten Gegensatz zu den Mitangeklagten, die sich durch Negierung und Abwälzung ihrer Schuld der individuellen Verantwortung entziehen. Indem sie die geschichtliche Wirklichkeit abstreiten oder verfälschen, ist ihr Zeugnis für die Nachwelt unbrauchbar. Hätte der Erzähler seiner ehemaligen Geliebten Gelegenheit gegeben, sich ihm anzuvertrauen, so wäre durch ihre über zwei Jahrzehnte währende Arbeit an sich selbst nicht nur für die Toten, sondern auch für die Lebenden ein möglicher Ansatz zum Verstehen der barbarischen Akte im Dritten Reich gegeben gewesen. Erst die spätere Wiedergabe und Kommentierung der Ereignisse durch Michael Berg in der Fiktion des Romans schafft eine Basis zur Vergangenheitsbewältigung, zur Sensibilisierung der Nachgeborenen und zur Aufklärung über tabuisierte Bereiche der Täterschaft.
Dem Erzähler erscheint Hanna bei seinen wenigen Kontakten mit der Inhaftierten in hohem Maße gealtert. Zugleich jedoch bemerkt er bei seinem letzten Telefonat, dass er „gar nicht auf ihre Stimme geachtet" hat, die „ganz jung geblieben" (S. 191) ist. Diese Jugend ist Ausdruck einer wachsenden aufrechten Haltung in der Begegnung mit dem eigenen Ich, denn Hanna schafft es, die eigenen Verfehlungen schonungslos zu registrieren und als Teil der eigenen Biographie anzuerkennen. Unter den Bedingungen einer solch ernsthaften Auseinandersetzung sind – im Sinne der Aufgabenstellung – gerade auch die Täter „für die Bewältigung der Vergangenheit zuständig."

Original-Klausur 7

Aufgabenart	Gedichtvergleich
Ausgangstext	Erich Fried, Nacht in London (1946) und Sarah Kirsch, Reisezehrung (1982)
Niveau, Jahr	Kernkompetenzfach, 2007
Bearbeitungszeit	300 Minuten

Erich Fried
Nacht in London

Die Hände
vor das Gesicht halten
und die Augen
nicht mehr aufmachen
nur eine Landschaft sehen
Berge und Bach
und auf der Wiese zwei Tiere
braun am hellgrünen Hang
hinauf zum dunkleren Wald

Und das gemähte Gras
zu riechen beginnen
und oben über den Fichten
in langsamen Kreisen ein Vogel
klein und schwarz
gegen das Himmelblau

Und alles
ganz still
und so schön
dass man weiß
dieses Leben lohnt sich
weil man glauben kann
dass es das wirklich gibt

Sarah Kirsch
Reisezehrung

Ich musste eine Menge Zaubersprüche lernen
Mit großer Kühnheit im preußischen Wald
Pentagramme kritzeln das kleine Land
Bei Nacht und Nebel verlassen die Könige auch
Und wieder frei sein.
Die grauen Feldjäger die fleißigen Flurhüter
Hatten das Nachsehn. So halten sie mir
Heute und morgen den Schlagbaum geschlossen.

Ich gedenke nicht am Heimweh zu sterben.
Unauslöschlich hab ich die Bilder im Kopf
Die hellen die dunklen. Ich kann in Palermo sitzen
Und doch durch Mecklenburgs Felder gehn
Auf gelben Stoppeln schwenkt mir der Bauer den Hut.
Die Schwalben stürzen und steigen vorm Fenster.
Vertraute Schatten, sie finden mich
Wo ich auch bin und ohne Verzweiflung.

Erklärung:

„Pentagramme“ (V. 3): Das Pentagramm (griech.: pentágrammos) ist ein fünfzackiger Stern. Im Volksglauben gilt das Pentagramm als magisches Zeichen, z. B. gegen Hexereien.

Aufgabenstellung

Interpretieren und vergleichen Sie die beiden Gedichte.

Schritt 1

Aufgabe verstehen

Aufgabentyp und Erklärung der Arbeitsanweisungen

Der Operator „**interpretieren**" verlangt von Ihnen im Zusammenhang mit Gedichten eine äußerst präzise Beschreibung und Analyse des Textes. Dies beginnt nach den nötigen Basisinformationen zum Autor und Titel mit einem knappen Überblick über die inhaltliche und formale Struktur (Strophen- und Verszahl). Formulieren Sie auch einen ersten Leseeindruck, der in der nachfolgenden Analyse entweder bestätigt oder verworfen wird.

Danach folgt eine geordnete und detaillierte Beschreibung von Inhalt und formalen Mitteln. Grundsätzlich sind die sprachlich-stilistischen Mittel stets im Zusammenhang mit der inhaltlichen Interpretation zu betrachten. Es nützt nichts, wenn Sie einzelne Stilmittel erkennen und aufzählen. Fragen Sie sich, welche Wirkung durch die Sprache an einer bestimmten Stelle des Textes hervorgerufen wird. In der Regel soll der Inhalt dadurch besonders betont werden. Achten Sie auf

- Bildersprache (z. B. Metaphern, Vergleiche, Farben)
- Klänge (z. B. Reime, Alliterationen, Assonanz, Konsonanz)
- Personifikationen
- parallele Strukturen (z. B. Anaphern, Wiederholungen)
- Satzzeichen (v. a. Gedankenstriche, Doppelpunkte)
- Enjambements, Rhythmen

Der Operator „**vergleichen**" setzt die Einzelinterpretation der beiden Gedichte voraus. Ziehen Sie lediglich ausgewählte Aspekte zum Vergleich heran. Folgende Strukturen und Fragestellungen lassen sich für eine vergleichende Analyse nutzen:

- strenge Form oder moderne Formlosigkeit?
- vergleichbare Kommunikationssituation des lyrischen Ichs (Ort, Monolog oder Ansprache an einen fiktiven Adressaten)?
- Bildhaftigkeit (z. B. Naturbilder)?
- Empfinden des lyrischen Ichs (z. B. Hoffnung, Verzweiflung, Trauer, Glück)?
- grundlegende Aussage der Gedichte?
- Verhältnis von lyrischem Ich und Autor (autobiographische Anteile?)?
- Sind die Gedichte typisch für eine thematische Reihe (z. B. Heimatverlust und Exil)?

Tipps zur Vorgehensweise

Vergessen Sie nicht, den Titel mit in ihre Analyse einzubeziehen. Achten Sie besonders auf den letzten Vers, da dieser immer eine besondere Bedeutung für das gesamt Gedicht besitzt.

Verwechseln Sie nicht lyrisches Ich und Autor! Sprechen Sie bei der Interpretation immer nur vom lyrischen Ich. Dies muss nicht mit dem Autor übereinstimmen!

Schritt 2 – Text bearbeiten

Textanalyse: inhaltlich und sprachlich

Strukturieren Sie in der linken Spalte inhaltlich den Text. Notieren Sie sich sprachliche Auffälligkeiten in der rechten Spalte!

Inhalt	Reisezehrung	Sprache
	Ich musste eine Menge Zaubersprüche lernen Mit großer Kühnheit im preußischen Wald Pentagramme kritzeln das kleine Land Bei Nacht und Nebel verlassen die Könige auch. Und wieder frei sein. Die grauen Feldjäger die fleißigen Flurhüter Hatten das Nachsehn. So halten sie mir Heute und morgen den Schlagbaum geschlossen.	

Inhalt	Reisezehrung	Sprache
	Ich gedenke nicht am Heimweh zu sterben. Unauslöschlich hab ich die Bilder im Kopf Die hellen die dunklen. Ich kann in Palermo sitzen Und doch durch Mecklenburgs Felder gehn Auf gelben Stoppeln schwenkt mir der Bauer den Hut. Die Schwalben stürzen und steigen vorm Fenster. Vertraute Schatten, sie finden mich Wo ich auch bin und ohne Verzweiflung.	

Vergleich

Notieren Sie Gemeinsamkeiten und Unterschiede der beiden Gedichte!

Nacht in London	Unterschiede	Reisezehrung
Flucht vor nationalsozialistischer Verfolgung; Exil in London	***Historischer Kontext: Gründe für das Exil***	Exil durch Ausbürgerung aus der DDR
	Art und Funktion der Erinnerung	
	Verhältnis zur Heimat	
	Bedeutung des Exilortes	
	Allgemeine oder konkrete Erfahrung	
	Gemeinsamkeiten	

7

Textanalyse

Machen Sie sich Notizen zu folgenden Fragestellungen im Zusammenhang mit Erich Frieds Gedicht „Nacht in London"!

Nacht in London	Notizen
Charakterisieren Sie die Situation, in der das lyrische Ich seine Gedanken äußert!	
Mit welchen Sinnen nimmt das lyrische Ich die Heimat wahr? Wie spiegelt sich dies in der Struktur (z. B. Stropheneinteilung) des Gedichts?	
Welche Erinnerungen an die Heimat werden hervorgerufen? Welche Bedeutung hat die Heimat für das lyrische Ich?	
Die Gedanken des lyrischen Ichs sind sehr allgemein formuliert. Wie ist dies sprachlich realisiert?	

Schritt 3 Musterlösung

Gliederung der Klausur

A Einleitung: Autoren, Titel, Themen und Vergleichspunkte

B Interpretation

  I. Erich Fried: Nacht in London

  II. Sarah Kirsch: Reisezehrung

C Vergleich

A Einleitung

- Basissatz mit Angaben zu Autoren, Gedichten und Inhalten – expliziter Hinweis auf Vergleich
- Erfassung des zentralen Bezugspunkts: unterschiedliche Erinnerung an die Heimat / Funktion der Erinnerung.

B Interpretation

I. Erich Fried: „Nacht in London“

- Titel „Nacht in London“ gibt Kommunikationssituation vor: Exil in der Hauptstadt Großbritanniens (1946)
- inhaltlich-formaler Überblick: modernes Gedicht ohne Reim und Metrum; verzichtet fast völlig auf Interpunktion; drei Strophen als Sinneinheiten, in denen eine imaginäre Landschaft mit unterschiedlichen Sinnen wahrgenommen wird.

1. Strophe

- In Strophe 1 lässt das lyrische Ich die Heimat vor seinem inneren Auge entstehen.
- Die kurzen Verse 1 bis 4 machen deutlich, dass es sich nicht um ein reales Sehen handeln kann. In der unpersönlichen Infinitivform beschreibt das lyrische Ich eine für ihn möglicherweise typische Situation: „die Hände vor das Gesicht [zu] halten und die Augen nicht mehr auf[zu]machen“ (V. 1–4), um der Exilsituation zu entkommen. Die Geste wirkt so, als hätte es resigniert. Gleichsam versteckt sich das lyrische Ich hinter der unpersönlichen Verbform und verallgemeinert damit in gewisser Weise sein Schicksal.
- Durch die Ausblendung der optischen Reize im nächtlichen London ist das lyrische Ich in der Lage, „nur eine Landschaft [zu] sehen“ (V. 5).
- Diese Landschaft, die im Folgenden holzschnittartig ausgeführt wird, kann mit Heimat gleichgesetzt werden. Die Beschreibung wirkt dabei äußerst klischeehaft und grenzt an Kitsch.
- Die Heimat besteht aus dem alliterativ verbundenen „Berge und Bach“ (V. 6) und „zwei Tiere[n]“ auf einer „Wiese“ (V. 7).
- Diese bilden mit ihrem „braun“ (V. 8) einen farblichen Kontrast zu dem „hellgrünen Hang“ (V. 8). Neben der alliterativen Verknüpfung ist die ausgeprägte Farbgebung als Stilmittel zu nennen, die im nächsten Vers mit dem „dunkleren Wald“ (V. 9) fortgesetzt wird. Damit wird angedeutet, dass die Vorstellung von bzw. die Erinnerung an die Heimat nicht verwaschen und farblos ist, sondern frisch und lebendig, gleichsam eine intensive Farbpalette.

2. Strophe
- Auch die mit der Heimat verbundenen Gerüche, die in der zweiten Strophe thematisiert werden, sind noch sehr präsent.
- scheinbar assoziative Verknüpfung der Eindrücke, formal realisiert durch die Anapher „und" (V. 10, 12).
- Das lyrische Ich glaubt das „gemähte Gras zu riechen" (V. 10f.). Erneut wird der Sinneseindruck sprachlich durch eine Alliteration betont.
- „Und oben" (V. 12) über dem Wald, an dessen Bäume sich das lyrische Ich ebenfalls erinnern kann („Fichten", V. 12), kreist ein Vogel.
- Nochmals wird ein Farbkontrast bemüht, der die erste und zweite Strophe stilistisch verbindet. Der Vogel ist ein kleiner „schwarz[er]" (V. 14) Punkt „gegen das Himmelblau" (V. 15). Die hier ungewöhnliche Präposition „gegen" unterstreicht die Kontrastivität.
- Die in den ersten beiden Strophen beschriebene Landschaft wirkt idyllisch.

3. Strophe
- Dass dies vom lyrischen Ich auch so empfunden wird, belegen die ersten Verse der 3. Strophe („und alles ganz still und so schön", V. 16–18). Klanglich sind diese drei Verse durch den dominierenden Konsonanten „s" verknüpft.
- Durch das anaphorische „und" (V. 16) wird diese Strophe mit den vorangegangenen verbunden. Nach „sehen" und „riechen" wird die Landschaft nun vom lyrischen Ich auch akustisch wahrgenommen.
- Der friedlich-harmonische Eindruck ist so überwältigend und wichtig für das lyrische Ich, dass es daraus die Zuversicht ableitet „dieses Leben lohnt sich" (V. 20).
- Allein die Tatsache, dass „man" (!) (V. 21) glauben könne, dass „es das wirklich" gebe (V. 22), mache das Leben selbst im Exil lebenswert. Die nachgeschobene Begründung für die obige Einstellung weist demnach das vorher beschriebene Szenario eindeutig als fantastisch und eben nicht als reale Erinnerung aus.

Zusammenfassung
- Die Erinnerung an die scheinbar ideale Heimat, die durch die imaginierte Landschaft verkörpert wird, hält das lyrische Ich im Londoner Exil am Leben.
- Die idealisierten, fast kitschig wirkenden Erinnerungen sind – wie die intensiven Farben andeuten – nicht verblasst, blenden aber die historischen, politischen und gesellschaftlichen Realitäten in der Heimat aus.
- Durch die unpersönliche Formulierung wirkt die Beschreibung merkwürdig distanziert, obwohl sie an eine konkrete Exilerfahrung (1946) geknüpft ist. Das Schicksal des lyrischen Ichs wird verallgemeinert.

II. Sarah Kirsch: „Reisezehrung"

- Überleitungssatz: Im Gegensatz zu Erich Frieds Text deutet die Verwendung der Pronomen „ich", „mir", „mich" in Sarah Kirschs Gedicht an, dass es sich um sehr persönliche Erfahrungen handelt. Erinnerungen sind für das lyrische Ich eine „Reisezehrung" (Titel), die aber längst nicht dieselbe Bedeutung hat, wie für das lyrische Ich in Frieds Gedicht.
- Inhaltlich-formaler Überblick: Das moderne Gedicht ohne Reim und durchgängiges Metrum zerfällt inhaltlich und formal in zwei Oktette. Die erste Strophe beschreibt die zurückliegenden Erfahrungen in der Heimat, während die zweite Strophe den Umgang mit den Erinnerungen im Hier und Jetzt thematisiert.

1. Strophe

- Die Entstehungszeit des Gedichts (1982) sowie die Ortsangaben „im preußischen Wald" (V. 2) und „Mecklenburgs Felder" (V. 12) deuten darauf hin, dass die Heimat des lyrischen Ichs die DDR war.
- Mit der Formulierung „ich musste" (V. 1) eröffnet das lyrische Ich die Beschreibung seiner Erfahrungen in der DDR und verweist gleichzeitig auf den Zwangscharakter des totalitären Regimes.
- Es bestand der Zwang, „eine Menge Zaubersprüche" [zu] lernen" (V. 1) und „Pentagramme [zu] kritzeln" (V. 3); die Hintergründe und Zusammenhänge bleiben jedoch verborgen und können angesichts der sprachlichen Knappheit und der fehlenden Interpunktion nicht entschlüsselt werden.
- Dass damit etwas Verbotenes – und auch eine Gefahr – angedeutet ist, ergibt sich aus der Formulierung, dass dies „mit großer Kühnheit" (V. 2) geschehen sei. Die verwendeten Begriffe (Zaubersprüche, Pentagramm, Kühnheit etc.) wirken anachronistisch. Einerseits wird dadurch eine gewisse Distanz des lyrischen Ichs zum DDR-Regime ausgedrückt, andererseits dürfte dies im Zusammenhang mit dem Verlassen der Heimat stehen. Dies könnte ein Hinweis darauf sein, dass Kirsch die richtigen „Zaubersprüche" lernen musste, um sich zu verstellen bzw. anzupassen, damit sie in der DDR überleben konnte.
- „Bei Nacht und Nebel" (V. 4) (Alliteration!) habe das lyrische Ich wie „die Könige" (V. 4) das „kleine Land" (V. 3) hinter sich gelassen.
- Dies bedeutet für das lyrische Ich jedoch keine grundsätzlich negative Verlusterfahrung; es assoziert damit vielmehr, „wieder frei [zu] sein" (V. 5). Die große Bedeutung dieses Wertes für das lyrische Ich wird durch die auffällige Kürze des Verses formal hervorgehoben. – Die „grauen Feldjäger", die Grenzwächter an der Mauer, werden verharmlosend als „fleißige Flurhüter" (V. 6) tituliert. Die Alliteration betont die verfremdete, euphemistische Bezeichnung, lässt aber auch eine gewisse ironische Distanz erkennen. Die Feldjäger hätten das „Nachsehen"

gehabt. Auffällig ist auch die Mehrdeutigkeit dieses Begriffs: hinterher sehen/kontrollieren/übertölpelt werden.
- Konsequenz für „heute und morgen“ (V. 8), also für Gegenwart und Zukunft, ist, dass die Grenzsoldaten den „Schlagbaum geschlossen“ (V. 8) halten. Die Rückkehr in die Heimat ist dem lyrischen Ich demnach für immer verwehrt.

2. Strophe
- Die im Präsens formulierten Verse 7 und 8 verknüpfen inhaltlich und formal die erste und die zweite Strophe. Im zweiten Oktett wird der Umgang mit dieser Situation in der Gegenwart beschrieben. Kategorisch formuliert das lyrische Ich zu Beginn der zweiten Strophe, „ich gedenke nicht am Heimweh zu sterben“ (V. 9).
- Es habe „unauslöschlich [...] die Bilder im Kopf“ (V. 10). Das lyrische Ich verklärt die Heimat nicht, denn die Bilder enthalten Licht- und Schattenseiten, was durch die Formulierung „die hellen die dunklen“ (V. 11) angedeutet wird.
- Dadurch sind Erinnerungen nicht an einen bestimmten Aufenthaltsort gebunden. Scheinbar wahllos nennt das lyrische Ich die Stadt „Palermo“ (V. 11), in der es sitzen, „und doch durch Mecklenburgs Felder gehen“ (V. 12) könne. Trotz der großen Entfernung wird eine Nähe und Vertrautheit zu dieser Landschaft heraufbeschworen. So schwenke „auf gelben Stoppeln“ – Symbol für das landwirtschaftlich geprägte Mecklenburg – „der Bauer den Hut“ (V. 13) zum Gruße. „Schwalben stürzen und steigen vorm Fenster“ (V. 14) – das alliterativ verknüpfte Bild betont die Lebendigkeit der Erinnerung. Ob das „Fenster“ (V. 14), vor dem sich diese Szene abspielt, zur Erinnerung gehört oder aber diese durchbricht, muss angesichts der Verknüpfung von Heimat und Exil in dieser Strophe offen bleiben. Es könnte auch als Symbol der Trennung verstanden werden: Das Fenster erlaubt zwar den Blick auf die Heimat, dennoch ist das lyrische Ich von ihr getrennt und kann an den Geschehnissen in der Heimat nicht teilhaben.
- Der Gedanke der Vertrautheit wird explizit im Vers 15 aufgegriffen. Hier werden die Erinnerungen metaphorisch als „vertraute Schatten“ bezeichnet. Das lyrische Ich ist sich sicher, dass diese Schatten es fänden, „wo ich auch bin“ (V. 16).
- Das Gedicht endet mit den bedeutungsschweren Worten „ohne Verzweiflung“ (V. 16). Heimatverlust und Erinnerungen an die Heimat führen also nicht zur Depression. Eine innere Distanz zur Heimat wird deutlich.

Zusammenfassung
- Der Heimatverlust des lyrischen Ichs ist mit der positiven Wertsetzung der Freiheit verbunden, Hintergrund ist das totalitäre Regime der DDR.
- Das lyrische Ich hat die Licht- und Schattenseiten der Heimat unauslöschlich im Kopf; Erinnerungen sind nicht an einen bestimmten Ort gebunden. Es besitzt eine Distanz zur Heimat, sodass es ohne Verzweiflung an diese denken kann.

C Vergleich der beiden Gedichte

- Überleitungssatz: Die emotionale Nähe bzw. Distanz zur Heimat und damit auch der Stellenwert der Erinnerung ist vielleicht der zentrale Bezugspunkt bzw. Unterschied der beiden Gedichte. Weitere Vergleichspunkte im Überblick sind die Kommunikationssituation sowie die verwendeten Naturbilder.
- Die lyrischen Ichs befinden sich im Exil (konkreter Ort: London /beliebiger Ort: Palermo als Beispiel). Um ihren Erinnerungen Ausdruck zu verleihen, bemühen beide Naturbilder („Berge und Bach", „Wiese", „Tiere", „Wald", „gemähte(s) Gras" / „Mecklenburgs Felder"). Vögel als Symbol für Freiheit sind ein zentrales Element dieser Landschaften; beide Landschaftsbeschreibungen wirken idyllisch.
- Die Erinnerung an die Heimat ist jedoch äußerst unterschiedlich. Während Kirschs lyrisches Ich eine gewisse Distanz zeigt und nicht an Heimweh zu sterben droht, scheint die Vorstellung von der Heimat für Frieds lyrisches Ich überlebenswichtig, und es kann sagen, „dieses Leben lohnt sich".
- Daher werden negative Erlebnisse bzw. die historischen, politischen und gesellschaftlichen Gegebenheiten von Frieds lyrischem Ich ausgeblendet. Kirschs lyrisches Ich hingegen besitzt die Freiheit, sich „die hellen [und] die dunklen" Seiten „ohne Verzweiflung" in Erinnerung zu rufen.
- Obwohl Frieds lyrisches Ich viel unmittelbarer unter der Situation zu leiden scheint, benutzt er durch das unpersönliche Pronomen „man" bzw. Infinitivkonstruktionen eine eher distanziert und gleichzeitig verallgemeinernd wirkende Sprache. Kirschs lyrisches Ich macht durch die Pronomen (ich, mir, mich) deutlich, dass die beschriebene Erfahrung keinen universellen Anspruch besitzt, sondern persönlicher Natur ist.
- Beide Autoren verarbeiten autobiographische Erfahrungen: Erich Fried floh wie viele Schriftsteller und Intellektuelle zwischen 1933 und 1945 vor den Nationalsozialisten ins benachbarte Ausland. Das ungewollte Verlassen der Heimat war für Fried eine tragische Verlusterfahrung. Sarah Kirsch unterzeichnete mit anderen namhaften Schriftstellern der DDR eine Petition, mit der sie gegen die Ausbürgerung von Wolf Biermann 1976 protestierten. Daraufhin wurde sie von den Machthabern aus dem Schriftstellerverband ausgeschlossen. 1977 übersiedelte sie deshalb von Ost- nach West-Berlin. Das Gedicht ist also mit etwas zeitlichem Abstand zu diesen Geschehnissen entstanden. Sowohl die innere Distanz zur DDR, die sich in der Wertschätzung der Freiheit in ihrem Gedicht ausdrückt, als auch der zeitliche Abstand, mögen ihr die Freiheit gegeben haben, die Fried bzw. seinem lyrischen Ich fehlen.

7

Original-Klausur 8

Aufgabenart	Gedichtvergleich – Erschließung eines poetischen Textes
Ausgangstext	Karoline von Günderrode, Novalis; Georg Trakl, An Novalis und Novalis, Vermischte Bemerkungen Nr. 125
Niveau, Jahr	Leistungskurs, 2007
Bearbeitungszeit	300 Minuten

Vorbemerkung
Friedrich von Hardenberg, genannt Novalis, starb 1801 mit 28 Jahren. Er gilt als einer der bedeutendsten Dichter und Theoretiker der Frühromantik.

Text A: Karoline von Günderrode (1780–1806)

Novalis (um 1803) (Orthographie entsprechend der kritischen Ausgabe)

Novalis deinem heilgen Seherblikken
Sind aufgeschlossen aller Welten Räume
Dir offenbahrt sich weihend das Geheime
Du schaust es in Prophetischem Entzükken.

Du siehst der Dinge Zukunftsvolle Keime
Und zu des Weltalls ewigen Geschikken
Die gern dem Aug der Menschen sich entrükken
Wirst du geführt durch ahndungsvolle Träume

Du siehst das Recht, das Wahre, Schöne siegen
Die Zeit sich selbst im Ewigen zernichten
Und Eros ruhend sich dem Weltall fügen

So hat der Weltgeist liebend sich vertrauet
Und offenbahret in Novalis Dichten
Und wie Narziß in sich verliebt geschauet.

Aus: Karoline von Günderrode: Sämtliche Werke und ausgewählte Studien. Historisch-Kritische Ausgabe. Band 1: Texte. Herausgegeben von Walter Morgenthaler. Basel 1990, S. 391

Text B: Georg Trakl (1887–1914)

An Novalis (1912)

In dunkler Erde ruht der heilige Fremdling.
Es nahm von sanftem Munde ihm die Klage der Gott,
Da er in seiner Blüte hinsank.
Eine blaue Blume
Fortlebt sein Lied im nächtlichen Haus der Schmerzen.

Aus: Georg Trakl. Das dichterische Werk. Auf Grund der historisch-kritischen Ausgabe von Walter Killy und Hans Szklenar. 3. Auflage. München 1979, S. 183

Text C: Novalis (1772–1801)

Vermischte Bemerkungen. Nr. 125 (1797/98)
(Orthographie entsprechend der kritischen Ausgabe)

Der wahre Leser muß der erweiterte Autor seyn. Er ist die höhere Instanz, die die Sache von der niedern Instanz schon vorgearbeitet erhält. Das Gefühl, vermittelst dessen der Autor die Materialien seiner Schrift geschieden hat, scheidet beym Lesen wieder das Rohe und Gebildete des Buchs – und wenn der Leser das Buch nach seiner Idee bearbeiten würde, so würde ein 2ter Leser noch mehr läutern, und so wird dadurch daß die bearbeitete Masse immer wieder in frischthätige Gefäße kommt die Masse endlich wesentlicher Bestandtheil – Glied des wircksamen Geistes.

Durch unpartheyisches Wiederlesen seines Buchs kann der Autor sein Buch selbst läutern. […]

Aus: Novalis: Vermischte Bemerkungen. Nr. 125. In: Novalis: Werke. Band 2. Herausgegeben von Hans-Joachim Mähl. München 1978, S. 282 und 284

Aufgabenstellung

Erschließen und interpretieren Sie die beiden Gedichte! Erarbeiten Sie dabei die den Gedichten zugrunde liegenden Vorstellungen vom Dichter Novalis! Vergleichen Sie diese Vorstellungen mit den Aussagen von Novalis über das Zusammenwirken von Autor und Leser!

Schritt 1

Aufgaben verstehen

Aufgabe

Aufgabentyp und Erklärung der Arbeitsanweisungen

Im Folgenden geht es zunächst um die Erschließung und Interpretation der Gedichte von Karoline von Günderrode und Georg Trakl. Der Operator „erschließen" kann mit „analysieren" gleichgesetzt werden. In der **Analyse** wird ein **Sachverhalt genau untersucht**. Dabei liegt der Schwerpunkt auf inhaltlichen, formalen und sprachlichen Gesichtspunkten. Das dabei Beobachtete wird beschrieben und erklärt. In der weitergehenden **Interpretation** werden die Befunde aus der Analyse einer auf den Texten basierenden **fundierten Deutung** unterzogen, in deren Mittelpunkt bei dieser Aufgabe die Vorstellungen vom Dichter Novalis stehen sollen.

Im zweiten Teil der Aufgabenstellung sollen diese Vorstellungen mit den Aussagen von Novalis über das Zusammenwirken von Autor und Leser verglichen werden. Dazu ist das Verständnis des beigegebenen Textes aus den „Vermischten Bemerkungen" nötig. Dieser Text muss also rein inhaltlich erfasst werden; eine genaue Sach-, Sprach- und Formanalyse ist deshalb nicht notwendig.

Tipps zur Vorgehensweise

Untersuchen Sie zuerst Text A. Gehen Sie dabei wie bei jeder Analyse auf Inhalt, Form und Sprache ein. Markieren Sie dazu alle Auffälligkeiten im Text: Bauform des Gedichts, Versmaß, Endreimschema, Kadenzen, Schlüsselwörter, Bilder, Vergleiche, Metaphern usw.

Da das Gedicht der Günderrode den Titel „Novalis" trägt, ist es nahe liegend und außerdem in der Aufgabenstellung gefordert, dass Sie in Ihrer Interpretation herausarbeiten, wie die Autorin den Dichter sieht.

Gehen Sie bei der Analyse und Interpretation von Text B genauso vor.
Erarbeiten Sie nun aus Text C, welches Zusammenwirken von Autor und Leser Novalis fordert.
Vergleichen Sie schließlich die Forderung Novalis' mit Ihren Deutungsergebnissen aus der Gedichtanalyse. Dabei sollten Sie sich fragen, ob die Gedichte diesem Anspruch Rechnung tragen.

Schritt 2

Text bearbeiten

Aufgabe, Teil 1 – Analyse inhaltlicher und sprachlicher Aspekte im Gedicht der Günderrode

Folgende Tabelle hilft Ihnen, das Gedicht im Hinblick auf Inhalt und Sprache zu untersuchen. Ergänzen Sie dazu stichwortartig die Spalten „Inhalt" und „Sprache".

Inhalt	Text	Sprache
Zentrales Thema:	Novalis deinem heilgen Seherblikken Sind aufgeschlossen aller Welten Räume Dir offenbahrt sich weihend das Geheime Du schaust es in Prophetischem Entzük- ken.	Bedeutung der Personal- und Possessivpronomen:
Novalis zugeschriebene Fähigkeit: 1.	Du siehst der Dinge Zukunftsvolle Keime Und zu des Weltalls ewigen Geschikken Die gern dem Aug der Menschen sich entrükken Wirst du geführt durch ahndungsvolle Träume	Bedeutung der Anapher „Du siehst …":
2.	Du siehst das Recht, das Wahre, Schöne siegen Die Zeit sich selbst im Ewigen zernichten Und Eros ruhend sich dem Weltall fügen	Bedeutung der Verben:
Einschätzung des Dichters Novalis:	So hat der Weltgeist liebend sich vertrauet Und offenbahret in Novalis Dichten Und wie Narziß in sich verliebt geschauet.	Bedeutung des Wechsels der Zeitstufe:

8

Aufgabe, Teil 2 – Untersuchung formaler Aspekte

In dieser Aufgabe können Sie sich mit den formalen Aspekten im Gedicht der Günderrode auseinandersetzen. Kreuzen Sie dazu die richtigen Aussagen an.

Der Strophenbau weist auf folgende Gedichtart hin:	**richtig**
Volkslied	○
Ode	○
Sonett	○
Das Reimschema lautet:	**richtig**
abba abba cdc ede	○
abba baab cdc ede	○
abba baab cdc cdc	○
Beim Versmaß handelt es sich um:	**richtig**
6-hebige Jamben	○
5-hebige Jamben	○
5-hebige Jamben und Daktylen	○
Die Kadenzen sind:	**richtig**
durchgängig weiblich	○
durchgängig männlich	○
weiblich und männlich im Wechsel	○

Aufgabe, Teil 3 – Analyse inhaltlicher und sprachlicher Aspekte im Gedicht Trakls

Bearbeiten Sie das Gedicht von Georg Trakl. Nennen Sie in der linken Spalte das zentrale Thema, markieren Sie im Gedicht die in der rechten Spalte genannten Stilmittel.

Inhalt	Text	Sprache
Zentrales Thema:	In dunkler Erde ruht der heilige Fremdling.	Inversion
	Es nahm von sanftem Munde ihm die Klage der Gott,	Parataxe
	Da er in seiner Blüte hinsank.	Ellipse
	Eine blaue Blume	auffallende Adjektive
	Fortlebt sein Lied im nächtlichen Haus der Schmerzen.	bildhafte Sprache

Aufgabe, Teil 4 – Die Kernaussage in Trakls Gedicht

Damit Sie eine solide Arbeitsgrundlage für Ihre Interpretation haben, sollten Sie sich noch einmal zusammenfassend mit dem Gedicht von Georg Trakl befassen. Basierend auf Ihrer Lektüre und der vorbereitenden Aufgabe sollten Sie nun die Kernaussage des Gedichts in eigenen Worten formulieren. Benützen Sie dazu die folgenden Zellen.

Kernaussage des Gedichts „An Novalis“

8

Aufgabe, Teil 5 – Zusammenfassung des Novalis-Textes „Vermischte Bemerkungen. Nr. 125“

Erarbeiten Sie aus dem Text, welche Rolle Novalis dem Dichter, welche dem Leser zuschreibt. Fassen Sie Ihre Erkenntnisse in eigenen Worten zusammen und schreiben Sie sie in zwei bis drei Sätzen in die Tabelle.

Zusammenfassung des Novalis-Textes

Schritt 3 Musterlösung

I. Erschließung und Interpretation des Gedichts „Novalis“ von Karoline von Günderrode

Bei diesem Gedicht Karoline von Günderrodes handelt es sich um ein Sonett. Es besteht aus 14 Versen, die in vier Strophen, zwei Quartette und zwei Terzette, gegliedert sind. In den Quartetten liegen durchgehend unreine Reime vor, die Terzette nehmen durch die reinen Reime eine Sonderstellung ein. Dies unterstützt den steigernden Aufbau der Verse. Die übliche Reimfolge des zweiten Quartetts abba wird umgekehrt zu baab, was der strengen Form des Sonetts neue klangliche Möglichkeiten eröffnet, die im Einklang stehen mit der Poetologie der Romantik.

Das Gedicht besteht aus 5-hebigen Jamben mit durchgängig weiblichen Kadenzen. Damit drückt das Versmaß, im Zusammenspiel mit dem fließenden Rhythmus, die Harmonie aus, die die Autorin im Werk Novalis' und der sich darin spiegelnden Ordnung zu erkennen glaubt.

In der ersten Strophe spricht die Dichterin Novalis direkt an (wie auch in den beiden folgenden Strophen). Sie preist ihn in hymnischem Ton als Seher (s. V. 1), als Prophet (s. V. 4), dem sich das Wesen aller Erscheinungen offenbart. Er ist für sie der Empfänger göttlicher Wahrheiten, was sich auch in der Sprache ausdrückt, die mit religiös besetzten Formeln („heilgen", V. 1, „weihend", V. 3) arbeitet. Die Feststellungen werden durch die Aussagesätze sowie den parataktischen Satzbau unterstrichen. Auffallend ist die Inversion in Vers 2, die die Aussage der ersten beiden Verse betont und im Kontrast steht zur parallelen Satzstellung der Verse 3 und 4.

Mit dem anaphorisch gebrauchten Personalpronomen „du" schließt Strophe 2 (ebenso wie später auch Strophe 3) unmittelbar an die Aussagen der ersten Strophe an; die hymnische Würdigung des Dichters Novalis findet hier ihre Fortsetzung. In einer Variation der Aussagen aus Strophe 1 preist Karoline von Günderrode die Vorausschau des Dichters auf künftige Entwicklungen („Du siehst der Dinge Zukunftsvolle Keime", V. 5) sowie seine Wahrnehmung ewig gültiger Prinzipien, zu denen andere Menschen keinen Zugang finden (s. V. 6 f.). Dies deutet sie aber nicht als eigenständige Leistung des Dichters; sie sieht diesen vielmehr als Empfänger visionärer Botschaften („Wirst du geführt durch ahndungsvolle Träume", V. 8).

Das erste Terzett ist geprägt durch parataktische Aussagesätze, in denen die Autorin Novalis bescheinigt, die Verwirklichung höchster moralischer und ästhetischer Ideale sowie die Überwindung der Zeit und die harmonische Eingliederung der Leidenschaften in das Weltganze in seiner Dichtung zu antizipieren. Diese Würdigung ist die Steigerung des bisher in klarer Gliederung Entwickelten. Es verweist außerdem auf die höhere Weltordnung, die sich im Werk Novalis' spiegelt. Auffallend ist in dieser Strophe der häufige Gebrauch von Substantiven, weitgehend Abstrakta, mit deren Hilfe es der Günderrode gelingt, das Weltganze in wenigen Worten zu fassen („das Recht", „das Wahre", „Schöne", „die Zeit", „im Ewigen", „Eros", „Weltall", V. 9–11).

Im zweiten Terzett, das im Sonett in der Regel die zentrale Aussage bzw. eine Schlussfolgerung enthält, zieht auch Karoline von Günderrode ein Resümee:

Der Weltgeist habe sich Novalis liebend zugewandt und sich in seiner Dichtung geoffenbahrt (s. V. 12 f.). Damit betont sie noch einmal mehr die passive Rolle des Dichters Novalis, den sie als Empfänger universaler Wahrheiten charakterisiert. Der Vergleich mit „Narziß“ (V. 14) lässt schließlich den Weltgeist mit dem Dichter Novalis eins werden. Sind die Strophen 1 bis 3 im Präsens gehalten, verwendet die Günderrode in der vierten Strophe das Perfekt. Damit verdeutlicht sie die Allgemeingültigkeit der hier getroffenen Aussagen.

II. Erschließung und Interpretation des Gedichts „An Novalis“ von Georg Trakl
Das Gedicht von Georg Trakl besteht aus einer Strophe und fünf überwiegend jambischen Versen, die in Form von freien Rhythmen aufscheinen. Es ist in elegischem Ton gehalten, der Gestus der Totenklage ist erkennbar.
Dabei ist auffällig, dass Trakl über Novalis spricht, nicht zu ihm, wenn auch der Titel des Gedichts etwas anderes andeutet. Er charakterisiert ihn und sein Umfeld durch erhaben klingende Adjektive („in dunkler Erde“, V. 1, „der heilige Fremdling“, V. 1, „von sanftem Munde“, V. 2, „im nächtlichen Haus“, V. 5).

In den ersten drei Versen thematisiert Trakl die Existenz des Dichters Novalis. Er stellt ihn dar als Wesen, das dem transzendenten Bereich zugehört und auf Erden immer unbehaust geblieben ist („der heilige Fremdling“, V. 1). Den frühen Tod des Dichters deutet er als Befreiung vom irdischen Dasein durch Gott (s. V. 2).

Die zentrale Aussage füllt allein einen Vers („Eine blaue Blume“, V. 4) und ist zudem als Ellipse auffällig gestaltet – so wird deutlich, dass Trakl Novalis’ Dichtung als Inbegriff des Romantischen würdigt.

Im letzten Teil des Gedichts, der letzten Strophe, drückt Trakl die Gewissheit aus, dass das Werk Novalis’ in einer Welt Bestand haben wird, die von Leid geprägt ist.

Das Gedicht wirkt durch seine Knappheit, die Trakl durch Andeutungen und eine bildhafte Sprache erreicht; wesentliche Inhalte werden komprimiert wiedergegeben. Die Satzstellung hebt zentrale Aussagen hervor, wie die Inversionen in den Versen 1 („In dunkler Erde …“) und 5 („Fortlebt sein Lied …“) zeigen. Der schwebende Ton zu Beginn des fünften Verses verstärkt diese Wirkung. Die bildhafte Sprache (s. V. 3, V. 5) trägt zudem zur Überhöhung der Person des Dichters bei.

III. Vergleich der Dichterbilder mit den Aussagen von Novalis über das Zusammenwirken von Autor und Leser
Karoline von Günderrode schreibt Novalis eine priesterähnliche Stellung zu, in der er als Medium des Weltgeistes von diesem zu seiner Dichtung inspiriert wird, ja

vom dem er seine Dichtung überhaupt erst empfängt. Sie erhöht Novalis und sein Werk damit über den menschlichen Bereich; individuelle Züge des Dichters lässt sie zugunsten der poetischen Funktion außer Acht.

Novalis wird als Vermittler dargestellt, der das Gute und Schöne, das ihm von außen gegeben ist, in der Poesie zum Ausdruck bringt. Damit spricht sie ihm aber zugleich ein eigenes dichterisches Anliegen ab – eine Position, die der des Sturm und Drang (Originalgenie) und auch der Klassik zuwiderläuft. Jedoch ist es eine romantische Position: Der Traum gilt als Zugang zu poetischer Erleuchtung, die Raum und Zeit überwindet und zum Wesentlichen der menschlichen Existenz vordringt.

Auch Georg Trakl sieht den Dichter der göttlichen Sphäre zugehörig und in der menschlichen Existenz nicht heimisch geworden. Den frühen Tod Novalis' deutet er deshalb als Erlösung, als Erfüllung der Sehnsucht, die der Dichter in der „blauen Blume" als romantisches Symbol gestaltet hatte. Die Gewissheit, dass das von Trauer und Melancholie bestimmte Werk des Dichters Novalis aber weiterleben wird, scheint ihm selbst ein Trost zu sein.

In beiden Gedichten wird das Dichten als Vorgang dargestellt, an dem der Leser nicht beteiligt ist. Karoline von Günderrode geht sogar so weit, den Dichter als passives Medium der göttlichen Weltordnung zu charakterisieren. Der Dichter ist damit der irdischen Ordnung entrückt, er gehört gleichsam einer übermenschlich-göttlichen Sphäre an. Diese Sichtweise begründet eine hierarchische Ordnung von Weltgeist bzw. Gott, dem Dichter und am Ende dem Leser, der das Dichterwort nicht anzweifeln, sondern in verehrend-anbetender Haltung rezipieren soll.

Ganz anders äußert sich Novalis selbst in seinen „Vermischten Bemerkungen". Er sieht den Leser als „erweiterten Autor" (Z. 1), setzt also die Aktivität beim Lesen der produktiven Tätigkeit des Dichtens gleich. Novalis geht von einem dynamischen Werkbegriff aus, der darauf aufbaut, dass das Werk eines Dichters kein fertiges Produkt, sondern das Material ist, an dem die Leser weiterarbeiten und das dadurch eine qualitative Weiterentwicklung erfährt. An dieser Weiterentwicklung kann seiner Meinung nach auch der Dichter selbst beteiligt sein, wenn er sein Werk wieder neu – „unpartheyisch" (Z. 8) – liest.

Original-Klausur 9

Aufgabenart Gestaltende Interpretation
Ausgangstext Friedrich Schiller, Kabale und Liebe
Niveau, Jahr Kernkompetenzfach Deutsch 2005
Bearbeitungszeit 300 Minuten

Friedrich Schiller
Kabale und Liebe, Fünfter Akt, letzte Szene

FERDINAND. Der PRÄSIDENT, WURM und BEDIENTE, welche alle voll Schrecken ins Zimmer stürzen, darauf MILLER mit VOLK und GERICHTSDIENERN, welche sich im Hintergrund sammeln.

PRÄSIDENT *(den Brief in der Hand)*. Sohn, was ist das? – Ich will doch nimmermehr glauben –

FERDINAND *(wirft ihm das Glas vor die Füße)*. So sieh, Mörder!

PRÄSIDENT *(taumelt hinter sich. Alle erstarren. Eine schröckhafte Pause)*. Mein Sohn! Warum hast du mir das getan?

FERDINAND *(ohne ihn anzusehen)*. O ja freilich! Ich hätte den Staatsmann erst hören sollen, ob der Streich auch zu seinen Karten passe? – Fein und bewundernswert, ich gesteh's, war die Finte, den Bund unsrer Herzen zu zerreißen durch Eifersucht – Die Rechnung hatte ein Meister gemacht, aber schade nur, dass die zürnende Liebe dem Draht nicht so gehorsam blieb, wie deine hölzerne Puppe.

PRÄSIDENT *(sucht mit verdrehten Augen im ganzen Kreis herum)*. Ist hier niemand, der um einen trostlosen Vater weinte?

MILLER *(hinter der Szene rufend)*. Laßt mich hinein! Um Gottes willen! Laßt mich!

FERDINAND. Das Mädchen ist eine Heilige – für sie muß ein anderer rechten. *(Er öffnet Millern die Türe, der mit Volk und Gerichtsdienern hereinstürzt.)*

MILLER *(in der fürchterlichsten Angst)*. Mein Kind! Mein Kind! – Gift – Gift, schreit man, sei hier genommen worden – Meine

Tochter! Wo bist du?

FERDINAND *(führt ihn zwischen den Präsidenten und Luisens Leiche).* Ich bin unschuldig – Danke diesem hier.

MILLER *(fällt an ihr zu Boden).* O Jesus!

FERDINAND. In wenig Worten, Vater – sie fangen an mir kostbar zu werden – Ich bin bübisch um mein Leben bestohlen, bestohlen durch Sie. Wie ich mit Gott stehe, zittre ich – doch ein Bösewicht bin ich niemals gewesen. Mein ewiges Los falle, wie es will – auf Sie fall es nicht – Aber ich hab einen Mord begangen, *(mit furchtbar erhobener Stimme)* einen Mord, den du mir nicht zumuten wirst, allein vor den Richter der Welt hinzuschleppen, feierlich: wälz ich dir hier die größte grässlichste Hälfte zu, wie du damit zurechtkommen magst, siehe du selber. *(Zu Luisen ihn hinführend.)* Hier, Barbar! weide dich an der entsetzlichen Frucht deines Witzes, auf dieses Gesicht ist mit Verzerrungen dein Name geschrieben, und die Würgengel werden ihn lesen – Eine Gestalt, wie diese, ziehe den Vorhang von deinem Bette, wenn du schläfst, und gebe dir ihre eiskalte Hand – Eine Gestalt, wie diese, stehe vor deiner Seele, wenn du stirbst, und dränge dein letztes Gebet weg. – Eine Gestalt, wie diese, stehe auf deinem Grabe, wenn du auferstehst – und neben Gott, wenn er dich richtet. *(Er wird ohnmächtig, Bediente halten ihn.)*

PRÄSIDENT *(eine schreckliche Bewegung des Arms gegen den Himmel).* Von mir nicht, von mir nicht, Richter der Welt, fodre diese Seelen von diesem! *(Er geht auf Wurm zu.)*

WURM *(auffahrend).* Von mir?

PRÄSIDENT. Verfluchter, von dir! Von dir, Satan! – Du, du gabst den Schlangenrat – Über dich die Verantwortung – Ich wasche die Hände.

WURM. Über mich? *(Er fängt grässlich an zu lachen.)* Lustig! Lustig! So weiß ich doch nun auch, auf was Art sich die Teufel danken. – Über mich, dummer Bösewicht? War es mein Sohn? War ich dein Gebieter? – Über mich die Verantwortung? Ha! bei diesem Anblick, der alles Mark in meinen Gebeinen erkältet! Über mich soll sie kommen? – Jetzt will ich verloren sein, aber du sollst es mit mir sein – Auf! Auf! Ruft Mord durch die Gassen! Weckt die Justiz auf! Gerichtsdiener, bindet mich! Führt mich von hinnen! Ich will

9

Geheimnisse aufdecken, daß denen, die sie hören, die Haut schauern soll. *(Will gehn.)*

PRÄSIDENT *(hält ihn).* Du wirst doch nicht, Rasender?

WURM *(klopft ihn auf die Schultern).* Ich werde, Kamerad! Ich werde – Rasend bin ich, das ist wahr – das ist dein Werk – so will ich auch jetzt handeln wie ein Rasender – Arm in Arm mit dir zum Blutgerüst! Arm in Arm mit dir zur Hölle! Es soll mich kitzeln, Bube, mit dir verdammt zu sein. *(Er wird abgeführt.)*

MILLER *(der die ganze Zeit über, den Kopf in Luisens Schoß gesunken, in stummem Schmerze gelegen hat, steht schnell auf und wirft dem Major die Börse vor die Füße).* Giftmischer! Behalt dein verfluchtes Gold! – Wolltest du mir mein Kind damit abkaufen? *(Er stürzt aus dem Zimmer.)*

FERDINAND *(mit brechender Stimme).* Geht ihm nach! Er verzweifelt – Das Geld hier soll man ihm retten – Es ist meine fürchterliche Erkenntlichkeit. Luise – Luise – Ich komme – – Lebt wohl – – Laßt reich an diesem Altar verscheiden –

PRÄSIDENT *(aus einer dumpfen Betäubung, zu seinem Sohn).* Sohn Ferdinand! Soll kein Blick mehr auf einen zerschmetterten Vater fallen?

(Der Major wird neben Luisen niedergelassen.)

FERDINAND. Gott dem Erbarmenden gehört dieser letzte.

PRÄSIDENT *(in der schrecklichsten Qual vor ihm niederfallend).* Geschöpf und Schöpfer verlassen mich – Soll kein Blick mehr zu meiner letzten Erquickung fallen?

FERDINAND *(reicht ihm seine sterbende Hand).*

PRÄSIDENT *(steht schnell auf).* Er vergab mir! *(Zu den andern.)* Jetzt euer Gefangener!

(Er geht ab, Gerichtsdiener folgen ihm, der Vorhang fällt.)

Aufgabenstellung

- Erläutern Sie die Rolle des Präsidenten in dem Schauspiel und untersuchen Sie, welches Bild der Leser in dieser Szene von ihm gewinnt.

- Gehen Sie von folgender Annahme aus: Im Gefängnis, noch vor der Urteilsverkündung, erhält der Präsident Besuch von Miller, der mit ihm ein Gespräch über das Schicksal ihrer Kinder führen möchte. Der Präsident willigt ein. Gestalten Sie einen Dialog.

Schritt 1

Aufgaben verstehen

Aufgabe 1

Aufgabentyp und Erläuterung der Arbeitsanweisungen
Der Operator **„erläutern“** verlangt von Ihnen eine erklärende Beschreibung eines Sachverhalts. Im vorliegenden Falle sollen Sie die Rolle des Präsidenten in Schillers bürgerlichem Trauerspiel „Kabale und Liebe“ darstellen und seine Verhaltensweisen mit Hintergrundinformationen erklären. Im zweiten Teil sollen Sie **„untersuchen“**, welches Bild der Leser in der gegebenen letzten Szene des Dramas vom Präsidenten gewinnt. Das bedeutet, Sie sollen die Szene aspektbezogen analysieren. Es geht also nicht um eine vollständige Interpretation der Szene, sondern darum, den Textauszug unter einer bestimmten Fragestellung zu betrachten und relevante Informationen herauszuarbeiten.

Aufgabe 2

Bei der **„gestaltenden Interpretation“** sollen Sie zeigen, dass Sie Inhalt und Sprache eines literarischen Werkes erfasst haben, indem Sie einen eigenen Text niederschreiben. Darin müssen Sie inhaltliche Bezüge und sprachliche Mittel der Vorlage verarbeiten. Durch Ihre Gestaltung weisen Sie Textkenntnis und Ihr interpretatorisches Können nach. Inhalt und Sprache der gestaltenden Interpretation sind keineswegs beliebig. Zur Vorbereitung sollten Sie einige sprachliche Muster Millers und des Präsidenten sammeln, die Sie dann weiterverarbeiten. Es wird keine sprachliche Kopie der Schiller'schen Vorlage erwartet, doch dürfen Sie originale sprachliche Versatzstücke mit in den Dialog übernehmen, um sich dem Stil der Vorlage zu nähern.

Die gestaltende Interpretation geht **von einer bestimmten Annahme** aus. Erfassen Sie möglichst genau die Situation, für die der zu gestaltende Text geschrieben werden soll. Klären Sie für sich vor der Niederschrift äußere (Handlungssituation) und innere (mentale Verfassung, Motive) Voraussetzungen der Figuren. Versetzen Sie sich in die Lage der Figuren. Überlegen Sie genau, was die Figuren zu diesem Zeitpunkt wissen können und was nicht.

Tipps zur Vorgehensweise

Der Schwerpunkt Ihrer Leistung liegt deutlich im Verfassen der zweiten Teilaufgabe bzw. in der kreativen Interpretationsleistung. Achten Sie deshalb auf einen angemessenen Umfang! Die gestaltende Teilaufgabe steht in einer lockeren inhaltlichen Verbindung zur aspektbezogenen Analyse des ersten Teils. Sie ist jedoch separat abzuarbeiten, so dass kein organisch geschlossener Interpretationsaufsatz entsteht! Nutzen Sie die gegebene Textstelle aus, um inhaltlich anzuknüpfen. Theatertexte enthalten in der Regel minimale Angaben zu Requisiten, Ort und Bühnenaufteilung! Das Gefängnis könnte eine karge Pritsche, einen Schemel, möglicherweise noch einen Holztisch enthalten. Dialoge in dramatischen Texten weisen elliptische Strukturen auf, da sich Figuren gegenseitig unterbrechen. Neben schnellen Sprecherwechseln kommt es zu längeren Monologen, um die Dialogführung abwechselnd zu gestalten. Darüber hinaus müssen durch Regieanweisungen Hinweise zur Sprechweise, Gestik und Mimik gegeben werden. Anfang und Ende einer Szene sind in der Regel durch Auf- bzw. Abtritte von Personen markiert. Mindestens ein Personenwechsel (hier: Auf- und Abtritt Millers) sollte deshalb an diesen Stellen eingearbeitet werden.

Inhaltlich könnte Schillers Gesellschaftskritik noch einmal deutlich formuliert werden. Dies ist umso wünschenswerter, da es sich um die letzte Szene handelt, also die Handlung, die dem Zuschauer oder Leser am besten in Erinnerung bleibt.

Schritt 2 Text bearbeiten

Aufgabe 1

Notieren Sie sich Informationen zu folgenden Aspekten der Rolle des Präsidenten!

Rolle des Präsidenten	Notizen
Machtmensch und Staatsmann	
Vater	
Intrigant	

Bedeutung der Regieanweisungen

Welche Bedeutung haben die Regieanweisungen für das Bild des Präsidenten am Ende der Szene. Machen Sie sich entsprechende Notizen!

Bedeutung der Regieanweisungen	Notizen
FERDINAND *(mit brechender Stimme).* Geht ihm nach! Er verzweifelt – Das Geld hier soll man ihm retten – Es ist meine fürchterliche Erkenntlichkeit. Luise – Luise – Ich komme – – Lebt wohl – – Laßt reich an diesem Altar verscheiden – PRÄSIDENT *(aus einer dumpfen Betäubung, zu seinem Sohn).* Sohn Ferdinand! Soll kein Blick mehr auf einen zerschmetterten Vater fallen? *(Der Major wird neben Luisen niedergelassen.)* FERDINAND. Gott dem Erbarmenden gehört dieser letzte. PRÄSIDENT *(in der schrecklichsten Qual vor ihm niederfallend).* Geschöpf und Schöpfer verlassen mich – Soll kein Blick mehr zu meiner letzten Erquickung fallen? FERDINAND *(reicht ihm seine sterbende Hand).* PRÄSIDENT *(steht schnell auf).* Er vergab mir! *(Zu den andern.)* Jetzt euer Gefangener! *(Er geht ab, Gerichtsdiener folgen ihm, der Vorhang fällt.)*	

Aufgabe 2

Haken Sie die entsprechenden Zitate aus „ Kabale und Liebe" ab, wenn Sie sie für die gestaltende Interpretation verwenden wollen!

Zitate Millers und des Präsidenten	verwenden
Miller	
„(...) hab ihm's Mädel nicht nachgeworfen; wer nimmt Notiz davon? – Ich war Herr im Haus. Ich hätt' meine Tochter mehr koram nehmen sollen. Ich hätt' dem Major besser auftrumpfen sollen – oder hätt' gleich alles Seiner Exzellenz, dem Herrn Papa, stecken sollen." (I,1)	○

9

Lösung in 3 Schritten

Zitate für die gestaltende Interpretation

Zitate Millers und des Präsidenten	verwenden
Ich werde sprechen zu Seiner Exzellenz: Dero Herr Sohn haben ein Aug' auf meine Tochter; meine Tochter ist zu schlecht für Dero Herrn Sohnes Frau, aber zu Dero Herrn Sohnes Hure ist meine Tochter zu kostbar und damit basta! – Ich heiße Miller" (I,1)	○
„Euer Exzellenz – Das Kind ist des Vaters Arbeit – Halten zu Gnaden – Wer das Kind eine Mähre schilt, schlägt den Vater ans Ohr, und Ohrfeig' um Ohrfeig' – Das ist so Tax bei uns – Halten zu Gnaden." (II,6)	○
„Halten zu Gnaden. Ich heiße Miller, wenn Sie ein Adagio hören wollen – mit Buhlschaften dien ich nicht. Solang der Hof da noch Vorrat hat, kommt die Lieferung nicht an uns Bürgersleut'. Halten zu Gnaden." (II,6)	○
„Teutsch und verständlich. Halten zu Gnaden. Euer Exzellenz schalten und walten im Land. Das ist meine Stube. (...) den ungehobelten Gast werf ich zur Tür hinaus – Halten zu Gnaden." (II,6)	○
Präsident „Dass er der Bürgerkanaille den Hof macht – Flatterien sagt – auch meinetwegen Empfindungen vorplaudert – das sind lauter Sachen, die ich möglich finde – verzeihlich finde – aber – und noch gar die Tochter eines Musikus, sagt Er?" (I,5)	○
„Wem zulieb' hab ich die gefährliche Bahn zum Herzen des Fürsten betreten? Wem zulieb' bin ich auf ewig mit meinem Gewissen und dem Himmel zerfallen? (...) Wem hab ich durch Hinwegräumung meines Vorgängers Platz gemacht – ein Geschichte, die desto blutiger in mein Inwendiges schneidet, je sorgfältiger ich das Messer der Welt verberge. Höre. Sage mir, Ferdinand: Wem tat ich dies alles?" (I,7)	○
„Wenn ich auftrete, zittert ein Herzogtum. Laß doch sehen, ob mich ein Starrkopf von Sohn meistert. Junge, ich sage dir, du wirst dort sein, oder fliehe meinen Zorn." (I,7)	○
„Eine lustige Zumutung! Der Vater soll die Hure des Sohnes respektieren." (I,7)	○
„Vater ins Zuchthaus – an den Pranger die Mutter und Metze von Tochter! – Die Gerechtigkeit soll meiner Wut ihre Arme borgen. Für diesen Schimpf muß ich schreckliche Genugtuung haben" (II,6)	○

Schritt 3 **Musterlösung**

Gliederung der Klausur

Aufgabe 1

A Einleitung

B Rolle des Präsidenten im Schauspiel

- I Machtmensch und Staatsmann
- II Vater
- III Intrigant

C Bild des Präsidenten in der letzten Szene

In der folgenden Lösung sind die Gliederungspunkte im Lösungstext aufgeführt. Dies ist zu Ihrer Orientierung. In einer wirklichen Abi-Klausur müssen diese Punkte nicht stehen.

A Einleitung

Die höfische Welt des 18. Jahrhunderts, die Schiller in seinem bürgerlichen Trauerspiel „Kabale und Liebe“ porträtiert, ist durch Intrigen gekennzeichnet. Der Präsident, dessen Rolle im Zentrum der vorliegenden Arbeit stehen soll, verkörpert wie keine andere Figur des Dramas diese Untugenden des adligen Standes. Er ist ein skrupelloser Machtmensch, der sich als Staatsmann aber auch als Vater andere durch Ränkespiele, Willkür und Gewalt gefügig macht. Seine Staats- und Familienpolitik sollen dabei nacheinander dargestellt werden, sind aber nicht immer voneinander zu trennen, da sie miteinander verwoben sind und derselben Maxime unterliegen: dem Erhalt oder der Steigerung der eigenen Macht. Gerade die letzte Szene des Dramas, die genauer auf sein Verhalten hin untersucht werden soll, zeigt dieses Bild in besonderer Weise, doch offenbart sie auch einen Wandel der Figur.

B Rolle des Präsidenten im Schauspiel

Nach dem Vorbild des kleinen württembergischen Herzogtums, das Schiller aus eigener Anschauung gut kannte, entwarf er das Figurentableau seines Dramas. Gerade die Rolle des Präsidenten, die er dem in seiner Zeit dort amtierenden Grafen Samuel Monmartin nachempfand, stützt sich in vielerlei Hinsicht auf historische Bezüge.

I Machtmensch und Staatsmann

Wie der echte Staatsmann gelangt auch der Präsident nur durch kriminelle Machenschaften in sein Amt. Seine Vertrautheiten mit dem intriganten Wurm, insbesondere aber seine Offenbarungen gegenüber seinem Sohn Ferdinand in I,7 entlarven ihn als rücksichts- und gewissenlosen Staatsmann, der – wenn es sein muss – auch über Leichen geht. Schiller lässt die näheren Umstände der Tat offen, deutet jedoch an dieser Stelle an, dass es sich um einen Mord handeln dürfte. Dies macht den Präsidenten auf der einen Seite durch Mitwisser erpressbar, doch zeigt es auf der anderen Seite, welche Mittel der machiavellistische Staatsmann einzusetzen gewillt ist, um seine Ziele zu verfolgen.

Um seine Macht voll auszuspielen, muss er seinen Einfluss auf den Herzog wahren. Dieser basiert vor allem auf der Mätresse des Herzogs, die ihn mit Informationen versorgt bzw. beim Landesvater die politischen Ansichten des Präsidenten bekräftigen dürfte. Als eine neue Herzogin an den Hof kommen soll, sieht er die Möglichkeit, den Herzog noch stärker zu kontrollieren. Die Affäre mit Lady Milford, der Geliebten des Fürsten, soll nämlich nur zum Schein beendet werden (vgl. I,5). Sie soll zur Beschwichtigung der neuen Gemahlin selbst eine Ehe eingehen. Um sich dem Herzog unentbehrlich zu machen und ihn im „Netz der Familie“ zu halten, plant der Präsident, seinen eigenen Sohn Ferdinand mit Lady Milford zu verheiraten. Staatspolitik und Familiengeschick sind auf das Engste miteinander verzahnt. Dass der eigene Sohn von dieser Tatsache nichts weiß, auch gar nicht gefragt wird, ob er die Lady Milford heiraten möchte, passt in das Bild des Tyrannen, das Schiller für den Leser bzw. Zuschauer entstehen lässt.

II Vater

Der Vater verlangt von seinem Sohn – wie von allen anderen Untertanen – unbedingten Gehorsam in jeder Lebenslage. Ihre Begegnungen haben beinahe den formalen Charakter einer Audienz, die nur auf Anordnung des Präsidenten zustande kommen (vgl. I,7). Eine emotionale Beziehung zwischen den beiden besteht nicht, der Vater befehligt das inhaltslose Ritual der Begrüßung mit den Worten: „Komm! Umarme mich, Ferdinand“ (I,7).

Dieses gestörte Verhältnis zwischen Vater und Sohn ist sicherlich eine entscheidende Ursache für die Rebellion Ferdinands, der sich in ein bürgerliches Mädchen verliebt und entgegen den Gepflogenheiten seines Standes und den gesellschaftlichen Hürden dieses auch heiraten möchte. Der in den Kategorien von Machterhalt und ständischer Tradition denkende Vater hat kein Verständnis für eine ständeübergreifende Beziehung, die auf Liebe gründet. Er hat für die „Bürgerkanaille“ lediglich Verachtung übrig, und bewertet das Verhältnis nach den Maßstäben und bestehenden realen Gegebenheiten des Hofes. Danach kann es sich in seinen Augen nur um ein unaufrichtiges Gebaren seines Sohnes handeln, der sich Luise als eine Mätresse halte, der man sich gegen Geld auch wieder entledigen könnte (I,5, II,6).

III Intrigant
Als Wurm ihm jedoch glaubhaft versichert, dass es eine ernsthafte emotionale Beziehung sei, setzt er alle Hebel in Bewegung, um die Liebe zu zerstören. Dazu gehört, dass er zunächst die angebliche Hochzeit seines Sohnes mit Lady Milford ohne dessen Zustimmung durch den Hofmarschall im Herzogtum verbreiten lässt, um zu verhindern, dass sich Ferdinand seinen Plänen noch nachträglich entgegenstellt.

Darüber hinaus dringt er mit seiner ganzen Autorität des Amtes gewaltsam in das Haus Millers ein und droht ohne jegliche Rechtsgrundlage, den Musikus ins Zuchthaus sowie seine Frau und Tochter an den Pranger zu bringen (II,6; II,7). Hier zeigt sich die Willkür des intriganten Machtmenschen, der auch vor Amtsmissbrauch für seine persönlichen Racheziele nicht zurückschreckt, in vollem Umfang. Seinen Sohn Ferdinand, der sich zwischen den Vater und die Familie Miller wirft, scheint er mitleidslos seinem Zorn über den Widerstand gegen seine Pläne opfern zu wollen. Erst als Ferdinand droht, die dunklen Machenschaften des Vaters im Zusammenhang mit seinem Amtsantritt als Präsident an die Öffentlichkeit zu bringen, muss dieser von seiner todbringenden Willkürhandlung ablassen (II,7).

Erbarmungslos strickt er jedoch mit Wurm an einer neuen Intrige, um sein Ziel zu verfolgen. Er lässt auf Anraten seines Beraters die Eltern von Luise schließlich doch widerrechtlich verhaften, um ein Druckmittel in der Hand zu haben, dass Luise einen kompromittierenden Brief schreibt. Darin wird sie gezwungen, eine Beziehung zum Hofmarschall von Kalb anzudeuten, um so Ferdinands Eifersucht zu erwecken (III,1; III,6).

Der Brief, der Ferdinand zugespielt wird, zeigt die gewünschte Wirkung, doch gerät die Entwicklung außer Kontrolle. Der rasende Liebhaber vergiftet Luise und schließlich sich selbst. Der Präsident erfährt von der fatalen Wendung vermutlich durch einen Brief, in dem Ferdinand seine Absichten, aber auch seine Anklage gegenüber dem Vater formuliert haben dürfte. Aufgrund dieses Briefes tritt er in die letzte Szene des Dramas, die nun genauer betrachtet werden soll.

C Bild des Präsidenten in der letzten Szene
Seinem bisherigen Bild entsprechend mag der Präsident, der den Brief in der Hand hält, „nimmermehr glauben" (Z. 6), was er dort lesen musste bzw. dass sich sein Sohn durch den Freitod seinen Plänen derartig widersetzt. Er spricht ihn nicht mit Namen an, erkundigt sich auch nicht nach dessen Befinden. Als ihm Ferdinand das Glas, aus dem die vergiftete Limonade getrunken wurde, gleichsam als Beleg vor die Füße wirft und ihn als „Mörder" (Z. 7) bezichtigt, braucht der Präsident

einen Moment, um die Situation in ihrem ganzen Ausmaß zu realisieren. Dies wird an der „Pause" (Z. 9), die Schiller durch Regieanweisung einfügt, deutlich. Dem intriganten Staatsmann scheint aber das Leben seines Sohnes nicht am Herzen zu liegen. Seine Frage, „warum hast du mir das getan?" (Z. 9), klingt herrisch und anklagend. Sie verrät, dass er die Entwicklung nur im Hinblick auf die Konsequenzen für sich selbst betrachtet.

Wie gestört die Beziehung zu seinem Sohn ist, wird daran deutlich, dass Ferdinand ihn gar nicht mehr ansehen will. Er sieht im Präsidenten nur den „Staatsmann" (Z. 11), den er – in einem ironischen Unterton formulierend – erst hätte fragen müssen, ob seine Taten auch zu dessen Plänen passten.

Der Präsident ist sich der Gefahr der Situation durchaus bewusst, die durch das versammelte Volk entstehen könnte. Er ist deshalb auf eine Reaktion in der Öffentlichkeit bedacht und „sucht mit verdrehten Augen im ganzen Kreis herum" (Regieanweisung, Z. 17). Er spielt den „trostlosen Vater" (Z. 18) und fragt scheinheilig, ob denn niemand da sei, der um ihn „weinte" (Z. 18).

Als Ferdinand seine Vorwürfe konkretisiert und ihm die „größte grässlichste Hälfte" (Z. 38) der Schuld am Tod von Luise geben möchte und ihm prophezeit, dass eine Gestalt wie Luise neben Gott stehen werde, wenn er ihn richte, ändert er seine Strategie. Mit der theatralischen Geste einer „schreckliche[n] Bewegung des Arms gegen den Himmel" (Regieanweisung, Z. 50 f.) ruft er den Richter der Welt an. „Von mir nicht, von mir nicht" (Z. 51) solle Gott die Seelen der Sterbenden fordern, fleht er. Gleichzeitig tritt er auf den überraschten Wurm zu und versucht die Schuld auf ihn abzuwälzen. In einer für ihn sonst unüblichen biblischen Metaphorik bezeichnet er den Sekretär als „Satan" (Z. 54), der sich vor Gott wegen der Toten rechtfertigen müsse. Als Beweis für seine Schuldzuweisung führt er an, „Du, du gabst den Schlangenrat" (Z. 54 f.). Obwohl dies zwar den Tatsachen entspricht, verkennt der Präsident absichtlich die Frage der Verantwortlichkeit. Seine an Pilatus erinnernde Behauptung, „Ich wasche die Hände" (Z. 55 f.), soll seine eigene Unschuld versinnbildlichen, doch wirkt sie wie blanker Hohn. Wurm weiß, dass er dem Untergang geweiht ist, lässt es sich jedoch nicht nehmen, den Präsidenten mit ins Verderben zu reißen. Er kennt die verwundbare Stelle des Staatsmannes und droht damit, die kriminellen Machenschaften des Präsidenten beim Amtsantritt an die Öffentlichkeit zu bringen.

Dies und vor allem die Tatsache, dass das Gift bei Ferdinand seine verheerende Wirkung nun voll entfaltet und er nur noch wenige Augenblicke zu leben hat, scheint den Vater zur Besinnung zu bringen. Schiller lässt ihn „aus einer dumpfen Betäubung" (Regieanweisung, Z. 84) – nach einer Sprechpause – langsam einen Wandel vollziehen. Erstmalig in dieser Szene spricht er den sterbenden „Sohn Ferdinand" (Z. 85) mit Namen an. Offenbar hat er den aufrichtigen Wunsch, sich mit seinem Sohn zu versöhnen. Angsterfüllt fragt er, ob dieser „kein[en] Blick mehr auf den zerschmetterten Vater" (Z. 85/86) werfen wolle. Ferdinands Augen richten sich jedoch gen Himmel, er weigert sich, dem Ansinnen seines Vaters nachzukommen, so dass der Präsident seine als Bitte zu verstehende Frage wiederholt. Die Dopplung der Bitte sowie die Regieanweisung, dass er „in der schrecklichsten Qual" (Regieanweisung Z. 89) vor seinem Sohn niederfällt, belegen die Aufrichtigkeit seiner Worte.

Ferdinand reicht ihm als letzte Geste die „sterbende Hand" (Regieanweisung Z. 92), verweigert aber standhaft, den tyrannischen Vater noch einmal anzuschauen. Dem Präsidenten reicht die Symbolik der Geste jedoch offenbar aus, um dies als Versöhnung zu verstehen. Beinahe euphorisch wirkt es, als er zu sich selbst sagt, „er vergab mir" (Z. 93).

Er hat jedoch nicht verdrängt, dass er sich nach den Anklagen seines Sohnes und der noch erfolgenden Aufdeckung seiner Machenschaften durch Wurm für seine Taten verantworten muss. Dies scheint für ihn aber in diesem Augenblick weniger schwer zu wiegen. Ohne seine noch bestehende Macht einzusetzen, ergibt er sich freiwillig mit den Worten „Jetzt euer Gefangener" (Z. 94). Damit endet das bürgerliche Trauerspiel „Kabale und Liebe".

Zusammenfassend ist festzuhalten, dass Schiller die Figur des Präsidenten bis in die allerletzte Szene konsequent als intriganten Staatsmann konzipiert hat, dessen Machtpolitik sich sowohl die höfische Gesellschaft als auch sein Sohn unterzuordnen haben. Erst der unmittelbar bevorstehende Tod Ferdinands lässt aus dem machtbesessenen Politiker den berührten Vater werden, der um Vergebung sucht. Mit dem bedeutungsschweren Wandel des Präsidenten endet nicht nur das Drama, es fällt mit ihm auch eine wesentliche Stütze des Absolutismus, den Schiller in seinem Werk so vehement kritisieren wollte.

Aufgabe 2

Gestaltende Interpretation (Akt 5, Szene 9)

Akt 5, 9. Szene

Gefängnis

Präsident, Miller, Wärter

Karge Zelle mit einer Pritsche auf der linken Seite, Fenster mit Gitterstäben im Hintergrund, rechts ein Schemel und ein einfacher Holztisch Der Präsident sitzt auf dem Schemel, gedankenverloren und gebrochen. Miller und Wärter treten auf.

Miller:	Lassen Sie mich mit dem Präsidenten allein! *(leise zu sich selbst)* Was wir zu besprechen haben, geht nur zwei Väter an, deren Kinder den Tod gefunden haben.
Wärter:	Wie Sie wünschen! *(tritt ab)*
Miller:	Exzellenz!
Präsident:	*(beachtet ihn nicht)*
Miller:	Exzellenz! *(Pause)* Ihr seid auch ein Vater. Wenn Ihr ein Herz habt, …
Präsident:	Was will er von mir?
Miller:	Halten zu Gnaden. Ich wollte noch einmal dem Mann ins Angesicht blicken, der mir die Tochter geraubt hat – der mir das Leben sauer gemacht hat. Halten zu Gnaden. – Dem Schurken, der dabei aber auch einen eigenen Sohn dem Richter der Welt überantwortet hat.
Präsident:	*(steht schnell auf)*
Miller:	Nur Gott weiß, wie ich schlechter Mann zu diesem Engel gekommen bin. Meine Luise, mein Himmelreich! Die Strafe ist hart. Ich will nicht murren, himmlischer Vater, aber die Strafe ist hart. – Ihr, Euer Exzellenz, habt Euch angemaßt, Gottes Werkzeug zu sein und sie mir zu nehmen. Seid Ihr nun zufrieden mit Eurem Satanswerk?
Präsident:	Es war nicht mein Begehr, sie tot zu sehn.
Miller:	Und doch habt Ihr die Stirn gehabt, in unser Haus einzudringen und mit Zuchthaus oder dem Pranger uns zu bedrohen. Wer war es denn, der die tödliche Kabale in Gang setzte, der den eignen Sohn wie eine Marionette tanzen ließ? *(laut, in Rage)* Wer wußte nur zu gut, daß die Eifersucht den Rasenden zu etwas Furchtbarem treiben würde? Oh Gott, wie ich Euch und Euresgleichen hasse! Ferdinand war kein' Deut besser als Ihr! Er meinte wohl, er könne mit seinem Judasgeld, das er mir gab, sich von seiner Schuld freikaufen. Ich verabscheue ihn.
Präsident:	*(gebieterisch)* Schweigt still! *(Pause)* Verurteilt mich, doch laßt ihn seine Rechnung mit Gott allein machen.

Miller: Wie soll ich diese Anwandlung verstehen, Euer Exzellenz?

Präsident: *(verzweifelt, die Hände vor dem Gesicht).* Oh hätt' ich doch nie auf den Schlangenrat des kriechenden Wurm gehört. Ich war verblendet von Haß. Liebe – ein Gefühl, dass ich bis vor kurzem gar nicht kannte. – So war es mir nicht vergönnt, meinen Sohn Ferdinand zu verstehen. Ich befahl, er kam. Nicht aus Freude suchte er meine Gesellschaft, nur im Zwang. Ich sah in ihm nur meinen staatsmännischen Nutzen, wollt ihn zu meinem Nachfolger machen. Wem zulieb' hab ich die gefährliche Bahn zum Herzen des Fürsten betreten? Wem zulieb' bin ich auf ewig mit meinem Gewissen und dem Himmel zerfallen? Wem hab ich durch Hinwegräumung meines Vorgängers Platz machen wollen – eine Geschichte, die desto blutiger nun in mein Inwendiges schneidet. Recht tat er daran, als er den Dank dafür verweigerte.

Miller: Spät, zu spät kommt diese Einsicht. Meine Luise macht's nicht wieder lebendig. Das bissel Bodensatz meiner Jahre, ich gäb' es hin, hätte sie den Major nie gesehen.

Präsident: Ward's nicht dein Haus, in dem sie sich trafen? Gabst nicht du Gelegenheit, daß sich das Unglück erst entwickeln konnte.

Miller: *(erbost)* Halten zu Gnaden. Ich heiße Miller, wenn Sie ein Adagio hören wollen – mit Buhlschaften dien ich nicht. Solang der Hof da noch Vorrat hat, kommt die Lieferung nicht an uns Bürgersleut'! – Es ist wohl wahr, daß Ferdinand wegen der Flötenstunden in unserer bescheidenes Heim gekommen ist. Doch ich hab ihm's Mädel nicht nachgeworfen. Ihr habt wohl Recht darin, ich hätt' meine Tochter mehr koram nehmen sollen. Ich hätt' dem Major besser auftrumpfen sollen – oder hätt' gleich alles Eurer Exzellenz stecken sollen. Ich war drauf und dran, zu Ihnen zu gehen und ins Gesicht zu sagen: Ihro Herr Sohn haben ein Aug' auf meine Tochter; meine Tochter ist zu schlecht für Ihro Herrn Sohnes Frau, aber zu Ihro Herrn Sohnes Hure ist meine Tochter zu kostbar. *(gedankenverloren)* Ach, hätte ich es nur getan.

Präsident: So warst auch du – wie der Staatsmann – gegen die Beziehung?

Miller: Gott ist mein Zeuge. Es konnte nur dazu führen, daß mein Haus verrufen wird. Ich dacht', Ferdinand wird sie beschwatzen, dem Mädel eins hinsetzen und führt sich ab, und das Mädel ist verschimpfiert auf ihr Leben lang, bleibt sitzen. Im besten Falle – glaubt ich – vergißt sie, schämt sich, daß ihr Vater Miller der Geiger ist und verschlägt mir am End' einen wackern Schwiegersohn. Deshalb sagt' ich zu ihr, nimm alles! – alles! den Major kann ich dir nimmer geben! Doch ich verstehe ja so wenig vom Lieben. Daß es eine Qual sein muß, aufzuhören – das begreif ich noch .... Von der Vaterliebe gedrängt, von Ängsten zerrissen, von Selbstmordgedanken geplagt, im Innersten aufgewühlt verstand sie es schließlich als ihre Pflicht, Ferdinand zu entsagen. – Forderte die Staatsräson, daß man sie nun auch noch zugrunde richtete?

Präsident: *(schweigt)*

Miller: *(schreiend, herausfordernd)* Nennt mir die Gründe, die Euch zu diesem vermaledeiten Entschluß brachten!

Präsident: *(schweigt, wendet sich ab)*

Miller: *(tritt näher auf den Präsidenten zu)* Schaut mir in die Augen und sagt es mir ins Gesicht, wenn Ihr den Mut dazu habt!

Präsident: *(zögerlich)* Es war die Rache, die mich leitete. Ferdinand sollte die Lady Milford heiraten. *(wie von Sinnen)* Und nun sollte der Vater die Hure des Sohnes akzeptieren? Ein solches Gesindel sollte meine Pläne zerschlagen und ungestraft Vater und Sohn aneinanderhetzen? Ha, Verfluchter! Ich wollte meinen Haß an eurem Untergang sättigen, die ganze Brut, Vater, Mutter und Tochter, wollte ich meiner brennenden Zornesrache opfern. – Dort, wo ich auftrete, zittert ein Herzogtum. Ich konnte es nicht zulassen, daß ein Starrkopf von Sohn mich meistert. *(aus einer dumpfen Betäubung erwachend)* Und doch …

Miller: Und was?

Präsident: … nagt der Tod an meinem Gewissen! – Ferdinand!

Miller: Ich hoffe, ihr werdet Eures Lebens nicht mehr froh. Man wird Euch hier auf Erden für die Sünde des Sohnes vielleicht nicht richten. Beim Jüngsten Gericht gnade Euch aber Gott.

Präsident: Ich werde auch hier für meine Taten büßen müssen. Die Gerechtigkeit …

Miller: … wird von Ihresgleichen überwacht, vom Herzog gebeugt und wir Bürgersleut haben das Nachsehen. Der Adel steht der Gerechtigkeit im Weg. Dieser karge Tautrophe Zeit! – Es quält mich die Frage, ob die Liebe zwischen Luise und Ferdinand in einer anderen Zeit ohne Ständeschranken hätte bestehen können?

Präsident: Ich weiß es nicht. *(setzt sich wieder wie am Anfang auf den Schemel)* – Laßt mich jetzt allein!

Miller: Wärter! *(klopft an die Zellentür)* Laßt mich hinaus in die Freiheit!

Wärter: *(öffnet die Zellentür)*

Miller: *(beim Herausgehen)* Ach, in was für einer Zeit leben wir, daß ein gekränkter Vater zwei Menschen in den Tod treibt, zwei Familien ins Unglück stürzt? Ich bete für Luise, daß der Ort, an dem sie jetzt ist, unserem Jahrhundert voraus ist – daß dort die Schranken des Unterschieds eingestürzt – die verhaßten Hülsen des Standes abgesprungen – Menschen nur Menschen sind *(geht ab, Vorhang fällt)*.

Original-Klausur 10

Aufgabenart	Interpretation dramatischer Texte
Ausgangstext	Friedrich Dürrenmatt, Der Besuch der alten Dame
Niveau, Jahr	Leistungskurs 2007
Bearbeitungszeit	300 Minuten

Friedrich Dürrenmatt (1921–1990), Der Besuch der alten Dame

[...]

ILL Ich habe mit Ihnen zu reden, Bürgermeister.

DER BÜRGERMEISTER Nehmen Sie Platz.

ILL Von Mann zu Mann. Als Ihr Nachfolger.

DER BÜRGERMEISTER Bitte.

Ill bleibt stehen, blickt auf den Revolver.

Der Panther der Frau Zachanassian ist los. Er klettert in der Kathedrale herum. Da muß man sich bewaffnen.

ILL Gewiß.

DER BÜRGERMEISTER Habe die Männer aufgeboten, die Gewehre besitzen. Die Kinder werden in der Schule zurückbehalten.

ILL *mißtrauisch* Ein etwas großer Aufwand.

DER BÜRGERMEISTER Raubtierjagd.

Der Butler kommt.

DER BUTLER Der Präsident der Weltbank, gnädige Frau. Eben von New York hergeflogen.

CLAIRE ZACHANASSIAN Ich bin nicht zu sprechen. Er soll wieder zurückfliegen.

DER BÜRGERMEISTER Was haben Sie auf dem Herzen? Reden Sie frei von der Leber weg.

ILL *mißtrauisch* Sie rauchen da eine gute Sorte.

DER BÜRGERMEISTER Eine blonde Pegasus.

ILL Ziemlich teuer.

DER BÜRGERMEISTER Dafür anständig.

ILL Vorher rauchten Herr Bürgermeister was anderes.

Der Bürgermeister Rößli fünf.

Ill Billiger.

Der Bürgermeister Allzu starker Tabak.

Ill Eine neue Krawatte?

Der Bürgermeister Seide.

Ill Und Schuhe haben Sie wohl auch gekauft?

Der Bürgermeister Ich ließ sie von Kalberstadt kommen. Komisch, woher wissen Sie das?

Ill Deshalb bin ich gekommen.

Der Bürgermeister Was ist denn los mit Ihnen? Sehen bleich aus. Krank?

Ill Ich fürchte mich.

Der Bürgermeister Fürchten?

Ill Der Wohlstand steigt.

Der Bürgermeister Das ist mir das Allerneuste. Wäre erfreulich.

ILL Ich verlange den Schutz der Behörde.

Der Bürgermeister Ei. Wozu denn?

Ill Das wissen der Herr Bürgermeister schon.

Der Bürgermeister Mißtrauisch?

Ill Für meinen Kopf ist eine Milliarde geboten.

Der Bürgermeister Wenden Sie sich an die Polizei.

Ill Ich war bei der Polizei.

Der Bürgermeister Das wird Sie beruhigt haben.

Ill Im Munde des Polizeiwachtmeisters blitzt ein neuer Goldzahn.

Der Bürgermeister Sie vergessen, daß Sie sich in Güllen befinden. In einer Stadt mit humanistischer Tradition. Goethe hat hier übernachtet. Brahms ein Quartett komponiert. Diese Werte verpflichten.

Von links tritt ein Mann auf mit einer Schreibmaschine (Der Dritte).

Der Mann Die neue Schreibmaschine, Herr Bürgermeister. Eine Remington.

Der Bürgermeister Ins Büro damit.

Der Mann nach rechts ab.

Wir verdienen Ihren Undank nicht. Wenn Sie kein Vertrauen in unsere Gemeinde zu setzen vermögen, tun Sie mir leid. Ich habe diesen nihilistischen Zug nicht erwartet. Wir leben schließlich in einem Rechtsstaat.

Von links kommen die beiden Blinden mit ihren Angelruten, Hand in Hand.

Die Beiden Der Panther ist frei, der Panther ist frei! *Hüpfen* Haben ihn knurren gehört, haben ihn knurren gehört! *Hüpfen in den Goldenen Apostel.* Gehen zu Hoby und Boby, zu Toby und Roby. *Hinten Mitte ab.*

Ill Dann verhaften Sie die Dame.

Der Bürgermeister Merkwürdig. Äußerst merkwürdig.

Ill Das hat der Polizeiwachtmeister auch gesagt.

Der Bürgermeister Das Vorgehen der Dame ist weiß Gott nicht ganz so unverständlich. Sie haben schließlich zwei Burschen zu Meineid angestiftet und ein Mädchen ins nackte Elend gestoßen.

Ill Dieses nackte Elend bedeutet immerhin einige Milliarden, Bürgermeister.

Schweigen.

Der Bürgermeister Reden wir ehrlich miteinander.

Ill Ich bitte darum.

Der Bürgermeister Von Mann zu Mann, wie Sie es verlangt haben. Sie besitzen nicht das moralische Recht, die Verhaftung der Dame zu verlangen, und auch als Bürgermeister kommen Sie nicht in Frage. Es tut mir leid, das sagen zu müssen.

Ill Offiziell?

Der Bürgermeister Im Auftrag der Parteien.

Ill Ich verstehe.

Er geht langsam links zum Fenster, kehrt dem Bürgermeister den Rücken zu, starrt hinaus.

Der Bürgermeister Daß wir den Vorschlag der Dame verurteilen, bedeutet nicht, daß wir die Verbrechen billigen, die zu diesem Vorschlag geführt haben. Für den Posten eines Bürgermeisters sind gewisse Forderungen sittlicher Natur zu stellen, die Sie nicht mehr erfüllen, das müssen Sie einsehen. Daß wir Ihnen im übrigen die gleiche Hochachtung und Freundschaft entgegenbringen wie zuvor, versteht sich von selbst.

Von links tragen Roby und Toby wieder Kränze, Blumen über die Bühne und verschwinden im Goldenen Apostel.

Es ist besser, wir schweigen über das Ganze. Ich habe auch den Volksboten gebeten, nichts über die Angelegenheit verlauten zu lassen.

Ill *kehrt sich um* Man schmückt schon meinen Sarg, Bürgermeister! Schweigen ist mir zu gefährlich.

Der Bürgermeister Aber wieso denn, lieber Ill? Sie sollten dankbar sein, daß wir über die üble Affäre den Mantel des Vergessens breiten.

Ill Wenn ich rede, habe ich noch eine Chance, davonzukommen.

Der Bürgermeister Das ist doch nun die Höhe! Wer soll Sie denn bedrohen?

Ill Einer von euch.

Der Bürgermeister *erhebt sich* Wen haben Sie im Verdacht? Nennen Sie mir den Namen, und ich untersuche den Fall. Unnachsichtig.

Ill Jeden von euch.

Der Bürgermeister Gegen diese Verleumdung protestiere ich im Namen der Stadt feierlich.

Ill Keiner will mich töten, jeder hofft, daß es einer tun werde, und so wird es einmal einer tun.

Der Bürgermeister Sie sehen Gespenster.

Ill Ich sehe einen Plan an der Wand. Das neue Stadthaus? *Er tippt auf den Plan.*

DER BÜRGERMEISTER Mann Gott, planen wird man wohl noch dürfen.

ILL Ihr spekuliert schon mit meinem Tod!

DER BÜRGERMEISTER Lieber Mann, wenn ich als Politiker nicht mehr das Recht hätte, an eine bessere Zukunft zu glauben, ohne gleich an ein Verbrechen denken zu müssen, würde ich zurücktreten, da können Sie beruhigt sein.

ILL Ihr habt mich schon zum Tode verurteilt.

DER BÜRGERMEISTER Herr Ill!

ILL *leise* Der Plan beweist es! Beweist es!

[...]

Aus: Dürrenmatt, Friedrich: Der Besuch der alten Dame.
Zürich: Diogenes Verlag 1998, S. 67ff.

Figurenverzeichnis

Claire Zachanassian	die „alte Dame", Multimillionärin
Boby	ihr Butler, ehemals Oberrichter in Güllen
Roby, Toby	ihre Diener (z. B. Sänftenträger), auf Befehl gewalttätig
Koby, Loby	ihre Diener, blind, kastriert
Moby, Hoby, Zoby	ihre Ehemänner VII bis IX
Alfred Ill	Kramladenbesitzer
der Bürgermeister, der Pfarrer, der Lehrer der Arzt, der Polizist	Honoratioren von Güllen

Aufgabenstellung

Interpretieren Sie den Szenenauszug. Beziehen Sie geeignete Aspekte der Dramentheorie Dürrenmatts ein.

Schritt 1

Aufgaben verstehen

Aufgabe

Aufgabentyp und Erläuterung der Arbeitsanweisungen

Von Ihnen wird bei dieser Aufgabe verlangt, den Dramenauszug zu **interpretieren**. Das bedeutet, dass Sie zuerst auffällige Textmerkmale herausarbeiten und beschreiben müssen. Dann müssen Sie diese in einen konkreten Zusammenhang zum gesamten Text bringen, diesen mit ihrer Hilfe deuten und den ihm innewohnenden Sinn benennen. Schließlich kommen Sie zu allgemeingültigen, am Text belegbaren Aussagen über die Thematik, die Autorintention oder die Weltsicht des Autors.

Im zweiten Teil des Arbeitsauftrags wird von Ihnen verlangt, dass Sie geeignete Aspekte der Dramentheorie Dürrenmatts in Ihre Interpretation einbeziehen. Da Ihnen hierzu kein Text vorliegt, wird davon ausgegangen, dass Ihnen die wichtigsten Aspekte bekannt sind, so dass Sie aus dem Gedächtnis darauf zurückgreifen können.

Tipps zur Vorgehensweise

Beachten Sie, dass der Schwerpunkt der Aufgabenstellung auf der Interpretation liegt. Der zweite Teil des Arbeitsauftrags ist einerseits als Hilfestellung für Sie zu verstehen: Sie können Ihre Ausführungen durch die theoretische Position Dürrenmatts stützen. Andererseits können Sie dadurch ohne weitere Vorgaben zeigen, dass Sie mit Dürrenmatts Theatertheorie vertraut sind.

Setzen Sie sich zuerst mit dem Text auseinander. Lesen Sie ihn „mit Stift", streichen Sie dabei alles an, was ihnen auffällig, bekannt, ungewohnt oder seltsam vorkommt. Wenn Sie dabei schon eigene Ideen zum Text entwickeln, dann notieren Sie diese am Rand.

Lesen Sie dann den Text ein zweites Mal und achten Sie besonders auf sprachliche Aspekte. Markieren Sie auch dabei Auffälligkeiten.

Entwickeln Sie eine Interpretationshypothese für den vorliegenden Textauszug: Was bedeutet der Textauszug? Was sagt er aus? Worauf will der Autor aufmerksam machen? Nimmt der Autor eine kritische Haltung ein – wenn ja, was oder wem gegenüber?

Rufen Sie sich die Dramentheorie Dürrenmatts in Erinnerung. Was sind die Kernthesen? Finden Sie diese im vorliegenden Textauszug konkretisiert? Wenn ja – worauf deutet das hin? Wie kann es Ihre Interpretation lenken?

Schritt 2

Text bearbeiten

Aufgabe Teil 1 – Untersuchung des Dialogs

Da der Textauszug aus einem langen Dialog besteht, sollten Sie diesen untersuchen.

Dialog	Notizen
Wer dominiert das Gespräch?	
Sprechen die Figuren miteinander oder aneinander vorbei?	Sie reden aneinander vorbei (vgl. Z. 34–37).
Was beabsichtigt Ill, was der Bürgermeister?	
Erreichen die beiden Figuren ihr jeweiliges Gesprächsziel?	

Aufgabe Teil 1 – Charaktere oder Typen?

Handelt es sich bei den Figuren des Dramas um Charaktere oder Typen? Die Namen und Bezeichnungen helfen Ihnen, dies zu entschlüsseln.

Figuren und ihre Bezeichnung	Charakter?	Typ?
Claire Zachanassian	○	○
Alfred Ill	○	○
Der Bürgermeister	○	○
Der Polizeiwachtmeister	○	○
Toby, Roby, Hoby, Boby	○	○

Aufgabe Teil 1 – Deutung der Symbole und Anspielungen

Der Text enthält eine Menge an Anspielungen und Symbolen. Machen Sie sich deren Bedeutung bewusst, da sie Ihnen helfen, den Text zu deuten.

Anspielungen und Symbole	Bedeutung
„Der Panther … ist los." (Z. 7)	Der Panther steht symbolisch für Claire Zachanassians ehemaligen Geliebten Alfred Ill, dem sie seinerzeit den Kosenamen „mein Pantherchen" gegeben hatte. Dass der „Panther los ist" bedeutet im übertragenen Sinn, dass Ill zur Ermordung freigegeben ist.
„Raubtierjagd" (Z. 13)	

10

Aufgabe Teil 1 – Deutung der Symbole und Anspielungen

Anspielungen und Symbole	Bedeutung
„Eine blonde Pegasus“ (Z. 20), „Seide“ (Z. 28), der neue Goldzahn des Polizeiwachtmeisters (Z. 46), „Eine Remington“ (Z. 51), der Plan des neuen Stadthauses (Z. 103 ff.)	
„In einer Stadt mit humanistischer Tradition. Goethe hat hier übernachtet, Brahms ein Quartett komponiert. Diese Werte verpflichten.“ (Z. 48 f.)	
„Wir leben schließlich in einem Rechtsstaat.“ (Z. 56)	
Hotel „Zum Goldenen Apostel“ (Z. 59)	
Kränze und Blumen (Z. 84)	

Aufgabe Teil 2 – Dürrenmatts Dramentheorie

Dürrenmatts Konzept der Tragikomödie kann auf einige wichtige Aspekte, die in der Tabelle unten aufscheinen, zurückgeführt werden. Suchen Sie dazu die jeweiligen Bezugsstellen aus dem vorliegenden Text.

Dürrenmatts Dramentheorie	Bezug zum vorliegenden Text
Die Schuld des Einzelnen ist der kollektiven Schuld gewichen.	
Die Helden haben keine Handlungsspielräume.	
Mit absurden und grotesken Mitteln wird das orientierungslose Umherirren des modernen Menschen dargestellt.	DIE BEIDEN Der Panther ist frei, der Panther ist frei! *Hüpfen* Haben ihn knurren gehört, haben ihn knurren gehört! *Hüpfen in den Goldenen Apostel.* Gehen zu Hoby und Boby, zu Toby und Roby. *Hinten Mitte ab.* (Z. 58 ff.)
Gerade das, was vermieden werden soll, tritt ein und nimmt die „schlimmstmögliche Wendung“.	
„Wir leben schließlich in einem Rechtsstaat.“ (Z. 56)	
Die Darstellung des Tragischen ist nur noch in der Komödie möglich.	

10

Schritt 3 Musterlösung

Interpretation des Szenenauszugs unter Einbeziehung der Dramentheorie Dürrenmatts

1. Einleitung

Dürrenmatts „tragische Komödie in drei Akten" „Der Besuch der alten Dame" erschien 1955 und begründete neben den „Physikern" den Weltruhm Friedrich Dürrenmatts.

In diesem Stück geht es um die Rückkehr Claire Zachanassians, früher Klara Wäscher, in ihre Heimatstadt Güllen, wo sie sich für die einst erlittene Schmach rächen will. Klara Wäscher hatte seinerzeit ein Verhältnis mit Alfred Ill, sie erwartete ein Kind von ihm, er distanzierte sich jedoch von seiner Geliebten und ließ in einem Prozess um die Vaterschaft gekaufte Zeugen auftreten. Verraten und gedemütigt verließ sie Güllen, hielt sich mit Prostitution über Wasser und erheiratete schließlich in den USA ein Vermögen. Zurück in ihrer Geburtsstadt will sie Alfred Ill zur Rechenschaft ziehen und den Güllenern ihre moralischen Defizite vor Augen führen: Sie hat auf seinen Kopf eine Milliarde Dollar ausgesetzt – eine Versuchung für jeden Einwohner der höchst verschuldeten Stadt, die sie, ohne das Wissen der Bewohner, längst aufgekauft hatte.

2. Aufbau und Inhalt

Der vorliegende Textauszug aus dem zweiten Akt zeigt ein Gespräch zwischen Alfred Ill und dem Bürgermeister. Eine genaue Betrachtung zeigt, dass die Redeanteile annährend gleich verteilt sind. Dies bedeutet jedoch nicht, dass die beiden gleichberechtigte Gesprächspartner wären: Während Ills Fragen und Aussagen von Todesangst bestimmt sind, gibt sich der Bürgermeister zuversichtlich – beider Haltung ist nachvollziehbar, betrachtet man ihre jeweiligen Interessen.

Zu Beginn des Gesprächs überwiegen Höflichkeitsfloskeln (Z. 1- 5). Schon bald wird aber deutlich, dass die Furcht Ills berechtigt ist. Der Bürgermeister trägt einen Revolver bei sich, angeblich um sich selbst zu schützen, da der schwarze Panther Claire Zachanassians entlaufen ist. Auch dass der Bürgermeister mit Gewehren bewaffnete Männer aufgeboten hat, kann Ill nicht beruhigen, weiß er doch ebenso wie der Leser des Stücks, dass ihm Klara Wäscher einst den Kosenamen „mein Panther" gegeben hatte. Diese Anspielung darf also als Hinweis auf die Gefahr verstanden werden, der Ill durch seine Mitbürger ausgesetzt ist. Wenn der Bürgermeister von „Raubtierjagd" (Z. 13) spricht, unterstreicht dies die akute Gefahr für sein Leben.

Zudem scheint sein Tod und die damit an Güllen fließende Prämie schon beschlossene Sache zu sein. Im nächsten Textabschnitt deckt Ill nämlich nach und nach den steigenden Lebensstandard in Güllen auf, den er als Vorgriff auf den zu erwartenden Geldfluss verstehen muss: Der Bürgermeister raucht neuerdings eine teure Zigarrensorte und trägt eine neue Krawatte aus Seide sowie teure neue Schuhe. Darauf angesprochen reagiert er mit fadenscheinigen Erklärungen. Dieser Textabschnitt ist gekennzeichnet von elliptischen Wendungen und Einwortsätzen, die das Tempo steigern und die Spannung erhöhen. Dabei ist Ill der Fragende, eine Situation, die sich im nächsten Abschnitt umkehrt.

Als Ill seine Angst äußert und den Schutz durch die „Behörde“ (Z. 38) verlangt, reagiert der Bürgermeister mit Fragen: „Ei. Wozu denn?“ (Z. 39) und „Mißtrauisch?“ (Z. 41). Durch diese rhetorischen Fragen gewinnt der Bürgermeister Zeit, so dass er schließlich gar nicht mehr antworten muss. Diese Taktik ist aber nicht dazu angetan, den Gesprächspartner zu beruhigen, ganz im Gegenteil: Ill erinnert sich an den „neuen Goldzahn“ (Z. 46), den er beim Polizeiwachtmeister entdeckt hatte, was seine Furcht verständlicherweise noch verstärkt.

Im nächsten Abschnitt des Gesprächs geht der Bürgermeister in die Offensive: Er erinnert Ill an die „humanistische Tradition“ Güllens, an Goethe und Brahms (Z. 47 f.). Seine Aussage gipfelt in den Worten „Diese Werte verpflichten“ (Z. 49) und wird sofort durch das Auftreten des Mannes mit der neuen Schreibmaschine, die wohl auch auf Pump angeschafft wurde, konterkariert. Trotzdem steigert der Bürgermeister seine Argumentation noch einmal, indem er sich auf den Rechtsstaat beruft – ein Argument, dass Ill sogleich mit den Worten „Dann verhaften Sie die Dame.“ (Z. 61) aufgreift.

So in die Ecke gedrängt verändert der Bürgermeister seine Argumentationstechnik: Er erklärt Ill zum Schuldigen, wirft ihm vor, „zwei Burschen zu Meineid angestiftet und ein Mädchen ins nackte Elend gestoßen“ zu haben (Z. 65 f.). Er spricht ihm deshalb das „moralische Recht“ (Z. 72) ab, die Verhaftung Claire Zachanassians zu fordern, und sagt ihm deutlich, dass er für das Amt des Bürgermeisters nicht mehr in Frage käme. Diese Argumentation, ausgedrückt in pathetischen Worten und hypotaktischem Stil, charakterisiert den Bürgermeister als falsch und verlogen, besonders wenn er Ill dann wieder seine „Hochachtung und Freundschaft“ (Z. 83) versichert.

Die Ausführungen des Bürgermeisters werden zweimal durch eine Parallelhandlung unterbrochen: Die Diener der Zachanassian treten auf. Einmal tun sie freudig kund, dass der Panther frei ist, das andere Mal gehen sie mit Blumen und Kränzen über die Bühne. Damit kontrastieren sie die halbherzigen Beschwichtigungsversuche des Bürgermeisters und steigern die Erkenntnis, dass Ills Ermordung längst beschlossene Sache ist und nicht mehr lange auf sich warten lassen dürfte.

Im nächsten Gesprächsabschnitt scheint der Bürgermeister einzulenken, wenn er sagt: „Es ist besser, wir schweigen über das Ganze" (Z. 86), und Ill erklärt, er habe die örtliche Tageszeitung um einen Verzicht der Berichterstattung gebeten. In Wirklichkeit will er jedes öffentliche Aufsehen vermeiden, das die Mordpläne vorzeitig gefährden und die Stadt Güllen in ein schlechtes Licht rücken könnte. Dies erkennt auch der Betroffene: „Wenn ich rede, habe ich noch eine Chance, davonzukommen." (Z. 92).

Im letzten Gesprächsabschnitt spielt der Bürgermeister, der nun befürchten muss, dass Ill die Öffentlichkeit informiert, den Entrüsteten, was er durch den Ausruf „Das ist doch nun die Höhe!" (Z. 93) einleitet. Er dreht nun die Gesprächssituation um: Wollte anfangs Ill mit dem Bürgermeister über die Lage in Güllen sprechen, so drängt nun der Bürgermeister Ill – erfolgreich – durch seine Fragen nach dem vermuteten Täter in die Enge und zieht sich auf seinen Status als „Politiker" (Z. 106) zurück. Dieser lässt sich aber nicht einschüchtern, worauf der Bürgermeister wieder massiv auftritt.

Als Ill dann auch noch den Plan für das neue Gemeindehaus entdeckt, hat er die Gewissheit, dass sein Tod schon beschlossene Sache ist und er keine Chance mehr hat „davonzukommen" (Z. 92), wie er eben noch dachte. In seiner Erschütterung spricht er leise und wiederholt seine Erkenntnis: „Der Plan beweist es! Beweist es!" (Z. 111).

3. Sprachlich-stilistische Gestaltung

Die Szene ist in Alltagssprache gehalten, auffällig ist jedoch, dass die Personen nicht miteinander sprechen, sondern aneinander vorbeireden. Diese Haltung geht vom Bürgermeister aus, der aus guten Gründen Ill keine Antworten auf seine Fragen geben will und dessen Andeutungen bewusst missversteht. So zum Beispiel in dem kurzen Wortwechsel, als Ill seine Angst ausdrückt, der Bürgermeister aber nicht darauf eingeht, sondern abwiegelt (Z. 34-37), oder wenn er eine Aussage Ills mit einer Frage unbeantwortet stehen lässt (Z. 38-41).

In einigen Äußerungen weicht der Bürgermeister von der Alltagssprache ab. So flüchtet der Bürgermeister immer dann in falsches Pathos und Allgemeinplätze, wenn ihm die Argumente ausgehen („humanistische Tradition", Z. 48, „Diese Werte verpflichten", Z. 49, „ins nackte Elend gestoßen", Z. 66, „gewisse Forderungen sittlicher Natur", Z. 81).

Die Unehrlichkeit des Bürgermeisters kommt auch dann besonders deutlich zum Ausdruck, wenn er mit floskelhaften Wendungen zu verstehen gibt, dass er nun besonders ehrlich mit Ill spricht („Reden wir ehrlich miteinander", Z. 69, „lieber Ill", Z. 90, „Lieber Mann", Z. 106).

Symbole und Andeutungen (z. B. der Panther, „Raubtierjagd", humanistische Grundhaltung, Goethe und Brahms, Rechtsstaat, Kränze und Blumen) machen die ironische Grundhaltung des Textes deutlich und schärfen damit den Blick des Lesers für die wirklichen Ziele der Güllener. Dies gilt auch für das Quartier der Claire Zachanassian, das Hotel „Zum Goldenen Apostel" (Z. 59). In ihrem Umfeld glänzt kein Gold, allenfalls viel Geld, und während die Apostel gute Nachrichten, die Heilsbotschaft, verbreiten, bringt die alte Dame den Tod.

Stilmittel der Groteske kommen vor allem in den Parallelhandlungen vor. Ganz offenkundig ist dies, wenn die Diener der Zachanassian über die Bühne hüpfen und jubeln: „Der Panther ist frei, der Panther ist frei!" (Z. 58).

4. Interpretation unter Einbeziehung der Dramentheorie Dürrenmatts
Dürrenmatt bringt in seinem Stück Figuren auf die Bühne, die nur zum Teil als Charaktere gestaltet sind. Die gilt für die Figuren, die individuelle Namen tragen: Claire Zachanassian und Alfred Ill. Dies übrigen Figuren sind Typen, die nur durch Berufsbezeichnungen gekennzeichnet (Bürgermeister, Butler, Polizeiwachtmeister) oder deren Namen entindividualisiert sind: Hoby, Boby, Roby, Toby usw.

Dies lässt den Schluss zu, dass es Dürrenmatt nicht um das Handeln von Individuen geht, sondern dass er die Menschen schlechthin darstellen will – ihren Egoismus, ihre Geldgier und ihre Verlogenheit. So geht er auch in seiner Dramentheorie davon aus, dass die Schuld eines Einzelnen der kollektiven Schuld gewichen ist. Das Drama „Der Besuch der alten Dame" zeigt dies: Schuldlos ist hier niemand, nicht Ill, nicht Claire Zachanassian, aber auch nicht die Einwohner Güllens, die für Geld morden werden.

Diese Einschätzung der Menschen wird aber nicht moralisierend gestaltet, das Schuldigwerden aller ist unausweichlich: Die alte Dame hat die marode Stadt Güllen längst aufgekauft, niemand hat einen Handlungsspielraum, ihr zu entgehen. Absurde und grotesk wirkende Verknüpfungen von Handlung und Verhalten der Figuren betonen den Charakter der Komödie, deren Inhalt aber tragisch ist. Dies entspricht Dürrenmatts These, dass die Darstellung des Tragischen nur noch in der Komödie möglich sei.

Am Ende des vorliegenden Textauszugs wird deutlich, dass Ill erkannt hat, dass er keine Chance hat, lebend davonzukommen. Die Güllener leben auf Pump, sie haben sich auf den zu erwartenden Wohlstand eingestellt. Fraglich ist nur noch, wann Ill ermordet wird und durch wen. Letztlich spielt das aber keine Rolle mehr. Damit wird am Ende genau das eintreten, was Ill vermeiden wollte, warum er auch das Gespräch mit dem Bürgermeister gesucht hat: Die Handlung hat damit ihre „schlimmstmögliche Wendung" genommen.

Original-Klausur 11

Aufgabenart	Argumentative Entfaltung eines fachspezifischen Sachverhaltes im Anschluss an eine Textvorlage
Ausgangstext	Thomas Jonigk, Corporate Identity „Ich kenne niemanden unter zwanzig, der gerne ins Theater geht".
Ausgangstext	G. E. Lessing, Emilia Galotti
Niveau, Jahr	Grundkurs Deutsch 2007
Bearbeitungszeit	300 Minuten

Thomas Jonigk

Corporate Identity „Ich kenne niemanden unter zwanzig, der gerne ins Theater geht".

[...]

Ich verlange nicht von einem älteren Autor, zum Anwalt der Themen meiner Generation zu werden. Das wäre grotesk. Ich verlange aber wohl, dass die Inhalte meiner Generation wahrgenommen werden und ihren Platz am Theater erhalten. Hätte ich gemeinsam mit einem jungen Regisseur das identische Resultat auf die Bühne gebracht wie Botho Strauß und Peter Stein mit „Die Ähnlichen"[1] am Wiener Theater an der Josefstadt, wir wären von Kritikern und Publikum in der Luft zerrissen worden. Zu Recht.

Das Theater braucht ebenso mündige Künstler wie Kritiker. Integrität ist gefordert. Ehrlichkeit. Nicht mehr und nicht weniger. Und weniger ist sicher mittlerweile am Theater mehr: weniger Inszenierungen eines Regisseurs pro Spielzeit, weniger Ausstattungsetat pro Produktion, weniger Anspruch des Dichters auf Unsterblichkeit.

Ich will mich nicht in Schuldzuweisungen ausmehren. Es ist mir lieber, daß „Die Ähnlichen" gespielt wird, als der hundertfünfzigste Versuch zu beweisen, wie aktuell „Nathan der Weise"[2] gerade heute wieder ist. Gute Gegenwartstexte lassen sich nicht aus dem Boden stampfen, aber es gibt genügend verfügbare. Es ist schwer zu sagen, wie es sein sollte, aber legitim zu sagen, wie es nicht sein sollte: Schluß mit Ausstattungswahn, manierierten[3] Starschauspielern, Regisseuren, die alles tun, damit es um nichts geht. Hin zur einfachen Aussage, zur schlichten Frage, zum vertretenen Anliegen, dem beklagten Defizit, der formulierten Sehnsucht, der Unfertigkeit, zu bekennender Brüchigkeit, zum Mut zur Unterhaltung, zur Poesie und Utopie. Raus aus dem Museum, hinein in die Gegenwart. Herunter von ausgetretenen Pfaden, auch wenn nicht klar ist, wo entlang es gehen soll. Wir befinden uns auf einem sinkenden Schiff. Weshalb erhobenen Hauptes den Glauben an die eigene Unsinkbarkeit demonstrieren? Die Anbiederung an ein traditionelles Abonnementpublikum funktioniert ebenfalls nicht mehr. Selbiges stirbt ohnehin in nächster Zukunft aus, weil nicht im ausreichenden Maß Wege beschritten werden, die sich an eine junge Generation wenden, ohne die die Zukunft des Theaters nicht stattfinden wird. Ich kenne niemanden unter zwanzig, der gerne ins Theater geht.

Theater ist verstaubt, aber noch nicht tot. Was muß angestellt werden, um es zu verjüngen bzw. für ein junges Publikum interessant zu machen?

Ich bin davon überzeugt, daß die Gegenwart (in Form von Themen und von jungen Zuschauern) über Gegenwartstexte bzw. -projekte Einzug auf der Bühne hält oder gar nicht. [...]

Anmerkungen:

1 Ein Stück des Schriftstellers Botho Strauß (geb. 1944), das dem Verfasser des Artikels (der junge Autor Jonigk) überhaupt nicht gefallen hat, da, wie er zuvor beschreibt, dessen Blick auf die Gesellschaft der Gegenwart seiner Wahrnehmung vollkommen widerspricht. Botho Strauß gehört zu den meistgespielten zeitgenössischen Dramatikern auf deutschen Bühnen. Peter Stein (geb. 1937) ist ein bekannter Theater- und Filmregisseur.

2 Nathan der Weise: Drama der Aufklärung von G. E. Lessing

3 manieriert: gekünstelt, unnatürlich, übertrieben

Aufgabenstellung

1. Stellen Sie den Argumentationsansatz und den Argumentationsgang des Textes unter Berücksichtigung der Darstellungsweise und der Argumentationsstrategie dar. Erläutern Sie knapp zentrale Aussagen des Textes.
   (30 Punkte)

2. Erörtern Sie, ausgehend von den Thesen Jonigks, die Frage, ob für die junge Generation heute dennoch eine Auseinandersetzung mit Lessings Drama „Emilia Galotti" lohnend erscheint.
   (57 Punkte)

Materialgrundlage:

- Thomas Jonigk, Corporate Identity „Ich kenne niemanden unter zwanzig, der gerne ins Theater geht". In: Theater der Zeit (November/Dezember 1998), S. 30–32.

Zugelassene Hilfsmittel:

- Wörterbuch zur deutschen Rechtschreibung
- Unkommentierte Ausgabe von G. E. Lessings Drama „Emilia Galotti"

(liegt im Prüfungsraum zur Einsichtnahme vor)

Schritt 1

Aufgaben verstehen

Aufgabe 1

Aufgabentyp und Erklärung der Arbeitsanweisungen
Zunächst wird von Ihnen verlangt, den **Argumentationsansatz** darzustellen, d.h. Sie sollen den Ausgangspunkt der Argumentation, die **zentrale Problemstellung herausarbeiten.** Dies kann ein thematischer Aspekt sein (welcher Themenbereich wird angesprochen?), ein zeitgeschichtlicher Aspekt (zu welcher Zeit ist der Aufsatz erschienen?) oder ein gesellschaftspolitischer Aspekt (auf welche Entwicklungen in der Gesellschaft bezieht sich der Aufsatz?).

Der zweite Schritt fordert Sie auf, den **Argumentationsgang** herauszuarbeiten, d.h. die **einzelnen Schritte der Argumentation vom Ansatz bis zum Ergebnis zu sehen** (z.B. die Schrittfolge: Behauptung, Begründung, Beweis oder die Schritte einer dialektischen Argumentation). Der Argumentationsgang wird zudem von der Argumentationstechnik bestimmt (Berufung auf Autoritäten, Normen, Fakten, Erfahrungen, Analogien). Außerdem sollen Sie die Darstellungsweise und die Argumentationsstrategie erfassen. Die **Argumentationsstrategie untersucht** den **Plan des Vorgehens** (z.B. Abwertung der Gegenseite, Anerkennung einer Position, Widerlegung einer Ansicht). Dieser **Strategie ordnet sich dann die Darstellungsweise unter** (Polemik, Ironie, Sachlichkeit, distanzierte oder humorvolle Darstellung usw.).

Abschließend sollen Sie die zentrale Aussage des Textes **erläutern**, d.h. Sie müssen die zentrale Textaussage **differenziert darstellen** und durch zusätzliche Informationen oder Beispiele veranschaulichen.

Tipps zur Vorgehensweise
Die Aufgabe 1 ist sehr umfangreich, dennoch müssen Sie beachten, dass für sie nur 30 Punkte gegeben werden, Aufgabe 2 dagegen mit 57 Punkten deutlich mehr Punkte erbringt. Da Aufgabe 2 jedoch auf die Thesen Jonigks zurückgreift, ist es umso wichtiger, die zentralen Thesen differenziert zu entwickeln, um sie zum eigenen Argumentationsansatz für Aufgabe 2 umzuformen.

Aufgabe 2

Aufgabentyp und Erklärung der Arbeitsanweisungen

Der Operator „**Erörtern**" verlangt von Ihnen, dass Sie eine **Argumentation** durch Für-und-Wider- bzw. Sowohl-als-Auch-Argumente auf ihre Stichhaltigkeit hin **prüfen** und auf dieser Grundlage eine **eigene Stellungnahme zu der Thematik entwickeln**. Für die vorliegende Aufgabenstellung wird Ihr Spielraum der Erörterung allerdings dadurch eingeschränkt, dass eine „Auseinandersetzung mit Lessings Drama ‚Emilia Galotti' [dennoch] lohnend" erscheinen soll. **Die adversative Konjunktion „dennoch" schränkt die zunächst ergebnisoffene Erörterung ein.**

Tipps zur Vorgehensweise

Notieren Sie spontan Themenbereiche, die in Lessings Drama „Emilia Galotti" von Bedeutung sind. Überlegen Sie, welche Themen heute noch aktuell sind.

Schritt 2 Text bearbeiten

Aufgabe 1

Stellen Sie stichwortartig zusammen, was Jonigk ablehnt und was er befürwortet, um von hier aus den Argumentationsgang zu entwickeln.

Ablehnung	Befürwortung
Ältere Autoren	Junge Autoren
Modernisierte Klassiker	Stücke junger Autoren mit Gegenwartsbezug

Entwicklung des Argumentationsganges

Ablehnung	Befürwortung
Hohe Kosten für aufwändige Inszenierungen von etablierten Regisseuren	

Entwickeln Sie aus dieser Vorarbeit den Argumentationsgang und die Argumentationsstrategie.

Argumentation	Notizen
Argumentationsansatz	Jonigk vertritt die Ansicht, dass die Themen der jüngeren Generation auf den Bühnen stärker berücksichtigt werden müssten.
Zentrale These	Das Theater ist in einer tiefen Krise und droht unterzugehen (= Metapher des untergehenden Schiffes)

Argumentation	Notizen
Begründungen (weil, denn)	1. weil es am Interesse jugendlicher Zuschauer vorbeigeht; 2. weil es keine modernen jungen Autoren aufführt; 3. weil Jugendliche das Theater meiden, denn ihre Lebenswirklichkeit wird nicht auf die Bühne gebracht; 4. weil die Theater sich mit ihren Stücken und Inszenierungen an einem langsam aussterbenden Abonnentenpublikum orientieren; 5.
Weitere Thesen, Argumente und Behauptungen	
Welche Folgerung wird argumentativ vertreten?	
Welche Argumentationsstrategie ist erkennbar?	Subjektive, polemische und rhetorisch orientierte Strategie Beispiele: …

Lösung in 3 Schritten

Darstellungsweise

Die Darstellungsweise ist eng verknüpft mit der Argumentationsstrategie. Stellen Sie einzelne Beobachtungen zur Darstellungsweise zusammen, die die polemische, subjektive und rhetorische Strategie unterstreichen. Erweitern Sie die Tabelle mit weiteren Beobachtungen zur Darstellungsweise.

Darstellungsweise	Beispiel	Funktion
Ich-Perspektive	Ich verlange nicht ... Ich verlange aber wohl, ...	Subjektiv, fordernd, authentisch
Sprachlich-rhetorische Gestaltung: Fragen Antithetik Aufzählungen (Häufung) Ellipsen Bilder		Positiv besetzte Begriffe vs. negativ besetzte Begriffe
Polemik	Raus aus dem Museum.	Abwertung und Verstärkung der eigenen Position

Formulieren Sie abschließend die zentralen Aussagen von Jonigk und erläutern Sie diese (zugleich als Übergang zum 2. Teil).

Zentrale Aussagen	Erläuterung
Das Theater muss entstaubt werden,	damit das Theater für ein junges Publikum interessant wird.

Aufgabe 2

Stellen Sie Themen des Dramas „Emilia Galotti“ von Lessing zusammen, die nach Ihrer Meinung aktuelle oder überzeitliche Bedeutung haben:

Thema	Bedeutung in Lessings Drama	Gegenwartsbezug
Patriarchalische Grundhaltung und Erziehung	Odoardos Kritik an Emilias Erziehung etc., Claudias gespaltene Haltung	Erziehungsmodelle in traditionell orientierten muslimischen Familien
Autonomie des Individuums (Aufklärung)	Mut zur Selbstverwirklichung am Beispiel Orsinas	
Willkürherrschaft		
Funktion des bürgerlichen Trauerspiels in der historischen Entwicklung		
Werte und Normen einer bürgerlichen Gesellschaft		

Schritt 3 **Musterlösung**

Gliederung der Klausur

I. Aufgabe 1: Textanalyse – Jonigk
A) Einleitung
B) Hauptteil
  1. Argumentationsansatz
  2. Argumentationsgang
  3. Programmatik Jonigks
  4. Darstellung
C) Schluss

II. Aufgabe 2: Weiterführender Schreibauftrag – Erörterung
A) Einleitung und Überleitung
B) Hauptteil – Erläuterung und Bewertung zentraler Themen des Dramas „Emilia Galotti“
  1. Männliche Dominanz und Arroganz
  2. Marinelli als skrupelloser Intrigant aus Machtgier
  3. Die politische Dimension des Dramas
C) Stellungnahme zu Jonigks Thesen
D) Schluss

I. Aufgabe 1: Textanalyse – Jonigk

A) Einleitung

Der polemisch gefärbte, essayistische Text von Thomas Jonigk trägt den Titel „Corporate Identity ‚Ich kenne niemanden unter zwanzig, der gerne ins Theater geht'“ und wurde 1998 in der Zeitschrift „Theater der Zeit“ veröffentlicht. Von dem dreiseitigen Text liegt ein kurzer Auszug vor, in dem sich der Autor mit den Spielplänen der Theater auseinandersetzt, die an der jungen Generation vorbeigingen, weil sie zu wenige Gegenwartsthemen und -stücke inszenierten. Er plädiert dafür, dass die Interessen der jüngeren Generation in der Theaterwelt stärker berücksichtigt werden müssten, um die Zukunft des Theaters zu sichern.

B) Hauptteil

1. Argumentationsansatz

Die zunächst beziehungslos wirkende Überschrift „Corporate Identity ‚Ich kenne niemanden unter zwanzig, der gerne ins Theater geht'" kann in einem doppelten Sinn verstanden werden. Einerseits vergleicht Jonigk das Theater offensichtlich mit einem Wirtschaftsunternehmen. Der Ausdruck „Corporate Identity" formuliert das Konzept, mit dem bei den Kunden ein klar erkennbares und profiliertes Bild eines Unternehmens geschaffen wird. Dies also wäre ein Ziel von Jonigk: dem Theaterbesucher auf Dauer eindeutige und wieder erkennbare Merkmale des Unternehmens „Theater" zu bieten, die jedoch, wie seine weiteren Ausführungen deutlich machen, von dem traditionellen Profil des Theaters abweichen. Auf der anderen Seite könnte sich der Begriff „corporate identity" auch auf die ablehnende Einstellung der Jugendlichen zum Theater beziehen, denen Jonigk durchgängig ein Desinteresse an dieser Institution nachsagt. Der zweite Teil der Überschrift kann somit auch als eine negative Bestandsaufnahme verstanden werden: Jugendliche verweigern sich dem Theater. Doch schon in den ersten Sätzen des Essays wird das eigentliche Ziel Jonigks erkennbar: Er will das Theater für Jugendliche attraktiv machen. Dabei ist der Ausgangspunkt für seine Argumentation die Forderung, dass die „Inhalte [seiner] Generation wahrgenommen werden" sollen und dass diese ihren festen Platz im Theater erhalten. Verknüpft mit der Überschrift hieße dies, dass das Theater in Zukunft verlässlich und auf Dauer die Themen der jungen Generation aufnehmen sowie junge Autoren und Regisseure stärker einbeziehen soll.

2. Argumentationsgang

Zunächst räumt Jonigk ein, dass er nicht erwarte, dass Autoren und Regisseure der älteren Generation, also diejenigen, die 1998 50- bis 60-jährig waren, sich mit aktuellen Inhalten befassten und sich so zum „Anwalt der Themen [seiner] Generation" machten. Gleichzeitig fordert er aber, dass die Themen seiner Generation „wahrgenommen werden" sollen. Dafür, dass seine Generation auf der Bühne nicht berücksichtigt wird, gibt Jonigk allerdings keinen hinreichenden Beleg. Seine Behauptung, dass er als Autor zusammen mit einem jungen Regisseur niemals ein Theaterstück wie Botho Strauß zusammen mit Peter Stein hätte herausbringen können, da sie von „Kritikern und Publikum in der Luft zerrissen worden" wären, hat keinerlei Beweiskraft, da sie rein hypothetisch ist. Sie ist vielmehr eine polemische Spitze gegen das etablierte Theater, bekannte Regisseure und renommierte Kritiker, die – in Jonigks Augen – Künstlern seiner Generation keine Chance geben.

Jonigks folgender Hinweis, dass das Theater „mündige Künstler wie Kritiker" benötige, ist ebenso wenig eine Stütze seiner Argumentation wie die kritischen Anmerkungen zu der Menge der Inszenierungen eines Regisseurs, der Ausstattung und der hohen Anspruchshaltung der Autoren. Doch verbirgt sich dahinter eine These, die in dem folgenden Absatz deutlicher ausgeführt wird. Jonigk vertritt als junger Regisseur und Autor vehement die Ansicht, dass Gegenwartstexte, von denen es genügend gebe, häufiger auf den Bühnen gespielt werden sollten. Gleichzeitig lehnt er klassische Werke – vor allem in gegenwartsbezogenen Inszenierungen – mit der ironischen Bemerkung ab, er wolle nicht den „hundertfünfzigste[n] Versuch" sehen, der beweisen soll, „wie aktuell ‚Nathan der Weise' gerade heute wieder ist." Ihm sei es dann doch lieber, wenn ein Theaterstück wie „Die Ähnlichen" von Botho Strauß aufgeführt wird, obgleich er es grundsätzlich ablehne, weil der Blick des Autors auf die Gesellschaft seiner eigenen Wahrnehmung widerspräche.

Dieser subjektiven Einschätzung, die seine Ausgangsthese unterstreicht, folgt eine Reflexion darüber, „wie es sein sollte". Unklar bleibt zunächst, was mit dem unbestimmten Pronomen „es" gemeint ist. Der negativen Definition, „wie es nicht sein sollte", lässt sich dann entnehmen, dass Jonigk damit offensichtlich den gesamten Theaterbetrieb meint.

3. Programmatik Jonigks

Zwar spricht Jonigk davon, dass es schwer sei, zu sagen, wie das neue Theater beschaffen sein soll, doch lässt sich anhand seiner Kritik an der Theaterwelt, die er im dritten Absatz formuliert, ein präzises Programm des neuen Theaters entwickeln, das auch das junge Publikum anspricht.

Anstelle des „Ausstattungswahn[s]", der „manierierten Starschauspieler" und der Regisseure, „die alles tun, damit es um nichts geht", sollen die „Anliegen", die „schlichten Frage[n]", die Sehnsüchte und das Unterhaltungsbedürfnis des jugendlichen Publikums wahrgenommen und auf der Bühne vorgestellt werden.

Die zentrale Frage, was getan werden müsse, um das Theater am Leben zu erhalten, beantwortet der Autor selbst: „Gegenwartstexte bzw. -projekte" müssten im Theater Einzug halten, um Jugendliche anzusprechen. Für Jonigk ist also nicht das Theater per se überholt, allerdings muss es eine inhaltliche Neuorientierung erfahren und Themen mit Gegenwartsbezug bieten, die sich stärker an der Lebenswelt eines jungen Publikums orientieren.

4. Darstellung

In einer asyndetischen Aufzählung, die in Form eines elliptischen Satzes formuliert ist und die mit diesen rhetorischen Merkmalen besondere Aufmerksamkeit beansprucht, bekundet Jonigk seine Ablehnung von affektierten Schauspielern, dem „Ausstattungswahn" der Theater und von selbstverliebten und unproduktiven Regisseuren. Auch hier sind seine Angriffe auf die Theaterpraxis subjektiv, polemisch und nicht belegt. Jonigk macht sich zum Sprecher einer jungen Generation (1998!), die das etablierte Theater kritisch beurteilt und es auf verschiedenen Ebenen reformieren will.

Noch deutlicher wird seine sehr emotionale Perspektive, wenn er in einer Reihe von asyndetischen Formulierungen die Kennzeichen des von ihm favorisierten, modernen Theaters vorträgt. Er verlangt vor allem eine Rückführung des Theaters auf Fragen der Gegenwart. Dabei gilt es jedoch auch den „Mut zur Unterhaltung, zur Poesie und Utopie" zu beweisen. Mit der antithetischen Ellipse „Raus aus dem Museum, hinein in die Gegenwart" fasst er seine Wünsche und Forderungen zusammen. Jonigk betont, dass man von den „ausgetretenen Pfaden" wegkommen müsse, selbst wenn der neue Weg noch nicht klar sei, Hauptsache ist die Veränderung.

An die resignative Feststellung, dass das Theater ein sinkendes Schiff sei, schließt sich die rhetorische Frage an, warum man angesichts dieser Situation „erhobenen Hauptes" das Gegenteil beweisen wolle. Die These vom untergehenden Theater begründet der Autor damit, dass das „traditionelle[ ] Abonnementpublikum in nächster Zukunft" aussterben werde, aber auch kein junges Publikum hinzugewonnen worden sei. Darum aber gehe es, denn ohne die junge Generation werde es keine „Zukunft des Theaters" geben. An dieser Stelle wiederholt Jonigk seinen in der Überschrift artikulierten Leitsatz „Ich kenne niemanden unter zwanzig, der gerne ins Theater geht", um seine These vom Niedergang des Theaters zu stützen. Daran schließt er die abfällige Bemerkung an, das „Theater ist verstaubt", setzt dieser aber zugleich kontrastiv die Hoffnung entgegen, es sei „noch nicht tot".

C) Schluss

Jonigks engagierte und sehr persönlich gehaltene Darstellung spiegelt sicherlich die Erfahrungen eines jungen, professionellen Autors und Regisseurs wider, der das Gefühl hat, dass die Interessen seiner Generation nicht hinreichend von den öffentlich subventionierten Theatern vertreten werden.

II. Aufgabe 2: Weiterführender Schreibauftrag – Erörterung

A) Einleitung und Überleitung

Am Ende des Textauszugs stellt Jonigk die Frage „Was muß angestellt werden, um es [das Theater] zu verjüngen bzw. für ein junges Publikum interessant zu machen?" Mit dem folgenden Satz scheint er diese Frage selbst zu beantworten: Die Gegenwart könne nur über „Gegenwartstexte bzw. -projekte Einzug auf der Bühne" halten, erst durch aktuelle Themen werde ein junges Publikum angezogen und nur dieses könne den Fortbestand des Theaters gewährleisten.

Jonigks programmatische Äußerungen scheinen auf eine radikale Abkehr von der bisherigen Theaterpraxis abzuzielen: „Raus aus dem Museum, hinein in die Gegenwart." Auch die vielen Versuche, Gegenwartsbezüge durch moderne, zeitgemäße Inszenierungen herzustellen, lehnt Jonigk ab. Eine Inszenierung, die etwa den Stoff des Dramas „Emilia Galotti" in Bezug zur Gegenwart setzt, ist für Jonigk weniger interessant als ein Theaterstück, das die Themen der Gegenwart unmittelbar wiedergibt. Anhand des Dramas „Emilia Galotti" von Lessing gilt es zu zeigen, dass klassische Dramen Aspekte der Gegenwart widerspiegeln können.

B) Hauptteil – Erläuterung und Bewertung zentraler Themen des Dramas „Emilia Galotti"

1. Männliche Dominanz und Arroganz

Emilia Galotti wird von ihrer Mutter zu striktem Gehorsam gegenüber ihrem Vater erzogen. Offensichtlich wird sich diese Haltung auch gegenüber ihrem zukünftigen Ehemann Appiani fortsetzen, denn sie ist gewillt, ihm ohne Protest auf seine ländlichen Güter zu folgen und die Stadt zu verlassen. Ihre Autoritätshörigkeit erlaubt es ihr dann auch nicht, sich gegen die Annäherungen des Prinzen und letztlich gegen seine Handgreiflichkeit (er führt sie gegen ihren Willen in das Nebenzimmer) zur Wehr zu setzen.

Zwar ist ihre Mutter Claudia durchsetzungsfähiger und stürzt „wie eine Löwin" in das Nebengemach, in das der Prinz ihre Tochter verschleppt hat, doch auch sie gehorcht ihrem Ehemann. Ohne ihre Tochter fährt sie in die Stadt zurück, während Odoardo selbstgewiss glaubt, die Angelegenheit allein bereinigen zu können. Ihre Bedenken fegt er mit der selbstgefälligen Bemerkung vom Tisch: „Bleibt der Vater nicht in der Nähe?" Odoardos stolze Haltung, die er bis zum Schluss zu bewahren sucht, ist in Wahrheit Egoismus und eine patriarchalische Grundhaltung.

Diese Einstellung und den rigiden Ehrbegriff, dem Odoardo folgt, trifft man auch in unserer heutigen Gesellschaft immer häufiger an. So gibt es zunehmend muslimische Mitschülerinnen, die aufgrund des familiären Drucks nicht an bestimmten schulischen Veranstaltungen teilnehmen dürfen, während ihre Brüder jegliche Freiheit genießen.

So sieht auch Odoardo mit Misstrauen, dass Emilia alleine in die nahe gelegene Kirche gegangen ist, denn ein Schritt sei „genug zu einem Fehltritt". Es bedarf nur weniger Akzentuierungen bei einer Inszenierung, um den Gegenwartsbezug der von Lessing hier demaskierten männlichen Willkür deutlich zu machen.

2. Marinelli als skrupelloser Intrigant aus Machtgier

Hauptakteur in Lessings Drama ist der Hofintrigant Marinelli. Es sind ausschließlich seine Pläne, die die Handlung vorantreiben. Dabei verfolgt Marinelli nicht nur die Absicht, Emilia Galotti in die Gewalt des Prinzen zu bringen, sondern eigene Rachegelüste treiben ihn an. Offensichtlich ist der Graf Appiani ihm schon lange als gefährlicher Konkurrent um die Gunst des Prinzen ein Dorn im Auge. Auch der Prinz kennt Marinellis Einstellung zu Appiani und sagt: „Ich weiß wohl, dass Sie

[...] ihn nicht leiden können." So wird Appianis Tod billigend in Kauf genommen. Die Skrupellosigkeit, mit der Marinelli seine Intrigen durchsetzt, und seine menschenverachtende Einstellung resultieren nicht zuletzt daraus, dass er selbst keine wirkliche Anerkennung als Mensch genießt. Kurz glaubt er sich von der Gräfin Orsina anerkannt, nur um dann umso heftiger von ihr zurückgestoßen zu werden.

Die Charakterlosigkeit Marinellis, sein Spiel aus dem Hintergrund, das ihn zunächst vor Strafe schützt, ist eine außerordentlich interessante Charakterstudie. Auch wenn Intrigen in der Gegenwart selten so blutig ausgehen, ihre Motivation und ihre Ausprägung sind doch vergleichbar. Mit Marinelli wird den Zuschauern ein Charakter vor Augen geführt, dessen Handlungsmuster und dessen Handlungsmotivation durchaus täglich anzutreffen sind, wenn sie auch nicht diese fatalen Folgen haben. Marinellis Wunsch nach Macht und Anerkennung machen ihn zu einem Werkzeug des Prinzen. Mit skrupelloser Gewalt verhilft er dem Prinzen zu seiner „Beute", zu Emilia, um sein Wohlwollen zu erlangen. Immer stärker gewinnt Marinelli bei seinem Machtspiel die Oberhand über den Prinzen und kann seine egoistischen Ziele verfolgen. Letztlich entpuppt sich Marinelli als hilfloser, von Neid und Minderwertigkeitskomplexen getriebener Mensch, dessen Traum von Macht und Anerkennung zerplatzt.

Marinelli ist der intrigante Höfling, der in dem Augenblick, in dem er Macht erhält, diese skrupellos nutzt. Bedenkenlos setzt er sich über die Gefühle, Interessen und Bedürfnisse anderer hinweg, um die Anerkennung der Machthaber zu erlangen. In vielen Aspekten lässt sich Marinelli mit dem Stasi-Hauptmann Gerd Wieseler, der Hauptfigur des Films „Das Leben der Anderen" vergleichen. So wie Wieseler aus Linientreue und Loyalität zu seinem Staat skrupellos Mitmenschen überwacht, gegeneinander ausspielt und letztlich dennoch scheitert, verliert auch Marinelli jegliche Skrupel; er wird zum Erfüllungsgehilfen des Prinzen, der ihn schließlich fallen lässt.

3. Die politische Dimension des Dramas

Der Prinz Hettore Gonzaga hat sich Hals über Kopf in die bürgerliche Emilia Galotti verliebt; vielleicht reizen ihn aber auch nur ihre Unschuld und ihre Ehrbarkeit. Sein Vertrauter Marinelli ist bereit, alle Mittel zu nutzen, um Emilia in die Gewalt des Prinzen zu bringen. Der Mord an Emilias Verlobtem Appiani eröffnet diesen Weg, und Emilia wird in das Lustschloss des Prinzen verschleppt. Zwar hat der Prinz das blutige Ende keineswegs vorausgesehen oder gar beabsichtigt, doch wird die Tragödie erst durch seine rücksichtslose Machtausübung möglich.

Die unkontrollierte politische Macht, die keine Gewaltenteilung kennt, so „recht gerne" ein Todesurteil unterzeichnet und nur durch einen Untertan daran „gehindert" wird, wird in diesem Theaterstück vorgeführt. Nichts hindert den Diktator Hettore daran, eine junge Frau gewaltsam zu entführen, sie festzuhalten und durch eine falsche Anklage von ihren Eltern fernzuhalten. Diese diktatorische Gewalt auf der einen und die Rechtlosigkeit des Einzelnen auf der anderen Seite, wie sie Lessing auf die Bühne gebracht hat, durchzieht auch die Politik der Gegenwart.

Als Jugendliche werden wir täglich in den Fernsehnachrichten und den Zeitungsberichten mit Formen des Machtmissbrauchs in Ländern der Dritten Welt konfrontiert. Scheint auf den ersten Blick das Verhalten des Prinzen nicht vergleichbar zu sein mit dem von diktatorischen Herrschern, so zeigt sich bei genauem Hinsehen jedoch, dass sich die grundlegenden Formen ähneln: Marinelli bezahlt Verbrecher aus der Staatskasse, er schreckt vor Mord nicht zurück, was vom Prinzen grundsätzlich geduldet wird. Der Prinz verschwendet Staatsgelder für Bilder und ungeprüfte Forderungen. Als oberster Landesherr handelt er willkürlich und toleriert Entführung, Freiheitsberaubung und letztlich sogar Mord als Mittel, um seine persönlichen Bedürfnisse zu befriedigen.

C) Stellungnahme zu Jonigks Thesen

Jonigk vernachlässigt in seiner abwertenden Äußerung zum traditionellen Theaterpublikum und zur Jugendferne des Theaters einige wichtige Aspekte. Indem er sich ironisch über das so genannte traditionelle Abonnentenpublikum äußert und es pauschal abwertet, übersieht Jonigk die Vermittlerfunktion dieser Publikumsgeneration: Sind es nicht gerade Eltern, Großeltern und andere Verwandte, die uns Jugendliche ins Theater einladen, uns mit der Theaterwelt bekannt und dadurch sozusagen zu neuen „Kunden" des Theaters machen, nicht zuletzt, weil sie für uns Gesprächspartner mit Theatererfahrung sind?

Die Aussage Jonigks, dass er „niemanden unter zwanzig [kenne], der gerne ins Theater geht", trifft nur bedingt zu. Es sind dabei nicht die klassischen Theaterstücke, die Jugendliche von einem Besuch abhalten, es sind auch nicht die fehlenden Gegenwartsbezüge oder der Mangel an Themen, die uns direkt betreffen, sondern eher eine Art ‚Schwellenangst' vor der kulturellen Institution, die aber sehr rasch durch Erwachsene, die uns begleiten, überwunden werden kann.

In diesem Zusammenhang darf auch die Bedeutung von Lehrern nicht unterschätzt werden. Gemeinsame Theaterbesuche mit uns Schülern, die eingebettet sind in den Unterricht, gelegentlich auch ergänzt durch Gespräche mit Schauspielern oder Regisseuren, wecken in uns mehr Interesse für das Theater, als manches moderne, gegenwartsbezogene Stück, das uns unter Umständen mit ekelerregenden Szenen, unappetitlichen Schauspielern und Skandalinszenierungen provozieren will.

Darüber hinaus geht Jonigk nicht auf die neuen Formen der Zusammenarbeit von Schulen und Theaterschaffenden ein. Selbst kleinere Theater bieten Schülern heute an, die Entstehung von Inszenierungen zu beobachten, mit Schauspielern zu sprechen oder Regisseure in den Unterricht einzuladen. Teilweise geht die Zusammenarbeit darüber hinaus: Schüler erhalten in so genannten Workshops die Möglichkeit, selbst Theatererfahrung zu machen, Aufführungen zu gestalten oder sogar als Schauspieler auf professionellen Bühnen zu agieren. Unter diesem Aspekt erscheint mir Jonigks These vom ‚verstaubten Theater' von der Realität längst widerlegt.

D) Schluss

Das Drama „Emilia Galotti" muss also nicht künstlich modernisiert werden, denn mit den Themen Eifersucht, Unterdrückung, männliche Überheblichkeit, politische und private Intrigen, Eigennutz und Rücksichtslosigkeit, Bedrohung der Freiheit und Rechtlosigkeit müssen wir uns auch heute auseinandersetzen. Wenn es eine Inszenierung schafft, die Themen, die wir als Jugendliche nachvollziehen können, adäquat zu verdeutlichen, wird es gelingen, uns auch mit klassischen Stücken in die Theater zu ziehen. Jonigk hat sicherlich Recht, dass eine rein oberflächliche Aktualisierung durch Kostüme, Bühnenbild und Musikeinspielungen nicht ausreicht, um uns zu begeistern, denn Aufgabe einer jeden Inszenierung ist es, Probleme nicht durch „Ausstattungswahn und Starschauspielerei" zu überlagern, sondern sie zu zeigen.

Die Theateraufführungen, die wir mit unseren Klassen und Kursen besucht haben, die Stücke, die wir als Schüler selbst aufgeführt haben, haben immer wieder gezeigt, dass uns Stoffe von Sophokles' „Antigone" bis zu klassisch-modernen Dramen wie Brechts „Mutter Courage" bewegen, weil sie sich mit universellen Themen beschäftigen. Es sind gerade diese universellen Themen, die wir in „Emilia Galotti" finden: Emilias Konflikt zwischen ihren eigenen Bedürfnissen und den Normen, die ihr von außen aufgezwungen werden, bzw. den Erwartungen, die ihr Vater, Appiani und ihre Mutter an sie haben, ist für uns durchaus nachvollziehbar. Dies bedeutet jedoch nicht, dass zeitgemäße, jugendorientierte Theaterstücke, die sich mit Themen und Fragen beschäftigen, die uns berühren und betreffen, außer Acht gelassen werden sollen. Schließlich müssen sowohl die klassischen Dramen als auch die Inszenierungen moderner Stücke unser Bedürfnis nach Unterhaltung befriedigen.

Original-Klausur 12

Aufgabenart	Analyse eines Sachtextes mit weiterführendem Schreibauftrag
Ausgangstext	Hans Magnus Enzensberger, Diesseits der Medien
Niveau, Jahr	Leistungskurs, 2007
Bearbeitungszeit	300 Minuten

Hans Magnus Enzensberger

Diesseits der Medien

Ceci n'est pas une pipe. René Magritte, der Erkenntnistheoretiker unter den Malern, hat sich mit seinem berühmten Bild[1] über alle diejenigen lustig gemacht, die die Abbildung einer Pfeife mit einer Pfeife verwechseln. Genützt hat es wenig. Die digitalen Evangelisten werden nicht müde zu behaupten, dass die neuen Medien die Unterscheidung zwischen Realität und Simulation hinfällig gemacht haben. Ein derartiger Grad von Weltfremdheit ist natürlich nur im Seminar, im Labor und im Science-Fiction-Film denkbar.

Dass sich diese negativen Simulationstheorien so großer Beliebtheit erfreuen, hat jedoch auch ganz handfeste und banale Gründe. Wie andere Berufe auch leiden Medienarbeiter an Betriebsblindheit. Sie drückt sich in ihrem Fall durch eine so weitgehende Selbstreferenz[2] aus, dass ihnen der Blick auf die Außenwelt schwer fällt. Die Überschätzung der eigenen Rolle verleitet sie dazu, die Medienwelt mit der Realität zu verwechseln. Diese Selbsttäuschung entschädigt sie für die Flüchtigkeit ihrer Produktion und ist insofern für ihr Selbstverständnis unentbehrlich.

Das lässt sich schon am klassischen Journalismus zeigen. Die Tatsache, dass auch die beste Zeitung innerhalb von 24 Stunden zum Altpapier wird, ist eine narzisstische Kränkung, die durch Wichtigkeit kompensiert werden muss. Manche Redaktionskonferenzen gleichen daher Kabinettssitzungen, bei denen über den Aufmacher von morgen diskutiert wird, als hinge das Schicksal der Nation davon ab. Man hat oft den Eindruck, dass Journalisten bei ihrer Arbeit kaum einen Gedanken an ihre Leser wenden; worauf es ankommt, ist das Urteil ihrer Konkurrenten, einer winzigen Zielgruppe, von der aber ihre Karriere abhängt.

Unter ähnlichen Realitätseinbußen leidet auch die Werbung. Die so genannten Kreativen möchten unbedingt als Künstler gelten. Art Directoren schielen nach Designer-Preisen. Ohne Rücksicht auf die Wirklichkeit hängen Reklameleute einem Jugendkult an, der ökonomisch unsinnig ist, weil Alterspyramide und Kaufkraftverteilung eine ganz andere Sprache sprechen. Ähnlich geht es in allen anderen Medien zu. Die Parole der *l'art pour l'art* [3] findet hier ein spätes Echo in dem Prinzip *le médium pour le médium* [4].

Eine weitere Illusion, die fast alle Medienarbeiter hegen, ist der Glaube, dass ihnen die Leute glauben. Auch dieser fatale Irrtum verleitet zur Selbstüberschätzung. Gewiss hat es einmal ein Publikum gegeben, das für glaubwürdig hielt, was schwarz auf weiß zu lesen war. Aber diese Zeiten sind vorbei. Heutige Zuschauer, Leser, Konsumenten sind in dem Sinn hoffnungslos aufgeklärt, dass sie den Medien gegenüber die Wahrheitsfrage einfach ausklammern.

Daraus resultiert eine Skepsis, die unüberwindlich ist. So gut wie jeder Leser der „Bild"-Zeitung weiß, dass das Blatt kein Informations-, sondern ein Unterhaltungsmedium ist. So weit darin überhaupt etwas mitgeteilt wird, ist die Meldung gewöhnlich erfunden oder irrelevant. Das Gleiche gilt natürlich für die überwiegende Mehrzahl aller Fernsehprogramme. Werbung gilt sowieso auf den ersten Blick hin als Lüge.

Dass das Medienangebot, ungeachtet dieser Resistenz auf Seiten der Konsumenten, eifrig genutzt wird, verwirrt die Rezeptionsforschung. Das liegt daran, dass diese fast ausschließlich mit quantitativen Methoden arbeitet und deshalb über Wirkungen, die statistisch nicht fassbar sind, etwas Schlüssiges nicht zu sagen weiß. Führt der Konsum von Pornografie zu mehr Vergewaltigungen oder fungiert er im Gegenteil als Triebventil? Sind die Gewaltszenen, die das Fernsehen liebt, für die Jugendkriminalität verantwortlich zu machen oder nicht? Kein Wunder, dass die Antworten der Forscher äußerst widersprüchlich sind. Wenn die Simulationsthese wahr wäre, könnte man sich die Fragestellung ohnehin sparen. Der Mord im Krimi oder im Videospiel und der Mord vor der eigenen Haustür wären ein und dasselbe.

Auch wenn die Gotteshäuser leer sind und die Bauernhäuser sich in Ferienwohnungen verwandeln, spricht manches für den Rat, die Kirche im Dorf zu lassen. Medien spielen eine zentrale Rolle in der menschlichen Existenz, und ihre rasante Entwicklung führt zu Veränderungen, die niemand wirklich abschätzen kann. Medienpropheten, die sich und uns entweder die Apokalypse oder die Erlösung von allen Übeln weissagen, sollten wir jedoch der Lächerlichkeit preisgeben, die sie verdienen. Die Fähigkeit, eine Pfeife vom Bild einer Pfeife zu unterscheiden, ist weit verbreitet. Wer Cybersex mit Liebe verwechselt, ist reif für die Psychiatrie. Auf die Trägheit des Körpers ist Verlass. Das Zahnweh ist nicht virtuell. Wer hungert, wird von Simulationen nicht satt. Der eigene Tod ist kein Medienereignis. Doch, doch, es gibt ein Leben diesseits der digitalen Welt: das einzige, das wir haben.

Anmerkungen:

1 René Magritte (belgischer Maler des Surrealismus; geb. 1898, gest. 1967):

René Magritte, Der Verrat der Bilder, 1928 / 29. © VG Bild-Kunst, Bonn 2007.

Übersetzt lautet der Satz im Bild: Dies ist keine Pfeife.

2	Selbstreferenz	Selbstbezug, nur auf sich bezogen sein
3	l'art pour l'art	Die Kunst um der Kunst willen betreiben, ihr keinen äußeren Zweck unterlegen. Der Begriff geht auf eine Kunsttheorie in Frankreich im 19. Jahrhundert zurück
4	le médium pour le médium	Das Medium um des Mediums willen

Aufgabenstellung

1. Analysieren Sie den Auszug „Diesseits der Medien" aus H. M. Enzensbergers Text „Das digitale Evangelium".
(57 Punkte)

2. Nehmen Sie anschließend in Form eines Leserbriefes persönlich Stellung zu Enzensbergers im „Spiegel" veröffentlichten Essay. Gehen Sie dabei u. a. auf den Schlusssatz ein und beziehen Sie sich auf weitere Ihnen bekannte medienkritische Positionen bzw. Texte.
(30 Punkte)

Materialgrundlage:

- Hans Magnus Enzensberger: Diesseits der Medien (Auszug aus: ders.: Das digitale Evangelium. Ein Essay. In: Der Spiegel 2/2000, S. 101)

Zugelassene Hilfsmittel:

- Wörterbuch zur deutschen Rechtschreibung

Schritt 1

Aufgaben verstehen

Aufgabe 1

Aufgabentyp und Erklärung der Arbeitsanweisungen

Der Operator **„analysieren"** verlangt bei Sachtexten folgende Arbeitsschritte: **Texterfassung**, **Textbeschreibung** und **Textuntersuchung**. Bei der Textuntersuchung muss der Zusammenhang von Struktur (also dem argumentativen Aufbau des Essays) und dem Ziel des Textes deutlich gemacht werden. Hinzu kommt die Untersuchung der Sprache des Textes und die Analyse der Funktion sprachlicher Mittel. Auch hier geht es darum, die Absicht des Textes zu erfassen.

Tipps zur Vorgehensweise

Beachten Sie die Informationen zur Materialgrundlage und die Textsorte genau! Der Text, im „Spiegel" erschienen, spricht damit einen Leserkreis an, der kritischen Themen gegenüber aufgeschlossenen ist. Der Text selbst wird als Essay bezeichnet, er hat damit besondere stilistische und gedankliche Merkmale, um beim Leser Denkanstöße auszulösen (beispielsweise: assoziative Gedankenführung, bisweilen einseitige Standpunktwahl, Provokation, pointierte, häufig auch ironische Darstellungsweise).

Aufgabe 2

Aufgabentyp und Erklärung der Arbeitsanweisungen

Der Operator **„Stellung nehmen"** fordert Sie auf, eine Problemstellung oder die Problemlösung eines Sachverhaltes **kritisch** zu **prüfen** und **differenziert** zu **bewerten**. Dabei müssen Sie die Wertung auf der Grundlage eigener fachlicher Kenntnisse und Einschätzungen formulieren. Bei einem **Leserbrief** müssen Sie zunächst einen **Textbezug herstellen** und das **Thema benennen**. Sie sollten die **eigene Meinung** zugespitzt und klar **formulieren.** Sie sollten den Leserbrief im Hinblick auf die Adressaten (hier: Leserschaft des „Spiegels") schreiben. Sie sollten einen eigenen Sprachstil erkennen lassen, hier gibt es weitere Punkte für Originalität.

Tipps zur Vorgehensweise

Sie erhalten für die Analyse nahezu die doppelte Punktezahl wie für die Stellungnahme. Dies müssen Sie arbeitstechnisch berücksichtigen. Berücksichtigen Sie beim Leserbrief, dass Sie auf den Schlusssatz des Essays eingehen und in Ihrem Leserbrief weitere medienkritische Positionen/Texte einbeziehen sollen.

Schritt 2

Text bearbeiten

Aufgabe 1

Aus den zusätzlichen Informationen zum Text (z. B. Veröffentlichungsdaten) können Sie häufig Rückschlüsse auf die Leserschaft, die Thematik, die Funktion des Textes sowie die Besonderheiten des Textes ziehen. Formulieren Sie eine Einleitung, in der Sie diese Informationen verwenden und auswerten.

Einleitung

Hauptteil: Formulieren Sie die Ausgangsthese von Enzensberger, beziehen Sie dabei die inhaltliche und rhetorische Funktion des Bezugs zur Abbildung des Bildes von Magritte ein.

Ausgangsthese
„Digitale Evangelisten" vertreten eine „negative Simulationstheorien" und behaupten, dass …
Magrittes Bild veranschaulicht in ironischer Weise, dass …

Medienkritische Thesen und Darstellungsweise

Erarbeiten Sie im Anschluss die medienkritischen Thesen und notieren Sie Beispiele, die Enzensberger anführt. Machen Sie sich zugleich Notizen über die Darstellungsweise.

Thesen	Beispiele und Begründungen	Darstellungsweise
Die Beliebtheit der „negativen Simulationstheorien liegt an der Betriebsblindheit von Medienschaffenden	Selbstreferenz, Selbstüberschätzung und Selbsttäuschung als Verstärker	Ironische Abwertung, negative Feststellungen, Verallgemeinerungen
Klassischer Journalismus, Selbsttäuschung von Journalisten „entschädigt […] für die Flüchtigkeit“ ihrer Produkte	Redaktionskonferenzen gleichen Kabinettssitzungen, obgleich es nur um die Titelseite der Zeitung geht.	
Realitätseinbußen in der Werbebranche		
Verallgemeinerungen der Realitätsferne, Kritik an allen Medienschaffenden.		

Untersuchen Sie den argumentativen Aufbau und die Argumentationsweise.

Argumentativer Aufbau ?	**Argumentationsweise ?**
Grundlegende These ohne Beleg	Es gibt eine ernst zu nehmende Gruppe von akademisch geschulten Intellektuellen, die die Behauptung aufgestellt hat, dass die „neuen Medien den Unterschied zwischen Realität und Simulation hinfällig gemacht haben".
Widerlegung dieser These	
Scheinrationale Behauptungen	
Scheinargumente	

Sammeln Sie Beispiele für den provokanten ironischen Stil des Essays.

Beispiel	**Funktion**
	Abwertung
	Aufwertung
	Ironische Übertreibung
	Gebrauch von Vorurteilen

Aufgabe 2

Formulieren Sie eine Einleitung, in der Sie Bezug nehmen zu dem Essay von Enzensberger und in der Sie die Aufmerksamkeit des Lesers erzeugen.

Einleitung des Leserbriefes
Formales (Datum, Anrede) Verweis auf Bezugstext (= Quellenangabe) und die Thematik Begründung dafür, warum man diesen Leserbrief schreibt (eigene Betroffenheit, eigene Kompetenz etc.).

Entwickeln Sie den Hauptteil aus Ihren Notizen.

Argumente, Thesen, Beispiele Enzensbergers	Ihre Position	Ihre Beispiele

Suchen Sie einen pointierten Schlusssatz.

Schlusssatz

Schritt 3 **Musterlösung**

Gliederung der Klausur

I. Aufgabe 1: Textanalyse – Enzensberger: Diesseits der Medien
A) Einleitung: Autor, Textsorte, Thema
B) Hauptteil
   1. Kernaussagen
   2. Inhalt und Struktur
   3. Rhetorische Strategien und Sprache
   4. Argumentationstechnik
C) Wertung und Überleitung zum Leserbrief

II. Aufgabe 2: Stellungnahme – Leserbrief

I. Aufgabe 1: Textanalyse – Enzensberger: Diesseits der Medien

A) Einleitung: Autor, Textsorte, Thema

Der vorliegende Textauszug „Diesseits der Medien" aus dem Essay „Das digitale Evangelium" von Hans Magnus Enzensberger wurde im Januar 2000 in dem Nachrichtenmagazin „Der Spiegel" veröffentlicht. Obgleich man über den Autor selbst nichts erfährt, kann man davon ausgehen, dass Enzensberger für den Bereich der Medienkritik besonders qualifiziert ist, da das Nachrichtenmagazin „Der Spiegel" seinen Essay abgedruckt hat. „Der Spiegel" ist ein wöchentlich erscheinendes Nachrichtenmagazin mit sehr hoher Verbreitung und einer Leserschaft, die als kritisch und politisch interessiert einzuordnen ist. „Der Spiegel" wird seiner Leserschaft also nur einen bekannten und als Fachmann für die Problematik moderner Medien ausgewiesenen Autor präsentieren.
Schon die Überschrift „Das digitale Evangelium" soll das Interesse des Lesers wecken und verknüpft zwei Begriffe – „computergestützt" und „christliche Glaubensinhalte" – miteinander, die auf den ersten Blick nichts gemeinsam haben. Die zweite Überschrift „Diesseits der Medien", die möglicherweise die Überschrift eines Kapitels ist, spielt mit Assoziationen zu dem Begriffspaar „Diesseits / Jenseits". Zugleich taucht das Signalwort „Medien" auf, das in der gegenwärtigen Diskussion um Freizeitverhalten, Fehlformen der Erziehung oder Gewalt unter Jugendlichen usw. eine besondere Rolle spielt.

B) Hauptteil

1. Kernaussagen

In dem Textauszug reflektiert Enzensberger zunächst den Zusammenhang von Realität und Simulation von Realität und schließt daran eine kritische Betrachtung moderner Medien an. Ironisch verurteilt Enzensberger eine Gruppe von Medienschaffenden, die er die „digitalen Evangelisten" nennt, die die „negativen Simulationstheorien" (Z. 7) vertreten und behaupten, dass die neuen Medien eine „Unterscheidung zwischen Realität und Simulation" (Z. 4 f.) überflüssig gemacht hätten. Die Ursachen für diese Fehleinschätzung sieht Enzensberger in der „Betriebsblindheit" (Z. 9), „Selbsttäuschung" (Z. 12) und „Selbstüberschätzung" (Z. 29) der „Medienarbeiter" (Z. 8). Doch obwohl die Medienkonsumenten sich durchaus darüber im Klaren sind, dass Medien nicht selten lügen, die Realität verfälschen und häufig weniger „Informations-, sondern [...] Unterhaltungsmedium" (Z. 35) sind, nutzen sie das Medienangebot in immer größerem Umfang. Abschließend erklärt Enzensberger, dass Medienkonsumenten durchaus Realität und mediale Vermittlung unterscheiden könnten, dass Medien weder verteufelt noch in den Himmel gehoben werden sollten und dass es schließlich „ein Leben diesseits der digitalen Welt" (Z. 58) gebe.

2. Inhalt und Struktur

Der einleitende Satz spielt auf ein berühmtes Bild des surrealistischen Malers René Magritte an, um anschaulich in die Thematik von Wirklichkeit und dargestellter Wirklichkeit einzuführen. Magrittes Bild zeigt eine Pfeife, der darunter stehende Satz, „Dies ist keine Pfeife", scheint den Bildinhalt wieder aufzuheben. Doch der Satz verweist darauf, dass die realistisch gemalte Pfeife eben keine Pfeife in der Realität ist, dass man die „Abbildung einer Pfeife [nicht] mit einer Pfeife verwechseln" (Z. 2 f.) dürfe.

Genau diesen Fehler aber begehen – nach Enzensbergers Meinung – diejenigen, die er die „digitalen Evangelisten" (Z. 3) nennt. Im letzten Abschnitt des vorliegenden Auszugs wird noch deutlicher, wie er diese „Evangelisten" und ihren Bezug zur Wirklichkeit sieht: Sie sagen „entweder die Apokalypse oder die Erlösung von allen Übeln" (Z. 53) voraus. Ironisch wertet er ihre These ab, die neuen Medien hätten eine „Unterscheidung zwischen Realität und Simulation" (Z. 4 f.) überflüssig gemacht. Diese „Weltfremdheit ist natürlich nur im Seminar, im Labor", also in akademischen Kreisen, denkbar oder in einem „Science-Fiction-Film" (Z. 5 f.). Mit diesem Vergleich stellt Enzensberger die Vertreter dieser Theorie bloß, denn der Science-Fiction-Film ist per se darauf ausgelegt, diese Grenzen zu verwischen. Durch das Wort „natürlich" im Sinne von „selbstverständlich" unterstreicht er die Abschottung dieser Kreise von der Realität.

Im zweiten Abschnitt geht Enzensberger auf „handfeste und banale Gründe" (Z. 8) ein, warum die „negativen Simulationstheorien" (Z. 7) so beliebt seien. Seiner Meinung nach ist dafür vor allem die „Betriebsblindheit“ (Z. 9) der Medienschaffenden verantwortlich, die „die Medienwelt mit der Realität“ (Z. 11) verwechselten. Ihre Selbstbezogenheit gehe so weit, dass ihnen die Wirklichkeit weitgehend aus dem Blick geraten sei. Enzensberger untermauert seine These, indem er einen psychologischen Hintergrund für dieses Phänomen anführt: Die Medienschaffenden benötigten diese Sicht, um ihr Selbstbewusstsein zu stärken, da ihre Produkte so kurzlebig seien.

Mit einem konkreten Beispiel aus dem Bereich des „klassischen Journalismus“ (Z. 14) stützt er seine Argumentation. Die Tatsache, dass auch hervorragende Zeitungen innerhalb nur eines Tages zu „Altpapier“ werden, stelle eine so tiefe Verunsicherung im Bewusstsein der Journalisten dar, dass sie durch Unterstreichung und Bestätigung der eigenen Wichtigkeit kompensiert werden muss. Dadurch erhalten alltägliche Ereignisse wie Redaktionskonferenzen, Schlagzeilen usw. eine ungeheure Bedeutung. Ironisch vergleicht Enzensberger diese Konferenzen mit „Kabinettssitzungen“ (Z. 17), die den Eindruck erweckten, von ihnen hänge das „Schicksal der Nation“ (Z. 18) ab. Infolge dieser Verkennung der Realität verlören die Journalisten schließlich ihre Leser aus den Augen und orientierten sich nur noch an dem positiven Urteil der Konkurrenten, um ihre Karriere zu sichern. Diese ironische Betrachtung erfährt zusätzliche Brechung dadurch, dass Enzensberger seine Journalismus-Kritik in einer angesehenen Wochenzeitschrift äußert und damit auch die Arbeit der Spiegel-Redakteure kritisch beleuchtet.

Ein weiteres Beispiel für „Realitätseinbuße“ (Z. 22) in der Medienwelt sieht Enzensberger in der Werbung. Die maßgeblichen Vertreter der einzelnen Werbeagenturen, die „so genannten Kreativen“ (Z. 22), seien vor allem auf Preise für ihre Entwürfe aus und vergäßen dabei die Wirklichkeit. Es ist eine Wirklichkeit, in der – so Enzensberger – die „Alterspyramide und Kaufkraftverteilung“ (Z. 25) gerade nicht für einen ausgeprägten „Jugendkult“ (Z. 24) sprechen. Obwohl den Werbeverantwortlichen die Tatsache bekannt sein müsste, dass die Kaufkraft und die Masse der Konsumenten nicht in der Gruppe der Jugendlichen zu finden ist, hängen sie einem unsinnigen Jugendkult an.

Mit einem abschließenden Satz zu dieser Thematik verallgemeinert Enzensberger seine Ausführungen, indem er die Übertragbarkeit seiner Beispiele auf alle anderen Medien konstatiert. Schließlich fasst er seine Erkenntnis in einer Art Parole zusammen: „le médium pour le médium“ (Z. 27). Hinter dieser Losung, die offensichtlich von Enzensberger selbst stammt, verbirgt sich ein Motto der französischen Kunsttheorie aus dem 19. Jahrhundert: „l'art pour l'art“, die Kunst um der Kunst willen. Der Kunst wird damit jede über sich selbst hinausweisende Funktion abgesprochen. Gleiches gilt für die Medien, die den Bezug zur Außenwelt verloren haben und zusehends selbstbezüglich agieren oder berichten.

Zu dem Verlust des Realitätsbezugs der Medienarbeiter tritt ein weiterer „Irrtum“

(Z. 29) dieser Gruppe, nämlich „der Glaube, dass ihnen die Leute glauben" (Z. 28 f.). Das Wortspiel intensiviert diese These, zugleich verweist es auf den Begriff des „digitalen Evangeliums". Dieser neue Ansatz seiner Kritik führt Enzensberger zu einem weiteren Thema: zur Einschätzung der Glaubwürdigkeit von Medien. Er sieht in der neuen Generation der Medienkonsumenten ein aufgeklärtes Publikum, das Informationen skeptisch aufnimmt und den „Medien gegenüber die Wahrheitsfrage einfach ausklammer[t]" (Z. 32 f.).
Sehr nachdrücklich stellt Enzensberger heraus, dass der Leser der „Bild"-Zeitung wisse, dass diese Zeitung keinen Informationswert habe, sondern allenfalls ein „Unterhaltungsmedium" (Z. 35) sei. Weiter behauptet er, dass Meldungen in dieser Zeitung entweder erfunden oder überflüssig seien. Für diese Behauptung führt er allerdings keinen Beweis an, obwohl seine These sehr weitreichend ist. Hier vertraut er offensichtlich auf die Akzeptanz seiner Autorität bei den „Spiegel"-Lesern. In einem Zwischenresümee verallgemeinert Enzensberger diese Einschätzung auf die meisten Fernsehprogramme und die Werbung, ohne allerdings konkrete Belege für seine Aussage anzuführen.
Nach dieser abfälligen Kritik kommt Enzensberger zu seinem zentralen Thema, der Wirkung moderner Medien auf die Konsumenten. Sehr geschickt in der Argumentation beginnt Enzensberger mit dem Hinweis auf einen überraschenden Widerspruch: Obwohl die heutigen Leser bzw. Zuschauer aufgeklärt und sensibel für Unwahrheiten seien, nutzten sie das Medienangebot „eifrig" (Z. 39). Dieser Widerspruch zwischen kritischer Haltung und ungebrochenem Medienkonsum habe auch die Rezeptionsforschung überrascht, was Enzensberger mit einer sehr eingängigen These erklärt: Die Rezeptionsforschung untersuche die Mediennutzung nur quantitativ und weise nicht nach, wie Medieninhalte vom Betrachter (Rezipient) wahrgenommen und verarbeitet würden, da die Wirkung statistisch nicht fassbar sei.
Mit zwei Fragen, die immer wieder im Zusammenhang von Gewalt und Mediennutzung gestellt werden, bezieht Enzensberger den Leser unmittelbar ein: Fördern Gewaltszenen im Fernsehen die Jugendkriminalität und steigert der „Konsum von Pornografie" (Z. 42 f.) die Zahl der Vergewaltigungen? Mit einem Analogieschluss sucht er zu verdeutlichen, dass die anfangs diskutierte Simulationsthese nicht zutreffen könne, denn dann seien ein „Mord im Krimi oder im Videospiel und der Mord vor der eigenen Haustür [...] ein und dasselbe" (Z. 47 f.).
Im letzten Absatz rundet Enzensberger seine Gedanken mit ironischen Anmerkungen und bissigen Äußerungen ab. In Anspielung auf den Titel des Essays appelliert er an den Verstand und rät „die Kirche im Dorf zu lassen" (Z. 50). Dieser Redensart fügt er den ironischen Hinweis hinzu, dass sie selbst dann gelten solle, „wenn die Gotteshäuser leer sind und die Bauernhäuser sich in Ferienwohnungen verwandeln" (Z. 49 f.). Damit beklagt er pessimistisch, dass auch ohne den Einfluss der Medien die traditionellen Gesellschaftsmodelle (Dorfgemeinschaft, Kirche) abgelöst werden.

Enzensberger gibt zu, dass Medien eine zentrale Bedeutung im Leben der Menschen gewonnen haben, dass man auch noch nicht absehen könne, wohin die Entwicklung führe. Doch sei es lächerlich, daraus eine Apokalypse ableiten zu wollen oder dies zur Heilsbotschaft zu machen.
Pointiert und mit konkreten Beispielen versehen, fasst er seine Kernaussagen noch einmal zusammen: Wer die Wirklichkeit mit der Simulation der Wirklichkeit, wer „Cybersex mit Liebe verwechselt, ist reif für die Psychiatrie" (Z. 55 f.), und letztlich könne Hunger nicht durch Simulation beseitigt werden. Mit einer geschickten Wiederaufnahme des Bildes von Magritte rundet er diesen Textauszug ab: „Die Fähigkeit, eine Pfeife vom Bild einer Pfeife zu unterscheiden, ist weit verbreitet" (Z. 54 f.). Beschwörend und den Leser unmittelbar ansprechend (vgl. „Doch, doch", Z. 58) fügt er abschließend hinzu, dass es ein „Leben diesseits der digitalen Welt [gibt]: das einzige, das wir haben" (Z. 58). So verkündet Enzensberger zum Schluss doch eine eigene Heilsbotschaft, die an das barocke Motto „carpe diem" erinnert.

3. Rhetorische Strategien und Sprache
Der Text vermittelt zunächst durch seinen klaren Aufbau und durch den Beispielreichtum den Eindruck einer differenzierten Argumentation, doch zeigt sich bei genauer Betrachtung der sprachlichen Mittel und der Art der Argumentation ein hoher Grad an Subjektivität und rhetorischer Beeinflussung des Lesers.
Schon im ersten Satz unterstellt Enzensberger dem Maler Magritte, er habe sich „lustig" machen wollen über all jene, die das Bild mit dem Gegenstand verwechselten. Was auf den ersten Blick schlüssig scheint, ist jedoch nicht belegbar und passt zu genau zu der abschließenden Aufforderung Enzensbergers an seine Leser, die Medienpropheten „der Lächerlichkeit preis[zu]geben" (Z. 54). Im folgenden Satz nimmt Enzensberger den Titel seines Essays auf, indem er von „digitalen Evangelisten" spricht, die unermüdlich ihre Botschaft, die Gleichsetzung der Medienrealität mit der Wirklichkeit, verkünden. Die ungewöhnliche Zusammenstellung der beiden Wörter klingt – vor allem auch in Zusammenhang mit ihrer Aussage – abwertend. Dies wird dadurch betont, dass er unterstellt, dass eine derart weltfremde Botschaft selbstverständlich nur an Orten geistiger Abgehobenheit, Welt- und Realitätsferne „im Seminar, im Labor und im Science-Fiction-Film" (Z. 6) denkbar sei.
Seine Abwertung der Medienschaffenden und seine Kritik an ihrem verzerrten Selbstbild untermauert Enzensberger in den folgenden Abschnitten mit weiteren Argumenten und Beispielen. Dabei stellt er ihre Fehleinschätzungen und Irrtümer seiner unausgesprochenen Kompetenz als aufklärendem Autor gegenüber. Er ist in der Lage, die triviale Begründung für die Beliebtheit der „negativen Simulationstheorie" in Kreisen der Medienarbeiter zu finden. Schon mit dem Hinweis auf die Banalität der Begründung wertet er diese Gruppe ab. Hinzu kommen die

negativen Attribute „Betriebsblindheit“ (Z. 9), „Überschätzung“ (Z. 10), „Selbsttäuschung“ (Z. 12), „Realitätseinbußen“ (Z. 22), „Selbstüberschätzung“ (Z. 29), mit denen er die in der Medienbranche Beschäftigten abqualifiziert. Der Autor hingegen ist offensichtlich einer der wenigen Journalisten und somit Medienschaffenden, der diese Defizite erkennt.
Unangefochten stellt Enzensberger sich als Autorität dar, die die „Illusion, die fast alle Medienarbeiter hegen“ (Z. 28), durchschaut. Die Verallgemeinerungen vereinfachen die Abwertungs- und Aufwertungsstrategien, mit denen Enzensberger hier arbeitet. Bewusst verzichtet er auf differenzierte Argumente und liefert stattdessen Pauschalurteile, die möglicherweise verbreiteten Vorurteilen in seiner Leserschaft entsprechen. Er fördert diese Vorurteile dadurch, dass er seine Leser verallgemeinernd lobt: „Heutige Zuschauer, Leser, Konsumenten“ (Z. 31) seien so aufgeklärt, dass sie die Medien gar nicht erst mit der Frage nach der Wahrheit der Botschaft konfrontierten. Die asyndetische Aufzählung unterstreicht die Nachdrücklichkeit des Befundes.
Die ironisch-polemische Grundtendenz des Textauszugs wird durch Wortwahl und stilistische Mittel erreicht. So zielen Übertreibungen, etwa der Vergleich von Redaktionskonferenzen mit „Kabinettssitzungen“, darauf ab, die Diskrepanz zwischen der Bedeutungslosigkeit eines Ereignisses und der ihm zugeschriebenen Bedeutung zu entlarven. Einen ähnlichen Effekt haben Adjektive und Adverbien wie „natürlich“, „banal“ „einfach“ „sowieso“, die deutlich machen, dass Selbstverständliches und Offensichtliches von den Medienschaffenden gar nicht wahrgenommen wird.
Seine Absicht nachzuweisen, dass das Selbstverständliche immer weniger zur Kenntnis genommen wird, unterstreicht Enzensberger mit dem Bild von Magritte ebenso wie mit den abschließenden Aphorismen, die die „Simulationstheorien“ ironisch durch die unmittelbar einleuchtende antithetische Konfrontation von Wirklichkeit und Wirklichkeitssimulation als oberflächlich entlarven: „Das Zahnweh ist nicht virtuell. Wer hungert, wird von Simulationen nicht satt“ (Z. 56 f.). Überraschend wirkt auch die Zusammenstellung nicht zueinander passender Wörter (Oxymoron), wie etwa die „Selbsttäuschung entschädigt“ (Z. 12) oder „hoffnungslos aufgeklärt“ (Z. 32). Sehr geschickt sichert sich Enzensberger vor dem Vorwurf einer allgemeinen Diffamierung von Berufsgruppen ab, indem er seine Aussagen häufig einschränkt: „Man hat oft den Eindruck“ (Z. 18), „fast alle Medienarbeiter“ (Z. 28), „die überwiegende Mehrzahl aller Fernsehprogramme“ (Z. 37).

4. Argumentationstechnik

Schon der Ansatz seiner Argumentation ermöglicht es Enzensberger, die mit Ironie gewürzte Strategie der Auf- und Abwertung aufzubauen: Er konstruiert zunächst die These, dass es offensichtlich eine ernst zu nehmende Gruppe von akademisch

geschulten Intellektuellen (vgl. den Hinweis auf Seminar und Labor) gebe, die er die „digitalen Evangelisten" nennt. Diese behaupteten, dass die „neuen Medien die Unterscheidung zwischen Realität und Simulation hinfällig gemacht haben" (Z. 4 f.). Einen Beleg dafür, dass diese These tatsächlich von einer meinungsbildenden Bevölkerungsschicht vertreten wird, bleibt Enzensberger – zumindest in diesem Textausschnitt – schuldig. Auf ihr aber baut er die folgende Argumentation auf, indem er zunächst nachzuweisen sucht, warum die These der Identität von Realität und Simulation viele Anhänger gewonnen hat, und erläutert, worin die Fehleinschätzung besteht, um letztlich die „Simulationstheorie" zu widerlegen. Für jeden Leser wird der Widerspruch zwischen Wirklichkeit und Simulation durch die angeführten Beispiele nachvollziehbar: „Wer Cybersex mit Liebe verwechselt, ist reif für die Psychiatrie. Auf die Trägheit des Körpers ist Verlass" (Z. 55 f.).
Um seiner Argumentation größeres Gewicht zu verleihen, wertet Enzensberger die These der „digitalen Evangelisten" zu einer eigenen „negativen Simulationstheorie" auf. Geschickt wechselt er dann von der eingangs erwähnten Gruppe der Vertreter seiner „Simulationstheorie" zu denjenigen, die offenbar dafür verantwortlich sind, dass diese Theorie einen hohen Beliebtheitsgrad hat – den Medienschaffenden. Der Wechsel zwischen den kritisierten Gruppen eröffnet ihm die Möglichkeit, Medien und „Medienarbeiter" polemisch bloßzustellen (vgl. Rhetorische Strategien und Sprache).
Mehrfach stellt Enzensberger Behauptungen auf, die jedoch scheinrational sind, weil er entsprechende Belege schuldig bleibt. Verallgemeinernd setzt er dabei voraus, dass seine Leser mit ihm in der Beurteilung des Gesagten übereinstimmen: „Unter ähnlichen Realitätseinbußen leidet auch die Werbung (Z. 22)", „So gut wie jeder Leser der „Bild"-Zeitung weiß, dass das Blatt kein Informations-, sondern ein Unterhaltungsmedium ist" (Z. 34 f.), „Das Gleiche gilt natürlich für die überwiegende Mehrzahl aller Fernsehprogramme" (Z. 37).
Die zentralen Fragen nach dem Verhältnis von Realität und simulierter Wirklichkeit in den Medien und nach der Wirkung der Medien auf die Konsumenten richtet Enzensberger direkt an den Leser. Vor allem bei der Frage nach dem Verhältnis von Medienkonsum und Gewalt arbeitet er jedoch mit Allgemeinplätzen, mit Reizthemen, die an Stammtischen hitzig debattiert werden. Die Antworten hat Enzensberger in einer Prämisse vorbereitet: Er weist darauf hin, dass die Rezeptionsforschung „etwas Schlüssiges nicht zu sagen weiß" (Z. 42), weil sie falsche Methoden anwende; entsprechend müssten diese Fragen unbeantwortet bleiben. Mit dem Einwand, dass es bei der Forschungslage „kein Wunder" (Z. 45) sei, wenn man hierauf nicht antworten könne, enthebt sich Enzensberger der Notwendigkeit einer weiteren Diskussion und entzieht sich einer eigenen Stellungnahme. Dabei greift er erneut zu einer Behauptung, für die er keinerlei Nachweis erbringt. Er unterstellt der Rezeptionsforschung dieselbe Realitätsferne wie den

Medienschaffenden. Mit diesem Scheinargument verbindet er zugleich einen persönlichen Angriff, indem er die Vertreter der Rezeptionsforschung als unfähig deklassiert.
Dagegen gelingt es Enzensberger scheinbar, durch einen einfachen Erfahrungsbeweis die „Simulationsthese" (Z. 46) als unwahr zu entlarven: Da der Mord im Krimi und der Mord vor der eigenen Haustür nicht ein- und dasselbe sind, kann sie nicht wahr sein. Dabei begeht Enzensberger erneut einen grundlegenden Fehler – er stellt die Behauptung auf, dass diese Annahme von Anhängern der „Simulationstheorie" vertreten würde.
Der letzte Textabschnitt offenbart noch einmal die fehlende Schlüssigkeit seiner Argumentation. Zunächst gibt Enzensberger zu, dass die Medien „eine zentrale Rolle in der menschlichen Existenz" (Z. 50 f.) spielen und zu „Veränderungen [führen], die niemand wirklich abschätzen kann" (Z. 51 f.). Dieser Einschätzung folgt dann aber der Hinweis darauf, dass man „die Kirche im Dorf lassen" und die „Medienpropheten [...] der Lächerlichkeit preisgeben" (vgl. Z. 50 ff.) sollte. Damit plädiert Enzensberger für eine gemäßigte Einschätzung der Wirkung und Bedeutung der neuen Medien und spricht den Konsumenten eine gewisse Kompetenz zu, Realität und Simulation zu unterscheiden. Diese Schlussfolgerung hat allerdings kaum einen Bezug zu der Kritik an den Medienschaffenden und führt nur den Gedanken fort, dass über die Wirkung der Medien aufgrund des Versagens der Forschung nichts Genaues zu sagen sei.
Mit sechs schlagkräftigen und nachvollziehbaren Konsensargumenten, denen alle zustimmen würden, zerschlägt Enzensberger die These, dass durch „die neuen Medien die Unterscheidung von Realität und Simulation hinfällig" (Z. 4 f.) sei. Dass diese These allerdings nicht von „digitalen Evangelisten", sondern von Enzensberger selbst aufgestellt wurde, lässt der letzte Satz des Textauszugs vermuten, mit dem Enzensberger seine Heilsbotschaft mit Emphase verkündet: „Doch, doch, es gibt ein Leben diesseits der digitalen Welt: das einzige, das wir haben."

C) Wertung und Überleitung zum Leserbrief

Der Text von Enzensberger vermag beim ersten Lesen durchaus zu überzeugen, da die Beispiele und die angerissenen Probleme nachvollziehbar vorgetragen werden und stellenweise auch die eigenen Vorurteile gegenüber den Medien einbeziehen. Bei genauerer Textanalyse zeigen sich jedoch Lücken in der Argumentation, die durch rhetorische Tricks und durch den ironisch-polemischen Ton des Textes überspielt werden. Letztlich wird die „Simulationstheorie" in einer scheinlogischen Form entlarvt: Die These von der „Simulationstheorie" wird ohne Beweise konstruiert und dann mit vermeintlich logischen Begründungen widerlegt. Wichtige Fragen, etwa nach der Wirkung von Medien, nach dem Zusammenhang von gesellschaftlichen Problemen, nach den wirtschaftlichen Hintergründen der

Medienwelt, bleiben unbeantwortet. Allerdings müssen bei der Bewertung des Textes zwei Aspekte einbezogen werden: Es liegt nur ein Ausschnitt des Textes vor, so dass sich möglicherweise Antworten auf diese Fragen im weiteren Kontext finden lassen. Das Erscheinungsdatum des Textes ist das Jahr 2000, was bei der raschen Entwicklung der Medien dazu beitragen kann, dass Enzensbergers Argumente heute als oberflächlich und zu kurz greifend erscheinen. Auch die Untersuchungen über die Wirkung der Medien ist weiter fortgeschritten, ohne dass konkrete Korrelationen zwischen gewaltverherrlichenden Filmen, „Killerspielen“ und Verbrechen, etwa Amokläufen, aufgezeigt werden konnten.

II. Aufgabe 2: Stellungnahme – Leserbrief

(Ort, Datum)

Sehr geehrter Herr Enzensberger,

durch Zufall habe ich einen Auszug aus Ihrem Essay „Das digitale Evangelium“, den Sie im Jahr 2000, also vor mehr als sieben Jahren, in dem Nachrichten-Magazin „Der Spiegel“ veröffentlicht haben, in die Hand bekommen. Ich habe diesen Artikel mit großem Interesse gelesen. In meinem Alter und aufgrund meiner schulischen Bildung gehören alle Medien, die Sie kritisch untersuchen, zu meinem Alltag. Der Auszug trug die Überschrift „Diesseits der Medien“; leider kenne ich den Kontext nicht, in dem dieses Kapitel stand, aber aufgrund des letzten Satzes vermute ich, dass dieser Ausschnitt eine zentrale Aussage von Ihnen beinhaltet. Als dieser Artikel erschien, war ich gerade elf Jahre alt, nun stehe ich kurz vor dem Abitur, und beim Lesen musste ich feststellen, dass Ihre Einschätzung der medialen Vermittlung der Wirklichkeit und des Übergangs von simuliertem Leben und wirklichem Leben zum Teil noch heute zutrifft, teilweise aber auch durch neue Entwicklungen überholt ist. Sie kritisieren die Selbstverliebtheit der Medienproduzenten, die die Wirklichkeit nicht mehr wahrhaben wollen und sich selbst in den Mittelpunkt des Geschehens setzen. Durch die Vielzahl von Fernsehsendern, die in den letzten Jahren hinzugekommen sind, scheint es tatsächlich so zu sein, dass die politische, wirtschaftliche und kulturelle Wirklichkeit durch Medienproduzenten künstlich geschaffen wird. Zugleich aber wird es für den Konsumenten schwer, die Realität aus der Bilder- und Informationsflut herauszufiltern. Ihre Einschätzung, dass nahezu alles Lüge sei, hilft dabei wenig. Ihren Hinweis darauf, dass es „ein Leben diesseits der digitalen Welt“ gibt, halte ich grundsätzlich für richtig. Doch wird für Jugendliche zunehmend eine digitalisierte Welt der Computer-Spiele angeboten, von deren Realitätsnähe Sie seinerzeit sicherlich keinerlei Vorstellung hatten. Der ständig wachsende Markt, aber auch die Geschwindigkeit der Datenverarbeitung auf Computern hat den Bereich der Computerspiele zu einem Milliardengeschäft anwachsen lassen. Dabei besteht, trotz der Realitätsnähe vieler Spiele, die Gefahr dieser „Parallelwelten" keinesfalls darin, dass man Realität und „Cyberwelt" nicht mehr auseinanderhalten kann. Dies anzunehmen, wäre sehr naiv. Vielmehr besteht zunehmend die Gefahr, dass die Nutzer dieser Spiele den Bezug zur eigenen „nichtdigitalen" Lebenswelt verlieren, dass die simulierte Welt, die Computerwelt süchtig macht. Die Zahl der Jugendlichen, die typische Suchtanzeichen zeigen, ist erschreckend hoch und wächst stetig. Die Zeit, die Jugendliche vor dem Fernsehen, am Computer und im Internet zubringen, nimmt von Jahr zu Jahr zu.

Bereits Zweijährige verbringen durchschnittlich täglich eine Stunde vor dem Fernsehen, dieser Konsum ist jedoch nur eine Vorstufe für den Einstieg in die digitalisierte Welt des Computers. Die Frage, ob und wann Kinder Probleme bekommen, aus der virtuellen Welt auszusteigen, ist bisher völlig ungeklärt. Die Folgen für das Bewusstsein dieser Jugendlichen werden jedoch immer deutlicher, je weiter die Gehirnforschung voranschreitet. Der bekannte Hirnforscher Spitzer hat in seinem Buch „Vorsicht Bildschirm" zahlreiche Belege für die negativen Auswirkungen des unkontrollierten Konsums von Fernsehen, Video- oder Computerspielen angeführt. Je früher der Medienkonsum beginnt, desto schwerwiegender sind die Folgen. Die Wahrnehmung der Wirklichkeit ist bei Kindern deutlich gestört, die im Alter von zwei bis drei Jahren mehr als eine Stunde vor dem Fernseher gesessen haben, zudem tendieren diese Kinder später zu Übergewicht und haben erhebliche Leistungsdefizite in der Schule. Weitere Forschungsergebnisse belegen, dass 10-jährige Kinder, die häufig Gewaltspiele spielen, die erst für 18-jährige freigegeben sind, signifikant schlechtere schulische Leistungen aufweisen.

Mit freundlichen Grüßen

(Name)

Original-Klausur 13

Aufgabenart	Analyse und Erörterung nicht fiktionaler Texte (auch mit gestalterischer Teilaufgabe); Schwerpunkt: Analyse
Ausgangstext	Iris Radisch, Zeichen und Wunder – Gute Bücher bilden nicht nur Herz und Verstand: Sie machen auch glücklich
Niveau, Jahr	Kernkompetenzfach Deutsch 2005
Bearbeitungszeit	300 Minuten

Iris Radisch, Zeichen und Wunder – Gute Bücher bilden nicht

Früher, als es die Stiftung Lesen noch nicht gab, schickte der Herr ab und zu eine Botschaft aus dem Himmel, um die Erdbewohner zur Lektüre anzuhalten. *Tolle, lege* – Nimm und lies!, ermahnte eine rätselhafte Stimme den jungen Philosophen Augustinus, als dieser, zerknirscht wegen seiner Sünden, weinend unterm Feigenbaum saß. Augustinus stand auf und las. Augenblicklich durchflutete das „Licht der Zuversicht" sein Herz. Es war der Anfang einer großen Liebe. Das stille Lesen – eines der großen weltumstürzenden Wunder.

Doch was taugt ein Weltwunder, das heute niemand mehr will? Was taugt eine Liebe, zu der man Leser, Bildungsreformer und Meinungsmacher inzwischen ermahnen und antreiben muss wie lahme Esel? Die schlimme Nachricht heißt: Nur noch sechs Prozent aller Deutschen greifen abends lieber zum Buch als zur TV-Fernbedienung. Das klingt zwar nach Bildungsapokalypse und Untergang des Abendlandes. Allerdings: Viel mehr Leser werden es zu Augustinus' Zeiten auch nicht gewesen sein. Die Probleme, die uns heute beschäftigen, sind nicht ganz neu. Kerner beliebter als Kleist? Wickert bekannter als Wieland? Auch damals wird es irgendeinen drahtigen Ansager gegeben haben, der die stammesfürstlichen Bulletins ausschrie. Und auch ihn wird man heftig verehrt haben. Das Weltwunder Lesen war immer etwas für wenige. Bis die Aufklärung kam und eine grandiose Idee hatte: Gleichheit, Brüderlichkeit, Freiheit für alle – auch in der Erziehung. Folgt man der Idee, ist ein Verleger, der lieber Bücher über Steuertricks als Gedichte verlegt, ein kulturloser Geschäftemacher und sind Eltern, die ihr Automobil zwar vorbildlich parken, ihre Kinder aber blindlings vor dem Fernseher absetzen, gewissenlose Kinderverderber. Wie gesagt, eine großartige Idee.

Leider versagt sie in der Praxis. Denn in ihr kippen Fernseh- und Rundfunkintendanten ihre Kultursendungen haufenweise auf den Müll, steigt die Produktion von primitiven

Wegwerfbüchern von Jahr zu Jahr, verbringen immer kleinere Kinder immer mehr Zeit vor dem Fernseher, sinkt die so genannte Lesekompetenz nicht nur der Kinder. Politiker lassen nicht nur schreiben, sondern auch lesen, und die meisten ihrer Wähler können sich allenfalls noch auf Kürzesttexte konzentrieren. Was soll man machen?

Lesen kann man nicht befehlen, nicht mit erhobenem Zeigefinger und auch nicht mit Appellen. Wie sollten die denn aussehen? Soll man lesen, um dem Kulturbürgertum anzugehören und einen Sonnenaufgang brav im Stil von Thomas Mann mit dem Rosenrot im griechischen Götterhimmel vergleichen zu können? Soll man lesen, um seine Eheprobleme zu lösen oder gar um in der multimedialen Gesellschaft mitzuhalten? Das alles wird nicht verfangen.

Sowohl die bildungsbürgerliche wie die alltagspsychologische und die medienkompetente Aufforderung zum Lesen haben wenig bewirkt. In Wirklichkeit gilt: Literatur kann nur durch sich selbst überzeugen. Sie ist nicht dazu da, Lebenswirklichkeiten nachzuplappern, zu überhöhen oder Berufskarrieren zu begründen. Sie ist etwas Ernsteres. Sie ist eine echte Alternative, keine Flucht vor der Wirklichkeit, sondern eine Gegenwirklichkeit, mancher sagt: die eigentliche Wirklichkeit. Nur in großer Literatur sind vergangene Zeiten gegenwärtig, nur hier ist das Innere eines anderen für uns erfahrbar, nur hier können wir uns selbst als Fremde begegnen, nur hier sind Anarchie und Subjektivität wirklich zu Hause. Was wüssten wir vom Judentum, was vom Christentum oder den anderen Religionen ohne Literatur? Und wo kann man noch immer unendlich viel mehr über die Liebe erfahren als im elenden Nachtprogramm von RTL?

Gute Bücher erklären und öffnen uns die Welt, wie niemand sonst es vermag. Sie schärfen unseren Möglichkeitssinn, verfeinern unser Gehör, bilden unseren Geschmack. Sie zerreißen den Panzer aus Konvention und Banalität, der uns umgibt. Gut geschrieben ist immer auch gut gedacht: Niemand, der heute Tolstoj gelesen hat, wird sich morgen mit den Phrasen eines sprachdebilen Medienkapitalismus abspeisen lassen. Von der „Lesbarkeit der Welt“ hat der Philosoph Hans Blumenberg geschwärmt. Lesend können wir die Welt erkennen. Die andere Welt. Die, in der nicht alle Zeiger auf Geld gestellt sind. Und das ist – obwohl die meisten guten Bücher schlecht ausgehen – ein großes Glück. *Nimm und lies!*

Quelle: „Die Zeit“ vom 11. 12. 2003

Erklärungen:

Z. 1 Stiftung Lesen: Stiftung zur Leseförderung
Z. 3 Augustinus (354–430 n. Chr.): lateinischer Kirchenlehrer und Philosoph
Z. 5 Wieland (1733–1813): deutscher Dichter
Z. 49 Tolstoj (1828–1910): russischer Schriftsteller
Z. 50 debil: leicht schwachsinnig
Z. 51 Blumenberg (1920–1996): deutscher Philosoph

Aufgabenstellung

Arbeiten Sie die Kernaussagen des Textes heraus und analysieren Sie seine Struktur und sprachliche Gestaltung.

Wählen Sie eine der folgenden beiden Arbeitsanweisungen:

„Gute Bücher erklären und öffnen uns die Welt, wie niemand sonst es vermag." (Z. 46) Nehmen Sie zu dieser Aussage der Autorin Stellung.

oder

Gehen Sie von folgender Annahme aus:

Sie haben diesen Artikel von Iris Radisch gelesen und möchten sich eingehend dazu äußern. Verfassen Sie einen Leserbrief.

Schritt 1

Aufgaben verstehen

Aufgabe 1

Aufgabentyp und Erklärung der Arbeitsanweisungen

Die erste Aufgabenstellung bezieht sich auf die Analyse des vorliegenden Textes. Der Operator **„herausarbeiten"** deutet darauf hin, dass Sie dem Text etwas entnehmen sollen, ohne hier bereits Ihre eigene Meinung einfließen zu lassen. Es wird von Ihnen lediglich erwartet, die Kernaussagen, also die wichtigsten Thesen und Argumente, zusammenzustellen.

Ziel ist es, die Argumentationsstruktur des Textes deutlich zu machen. Dies wird durch den Operator **„analysieren"** im zweiten Teil des Satzes noch einmal explizit festgehalten. Ein wesentlicher Teil der Analyse muss durch die Berücksichtigung der sprachlichen Gestaltung in diesem Zusammenhang geleistet werden. Fragen Sie sich,

- für welche Leserschaft der Text geschrieben worden ist,
- welche Wirkungen von einzelnen Formulierungen bzw. dem gesamten Sprachstil ausgehen,
- welche Funktion die eingesetzten rhetorischen Mittel für den Inhalt haben,
- welche Absicht des Autors/ Gesamtaussage hinter dem Text steht.

Tipps zur Vorgehensweise

Bilden Sie zu jedem Absatz wenigstens eine Überschrift, um die Struktur des Textes zu erkennen.

Unterscheiden Sie bei der Bearbeitung des Textes – möglicherweise auch durch unterschiedliche Farben – zwischen Thesen, Argumenten und Beispielen.

Der Schwerpunkt der gesamten Aufgabenstellung liegt auf der Analyse des Textes. Achten Sie deshalb auf eine angemessene und präzise Beschreibung von Inhalt und Sprache.

Aufgabe 2

Die zweite Aufgabenstellung stellt Sie vor eine Alternative. Nur eine der beiden Arbeitsanweisungen ist zu erfüllen.

Analytische Teilaufgabe

Die erste Variante ist eine klassische Erörterung, die sich nahtlos an die Analyse des Textes anschließt. Die Kernthese der Autorin, dass gute Bücher uns die Welt erklärten und öffneten, wie sonst niemand es vermöge, soll von Ihnen kritisch untersucht werden. Der Operator **„Stellung nehmen"** beinhaltet nicht nur eine sachliche Auseinandersetzung aus verschiedenen Perspektiven, sondern auch die Festlegung einer eigenen Position.
Zu den Vorarbeiten für diese abschließende Stellungnahme gehören eine Stoffsammlung mit geeigneten Thesen, Argumenten und Beispielen. Daraus erwächst eine nach Aspekten und Wichtigkeit geordnete Gliederung.

Tipp zur Vorgehensweise

Trennen Sie scharf zwischen der reinen Textanalyse und Ihrer eigenen Meinung. Erst bei der Beantwortung der zweiten Aufgabe dürfen Sie die Argumentation des vorliegenden Textes hinterfragen bzw. mit Ihrer Position Stellung beziehen.

Gestaltende Teilaufgabe

Die zweite Variante ist eine **gestaltende Erörterung**, die von einer bestimmten Vorannahme ausgeht. Leserbriefe sind oft recht kurz bzw. werden von der Redaktion auf wenige Zeilen zusammengestrichen. Damit Sie nicht von einer solchen Kenntnis fehlgeleitet werden, ist ausdrücklich vermerkt, dass Sie sich eingehend äußern möchten.
Achten Sie auf eine dem Leserbrief angemessene Form! Diese beinhaltet Angaben wie Adresse, Datum, Betreffzeile und eine Grußformel.
Gegenüber der klassischen Erörterung ist nicht vermerkt, zu welchen Aussagen des Textes Sie Stellung nehmen sollen, so dass Sie hier verschiedene, Ihnen interessant erscheinende Aspekte aufgreifen können. Es ist zu empfehlen, diejenigen Thesen und Argumente herauszugreifen, die zum Widerspruch reizen.
Ähnlich wie bei der ersten Alternative sollten Sie eine Stoffsammlung und eine entsprechende Gliederung erarbeiten, bevor Sie anfangen zu schreiben.

Tipp zur Vorgehensweise

Der Leserbrief setzt neu an, führt also die bisherigen Ausführungen nicht weiter. Falls Sie sich für die gestaltende Teilaufgabe entscheiden, sollten Sie die erste Aufgabe zu einem entsprechenden Abschluss (z. B. mit einer Zusammenfassung) bringen.

Schritt 2

Text bearbeiten

Aufgabe 1

Bei der Bearbeitung des Textes sollten Sie sich folgende Fragen stellen:

Kernaussagen und Struktur	erledigt
Haben Sie darüber nachgedacht, welche Leserschaft das Wochenmagazin „Die Zeit" besitzt und welche Erwartungen bzw. Kenntnisse des Lesepublikums berücksichtigt werden müssen?	○
Haben Sie jedem Absatz wenigstens eine Überschrift zugewiesen, um die Kernaussagen offen zu legen?	○
Haben Sie berücksichtigt, dass Iris Radisch mit dem Augustinus-Zitat einen Rahmen für ihren Text bildet?	○

Unterstreichen Sie Formulierungen, die darauf hindeuten, dass der Text für eine anspruchsvolle und gebildete Leserschaft geschrieben wurde! Notieren Sie sich Besonderheiten zum Satzbau!

Sprachliche Gestaltung des Textes	Notizen
Früher, als es die Stiftung Lesen noch nicht gab, schickte der Herr ab und zu eine Botschaft aus dem Himmel, um die Erdbewohner zur Lektüre anzuhalten. *Tolle, lege* – Nimm und lies!, ermahnte eine rätselhafte Stimme den jungen Philosophen Augustinus, als dieser, zerknirscht wegen seiner Sünden, weinend unterm Feigenbaum saß. Augustinus stand auf und las. Augenblicklich durchflutete das „Licht der Zuversicht" sein Herz. Es war der Anfang einer großen Liebe. Das stille Lesen – eines der großen weltumstürzenden Wunder. Doch was taugt ein Weltwunder, das heute niemand mehr will? Was taugt eine Liebe, zu der man Leser, Bildungsreformer und Meinungsmacher inzwischen	

Sprachliche Gestaltung des Textes	Notizen
ermahnen und antreiben muss wie lahme Esel? Die schlimme Nachricht heißt: Nur noch sechs Prozent aller Deutschen greifen abends lieber zum Buch als zur TV-Fernbedienung. Das klingt zwar nach Bildungsapokalypse und Untergang des Abendlandes. Allerdings: Viel mehr Leser werden es zu Augustinus' Zeiten auch nicht gewesen sein. Die Probleme, die uns heute beschäftigen, sind nicht ganz neu. Kerner beliebter als Kleist? Wickert bekannter als Wieland? Auch damals wird es irgendeinen drahtigen Ansager gegeben haben, der die stammesfürstlichen Bulletins ausschrie. Und auch ihn wird man heftig verehrt haben.	

Aufgabe 2

Gestaltende Teilaufgabe

Vervollständigen Sie die Gliederung für den Leserbrief!

Einleitung
– Bezugnahme zum vorliegenden Artikel
– Nennung des Anliegens
– Bekanntgabe der Aspekte, die angesprochen werden sollen
Hauptteil

Schritt 3 Musterlösung

Gliederung der Klausur

I. Aufgabe 1: Textanalyse – Radisch: Zeichen und Wunder
A Einleitung
B Hauptteil (Kernaussagen, Struktur und sprachliche Gestaltung)

II. Aufgabe 2: Erörterung (analytische Teilaufgabe)
Aussage der Autorin / Definition der Schlüsselbegriffe
1. Erschließung von Welt durch Literatur
2. Bedeutung der bildenden Kunst
3. Literatur und moderne visuelle Medien
4. Eigene Erfahrung und die Erschließung von Welt
5. Schlussfolgerung / Zusammenfassung

I. Aufgabe 1: Textanalyse

A Einleitung

„Warum müssen wir das lesen?", ist eine häufig gestellte Schülerfrage. Lesen ist weitgehend mit Unlust verbunden. Im Zeitalter der visuellen Medien gilt es über die Schule hinaus als mühsam, sich durch ein Buch von mehreren hundert Seiten zu ‚quälen'. Lohnt es sich überhaupt noch – angesichts der vielfältigen Medienkonkurrenz von Fernsehen, Kino und Computer, die in kürzerer Zeit eine wesentlich konzentriertere Unterhaltung bieten – ein Buch zu lesen? Diese Frage stellt sich auch Iris Radisch in ihrem Artikel „Zeichen und Wunder – Gute Bücher bilden nicht nur Herz und Verstand: Sie machen auch glücklich", der in der „Zeit" vom 11. Dezember 2003 veröffentlicht worden ist. Sie gelangt dabei zu dem Schluss, dass Bücher uns wie niemand sonst die Welt erklärten und öffneten. Dabei wird sie den Erwartungen des anspruchsvollen und gebildeten Leserkreises der „Zeit" durch eine sprachlich abwechslungsreiche, polemisch-satirische und sachliche Passagen enthaltende Gestaltung gerecht. Diese soll bei der inhaltlichen Untersuchung ihres Textes besondere Beachtung finden.

[nur für die analytische Aufgabenstellung im zweiten Teil]
Inwieweit ihrer Kernthese zuzustimmen ist, wird in einem abschließenden Teil erörtert werden.

B Hauptteil

Radisch beginnt ihr Plädoyer für das Lesen mit einem ironisch gefärbten Eingangsbeispiel als Aufmacher. Früher, als es die „Stiftung Lesen“ (Z. 1), die sich heute darum bemüht, Lesen zu fördern, noch nicht gegeben habe, habe Gott „ab und zu eine Botschaft aus dem Himmel“ geschickt, um die Menschen zur „Lektüre anzuhalten“ (Z. 2). So habe er – als rätselhafte Stimme getarnt – den jungen Philosophen und Kirchenvater Augustinus, der den Lesern der „Zeit“ sicherlich ein Begriff sein dürfte, aufgefordert: Tolle, lege – Nimm und lies! (Z. 2–3). In einer deutlich satirisch überzeichneten Formulierung beschreibt Radisch, wie beim Lesen „augenblicklich […] das Licht der Zuversicht“ den von Sünden geplagten Augustinus „durchflutete“ (Z. 5). Dies sei der Anfang einer „großen Liebe“ (Z. 6) gewesen. Das stille Lesen – so ihre Schlussfolgerung – sei eines der „großen weltumstürzenden Wunder“ (Z. 6–7). Die pathetische Wortwahl ist sicherlich beabsichtigt, um die historische Bedeutung des Lesens hervorzuheben.

Umso ernüchternder ist der Blick in die Gegenwart, die die Autorin im Folgenden betrachtet. Zwei rhetorische Fragen helfen ihr, anzudeuten, wie sich die Zeiten geändert haben. Beinahe spöttisch fragt sie, „was taugt ein Weltwunder, das heute niemand mehr will“ (Z. 8). Was tauge eine Liebe, zu der man die Menschen „inzwischen ermahnen und antreiben“ müsse „wie lahme Esel“ (Z. 9–10)? Als Beleg für das Ausmaß der Leseunlust behauptet sie, dass nur „noch sechs Prozent“ (Z. 10) der Deutschen abends „lieber zum Buch als zur TV-Fernbedienung“ (Z. 11) griffen. Angesichts dieser Zahl sei es nachvollziehbar, dass alarmierte Kritiker von „Bildungsapokalypse und Untergang des Abendlandes“ (Z. 12) sprächen. Sie bleibt damit im Bild der zu Augustinus passenden kirchlichen Sprachtradition, doch verrät die Wortschöpfung in ihrer Extremität auch eine innere Distanzierung. Denn offenbar ist Iris Radisch nicht dieser Meinung, da sie betont, dass es zu Augustinus' Zeiten auch nicht mehr Leser gegeben habe. Nur die wenigsten konnten in der Antike überhaupt lesen und schreiben.

Auch die Tatsache, die von manchen heutzutage als problematisch empfunden wird, dass Vertreter anderer Medien größere Popularität in der Gesellschaft genießen als klassische Autoren der deutschen Literatur, lässt sie nicht recht als Beweis für den „Untergang des Abendlandes“ gelten. In einer sprachlich brillanten Art und Weise spitzt sie die angerissene Konkurrenz von Buch und Fernsehen durch scheinbar direkte Kontrahenten zu, indem sie Autoren und prominente Fernsehmoderatoren einander gegenüberstellt. In syntaktisch verkürzter Form fragt sie, worin das Problem bestehe, wenn „Kerner beliebter als Kleist? Wickert bekannter als Wieland“ (Z. 14–15) sei. Die bewusst eingesetzten Alliterationen bei den ähnlich klingenden Namen zeugen von einem gewissen Sprachwitz, den die Leser der „Zeit“ von einem guten journalistischen Text erwarten. Auch in der Antike werde es „irgendeinen drahtigen Ansager“ (Z. 15) gegeben haben, der – ähnlich wie

der Nachrichtenmoderator Uli Wickert – „die stammesfürstlichen Bulletins" (Z. 16) herausgeschrieen habe.
Dies führt Radisch zu der wichtigen Feststellung, dass das „Weltwunder Lesen" (Z. 17) immer nur etwas für wenige gewesen sei. Erst die Aufklärung habe die grandiose Idee gehabt, „Gleichheit, Brüderlichkeit, Freiheit" (Z. 18) auch auf Erziehung und Kultur zu beziehen.
Von diesem Ideal sieht die Autorin unsere Gesellschaft weit entfernt, da Eltern und professionelle Meinungsmacher versagen. In polemischen Beispielen, die ihre These belegen sollen, bezeichnet sie einen Verleger, „der lieber Bücher über Steuertricks als Gedichte verlegt" (Z. 19–20) im Sinne der aufklärerischen Idee als kulturlosen „Geschäftemacher" (Z. 20). Eltern seien zwar Vorbild im Parken ihres Autos, setzten aber ihr Kinder „blindlings" vor den Fernseher und wären somit nichts anderes als „gewissenlose Kinderverderber" (Z. 21–22).
Ihre überzogenen Vergleiche blieben jedoch sicherlich im luftleeren Raum und ohne Überzeugungskraft, könnte sie diese nicht mit harten Fakten untermauern, die die Ernsthaftigkeit ihrer Argumentation deutlich werden lassen. Fernseh- und Rundfunkintendanten kippten „ihre Kultursendungen haufenweise auf den Müll" (Z. 24). Die Produktion von „primitiven Wegwerfbüchern" (Z. 25) und die Dauer, die immer kleinere Kinder vor dem Fernseher verbrächten, steige beinahe – so möchte man meinen – in gleichem Maße wie die „Lesekompetenz" (Z. 26) sinke.
Dies gelte nicht nur für Kinder, sondern auch für Erwachsene bis in die Spitzen der Gesellschaft. Selbst Politiker ließen für sich schreiben und lesen. Die meisten der Wähler könnten sich nach Radisch bestenfalls noch „auf Kürzesttexte konzentrieren" (Z. 28).
In der Tat stellt sich die Frage, „was soll man machen" (Z. 28), die von Iris Radisch an dieser Stelle rhetorisch eingesetzt wird. Lesen könne man nicht „befehlen", ebenso wenig wirkten Appelle und Ermahnungen mit „erhobenem Zeigefinger" (Z. 29). Es sei prinzipiell fraglich, wie diese aussehen sollten. Die Ironie ist nicht zu übersehen, wenn die Autorin überlegt, ob man jemanden mit dem Hinweis zum Lesen bewegen könne, dass er damit dem „Kulturbürgertum" (Z. 30) angehöre. Noch deutlicher wird ihre satirische Absicht in der damit verbundenen rhetorischen Frage, ob das Lesen dazu befähigen solle, einen Sonnenaufgang „brav im Stil von Thomas Mann" (Z. 31), dem Inbegriff der Literatur und Kultur des 20. Jahrhunderts, „mit dem Rosenrot im griechischen Götterhimmel" (Z. 31–32) vergleichen zu können. Auch das Argument, mit Lesen könnten Schwierigkeiten des Alltags wie „Eheprobleme" oder die Herausforderungen der „multimedialen Gesellschaft" (Z. 33) bewältigt werden, tauge nicht dazu, Leser zu gewinnen. Die Erfahrung zeige, – so ihre sachliche Analyse – dass weder die „bildungsbürgerliche", „alltagspsychologische" noch die „medienkompetente Aufforderung zum Lesen" (Z. 35–36) etwas bewirkt hätten.

Dies führt sie zu der entscheidenden Schlussfolgerung, dass Literatur nur „durch sich selbst überzeugen" (Z. 36–37) könne. Literatur sei weder dazu da, Banalitäten des Alltags „nachzuplappern oder zu überhöhen" (Z. 37–38) oder Karrieren zu schmieden, noch eine Flucht vor der Wirklichkeit. Nach Iris Radisch ist Literatur „etwas Ernsteres" (Z. 38), eine gedachte „Alternative" (Z. 39) gegenüber der Realität.
Die Bedeutung von Literatur wird im folgenden Satz noch deutlicher. Nur in großer Literatur seien „vergangene Zeiten gegenwärtig" (Z. 40–41). Sowohl für die Gegenwart als auch für die Vergangenheit dürfe Literatur beanspruchen, dass „nur hier [...] das Innere eines anderen für uns erfahrbar" (Z. 41) sei. Durch rhetorische Fragen sucht sie Bestätigung für ihre These beim Leser. Mit gewissem Recht kann sie die als Frage formulierte Behauptung aufstellen, „was wüssten wir vom Judentum, was vom Christentum" (Z. 43) bzw. anderen Religionen ohne Literatur. Ähnliches gelte auch für die Liebe, über die man in der Literatur mehr erfahren könne „als im elenden Nachtprogramm von RTL" (Z. 45).
Diese Überlegungen führen Radisch zur Kernthese ihrer Ausführungen. Pointiert argumentiert sie, „gute Bücher erklären und öffnen uns die Welt, wie niemand sonst es vermag" (Z. 46). Weiter behauptet sie, dass sie unseren Blick für das Mögliche schärften. Literatur habe ihrer Ansicht nach darüber hinaus ästhetische Qualitäten, denn Bücher – so die Autorin – „verfeinern unser Gehör, bilden unseren Geschmack" (Z. 47).
Auf die Gegenwart und Zukunft bezogen, bedeutet dies, dass Literatur den „Panzer aus Konvention und Banalität" (Z. 48), der uns umgebe, durchbreche. Derjenige, der lese, sei auch gegen die Gefahren der Zukunft gefeit und werde sich nicht von den „Phrasen eines sprachdebilen Medienkapitalismus" (Z. 50) abspeisen lassen. Literatur helfe uns, die Zeichen der Zeit zu erkennen, sie im wahrsten Sinne des Wortes zu lesen. Nur so könnten wir nach Radisch eine alternative Wirklichkeit wahrnehmen, in der nicht „alle Zeiger auf Geld" (Z. 52) gestellt seien.
Nach diesem Plädoyer für das Lesen kann der Schluss ihres Artikels nur mit einer Aufforderung enden, der den appellativen Charakter des Textes noch einmal unterstreicht. In diesem Sinn greift sie die Worte, mit denen Gott sich im Eingangsbeispiel an Augustinus gewendet und ein „Weltwunder" ausgelöst hatte, noch einmal auf und richtet sie – wohl erneut auf ein Wunder hoffend – an den Leser: „Nimm und lies!" (Z. 54).
Zusammenfassend lässt sich festhalten, dass für Iris Radisch gute Literatur einen äußerst hohen Stellenwert besitzt. Es gelingt ihr, durch den gekonnten Wechsel von Polemik, ironisch-satirischen Elementen und sachlich-analytischen Passagen den Leser für ihre Position einzunehmen. Sie bleibt freilich Belege für ihre Thesen schuldig.

II. Aufgabe 2: Erörterung (analytische Teilaufgabe)
Inwieweit ihren Behauptungen zuzustimmen ist, bleibt daher einer detaillierten Überprüfung vorbehalten, die im Folgenden geleistet werden soll.

Aussage der Autorin/ Definition der Schlüsselbegriffe
Zentraler Punkt ihrer Ausführungen, auf den sich alle weiteren Überlegungen zurückführen lassen, ist die Aussage, „gute Bücher erklären und öffnen uns die Welt, wie niemand sonst es vermag" (Z. 46). Es ist zunächst zu klären, was die Autorin konkret damit meint, um dann differenziert zu untersuchen, ob dem uneingeschränkt zuzustimmen ist.
Nicht zuletzt angesichts ihrer Beispiele (Wieland, Thomas Mann und Tolstoj) ist zunächst festzustellen, dass sie unter guten Büchern keine Sachbücher, sondern Literatur versteht, die einem klassischen Literaturkanon entstammen. Ohne die schwierige Frage hier diskutieren zu wollen, welche Qualitäten ein Werk haben muss, dass es als „gut" bezeichnet werden kann, wird man wohl nicht nur im Sinne von Radisch erwarten können, dass gute Literatur unterhält und von Nutzen ist. Die Autorin definiert dies mit Recht dahingehend, dass hochwertige Literatur uns die Welt erläutere, nahe bringe, Zugänge zu historischen Zeiten und der Gegenwart eröffne. Dies wird häufig nur erreicht, indem Autoren ihre Zeit in ihren Werken gegen den Strich bürsten, versteckt oder offen Kritik daran üben.

1. Erschließung von Welt durch Literatur

In diesem Verständnis ist dem ersten Teil der zu untersuchenden These sicherlich zuzustimmen. Gerade vergangene Gesellschaftsformationen, ihre Zwänge und Konventionen werden durch Literatur transparent. Man denke beispielweise an Lessings „Nathan der Weise", in dem mit der Ringparabel nicht nur ein unsterbliches literarisches Denkmal für die Toleranz der Religionen geschaffen worden ist, sondern aus dem auch die mangelnde Akzeptanz des 18. Jahrhunderts gegenüber dem Judentum herauszulesen ist.
Ähnliches gilt auch für Schillers bürgerliches Trauerspiel „Kabale und Liebe". Wo kann man besser nachvollziehen als dort, welche Hindernisse sich einer ständeübergreifenden Liebe am Ende des 18. Jahrhunderts entgegenstellten? Erst hier wird die Willkür der absolutistischen Gewalt greifbar, die abstrakten Beschränkungen der Gesellschaft, deren Bedeutung man aus den Geschichtsbüchern kaum ersehen kann, schmerzhaft konkret.
Nicht zuletzt ist auch „Effi Briest" in diesem Zusammenhang als Beleg für die These der Autorin heranzuziehen. Fontane erklärt uns die adligen Werte und Normen des späten 19. Jahrhunderts anhand der unglücklichen Ehe von Effi und Innstetten. Die junge Frau wird aus Standes- und Prestigegründen mit einem Mann verheiratet, den sie gar nicht kennt. Liebe spielt in diesen gesellschaftlichen Kreisen

in der Ehe keine Rolle. Ihr Ehebruch löst eine Katastrophe aus. Den Konventionen der damaligen Zeit entsprechend erschießt Innstetten den Liebhaber im Duell, obwohl die Affäre schon weit zurückliegt. Fontane gelingt es, uns Innstettens Reaktion verstehen zu lassen, ohne sie gut zu heißen. Er öffnet uns damit eine fremde Welt voller versteckter Zwänge. Gute Literatur leistet demnach in der Tat das, was Iris Radisch behauptet. Doch tut sie das auch wirklich so, „wie niemand sonst es vermag" (Z. 46)?

2. Bedeutung der bildenden Kunst

Vergleicht man die Möglichkeiten der Literatur mit anderen zeitbezogenen Künsten wie beispielsweise der bildenden Kunst, so wird das unterschiedliche Erklärungspotential schnell deutlich. Bilder verdichten noch stärker als Literatur Erfahrungen der Künstler zu einem Moment. Dabei ist es natürlich schwerer, ein Phänomen auf einer 60 cm x 90 cm großen, zweidimensionalen Leinwand abzubilden als in einem Roman, der über mehrere hundert Seiten sich entfalten kann. Gemälde können daher auf der einen Seite aufgrund ihrer Konzentration nicht Vergleichbares leisten. Auf der anderen Seite sind sie infolge dieser Verdichtung schwieriger zu interpretieren. Sie verlangen mehr Wissen, um zu einer sinnvollen Deutung zu gelangen. Ihre Zeichenhaftigkeit ist häufig zu offen für eine unzweideutige Interpretation.

3. Literatur und moderne visuelle Medien

Was aber vermögen andere, moderne visuelle Medien im Vergleich zur Literatur? Viele „gute" Spielfilme bedienen sich eines historischen Hintergrundes, vor dem eine Geschichte erzählt wird. In diesem Zusammenhang könnte man an Filme wie „Troja", „Gladiator" oder „Titanic" denken, um nur einige der Kinoerfolge der letzten Jahre aufzuzählen. Der Film unterliegt jedoch eigenen Gesetzmäßigkeiten, um sein Publikum für sich zu gewinnen. Ein guter Film muss vor allem gut unterhalten, er muss den Betrachter gefangen nehmen, ihn in die Handlung verwickeln, um ihn Emotionen und Spannung erleben zu lassen. Regisseure erreichen dies vor allem durch eine farbenprächtige, pompöse Ausstattung, die den Zuschauer in einen Rausch der Sinne versetzt. Der Macht dieser Bilder, die in aller Regel in Sekundenabschnitten wechseln, kann man sich kaum entziehen. Das Zeitkolorit verkommt jedoch zur Kulisse. Mögliche sozialkritische Aspekte, die gute Literatur ausmachen, dienen lediglich zur Steigerung der Emotionen. So bleibt fraglich, ob das Schicksal der irischen Auswanderer von Betrachtern des Films „Titanic" überhaupt als soziales und historisches Phänomen wahrgenommen wird. Filme haben ohne Zweifel den Vorteil, dass man sich ein visuelles Bild von einer Zeit machen kann, doch eröffnen sie kaum einen Zugang oder erklären historische Erfahrungen.

Auf der anderen Seite wird man einräumen müssen, dass filmische Dokumentationen oder Halbdokumentationen sehr wohl uns die Welt erklären und öffnen können. Sicherlich sind diese mit fiktionaler Literatur nicht vergleichbar, da sie einen anderen Anspruch verfolgen, doch stellen sie den Absolutheitsanspruch, den Radisch für die Literatur formuliert, in Zweifel.

4. Eigene Erfahrung und Erschließung von Welt
Entscheidend ist jedoch, dass der eigenen Erfahrung bei der Erschließung von Welt eine zentrale Rolle zufallen dürfte. Dies gilt sicherlich in erster Linie für die Gegenwart, kann aber auch für die jüngste Vergangenheit Gültigkeit beanspruchen. Die eigene Befragung von Zeitzeugen kann beispielsweise weder durch historische Dokumentationen noch durch Literatur ersetzt werden. Nur hier können bei Verständnisschwierigkeiten Rückfragen gestellt werden oder das Gespräch in eine Richtung gelenkt werden, die einem persönlich ein unbekanntes Kapitel der Vergangenheit aufschließen kann. Diese Möglichkeit besteht – bedingt durch die Kommunikationssituation – weder beim Betrachten eines Filmes noch bei der Lektüre eines Buches.
Für das Verständnis fremder Kulturen in der Gegenwart ist das Selbsterleben unabdingbar. Diese Erfahrung dürfte wohl jeder schon einmal auf einer Reise gemacht haben, obwohl man vorher Reportagen gesehen oder einen Reiseführer gelesen hatte. Insofern ist der These der Autorin, dass Literatur „wie niemand sonst" (Z. 46) es vermöge, uns die Welt zu öffnen, nur eingeschränkt zuzustimmen.

5. Schlussfolgerung / Zusammenfassung
Es bleibt allerdings festzuhalten, dass Literatur eine große Chance bietet, insbesondere vergangene Zeiten und Kulturen, die man nicht aus erster Hand kennt oder kennen lernen kann, zu verstehen. Daher ist der Aufforderung von Iris Radisch durchaus beizupflichten: „Nimm und lies!" (Z. 54).

Alternative Aufgabenstellung
Leserbrief (gestaltende Teilaufgabe)

Max Mustermann
Abiweg 5
74710 Tübingen
maxmustermann@web.de

Tübingen, 5. April 2008

Die Zeit Verlag und Redaktion
20079 Hamburg

Leserbrief zu Iris Radisch: „Zeichen und Wunder – Gute Bücher bilden nicht nur Herz und Verstand: Sie machen auch glücklich" in: Ausgabe 51 (11. Dezember 2003)

Sehr geehrte Frau Radisch, sehr geehrte Redaktion,
mit großem Interesse habe ich erst vor kurzem einen Artikel von Iris Radisch gelesen, der in der Ausgabe vom 11. Dezember 2003 erschienen ist. Als Schüler der dreizehnten Klasse des Ludwig-Uhland-Gymnasiums in Tübingen habe ich sicherlich einen eingeschränkteren Blick hinsichtlich der Bedeutung von Literatur, doch scheint mir die Autorin grundsätzlich andere Möglichkeiten der Erschließung der Welt auszublenden, die insbesondere für die jüngere Generation von Bedeutung sein dürften.

Ich möchte in meinem Leserbrief zunächst den Aspekt der „Bildungsapokalypse" noch einmal aufgreifen, bevor ich die Sonderrolle der Literatur kritisch beleuchten und andere Aneignungsformen von Lebenserfahrung vorstellen werde.

Frau Radisch behauptet in ihrem Artikel, dass Lesen immer nur etwas für wenige gewesen sei. Dieser Aussage ist zweifellos zuzustimmen, verharmlost meiner Ansicht nach aber das tatsächliche Ausmaß der heutigen Bildungskatastrophe. Man mag Verständnis dafür aufbringen, dass nur noch sechs Prozent der Deutschen abends lieber zum Buch als zur Fernbedienung für den Fernseher greifen. Der schulische oder berufliche Alltag verlangt den meisten Menschen so viel ab, dass es ihnen schwer fällt, sich nach einem anstrengenden Tag noch über einen längeren Zeitraum auf ein Buch zu konzentrieren.

Dies ist jedoch nur die Spitze eines Eisberges, dessen Grundlagen in der Kindheit gelegt werden. Eltern sind auf der einen Seite vielfach kein Vorbild mehr, wenn sie selbst häufig Fernsehen schauen, auf der anderen Seite animieren sie ihre Kinder zunehmend weniger zum Lesen. Schon im Kleinkindalter wird heutzutage viel zu selten vorgelesen, so dass es die Kleinsten kaum lernen, sich aus Büchern die Welt zu erschließen. Stattdessen werden sie ebenfalls vor den Fernseher gesetzt und mit „Teletubbies" abgespeist.

Das Ergebnis dieser Entwicklung ist Deutschland erst unlängst in der Pisa-Studie bescheinigt worden, in der das Verstehen von Texten unter deutschen Schülern als katastrophal eingestuft worden ist.

Die Lehrer sind angesichts der mangelnden Voraussetzungen der Schüler überfordert und auch selbst mit an der Misere schuld. Die Texte, die gelesen werden, um Schüler zum eigenständigen Lesen anzuhalten, sind antiquiert und verstaubt. So schreckt Schillers „Willhelm Tell" die Schüler wegen seiner unverständlichen Sprache bestenfalls ab. Ein Zugang zur Literatur, geschweige denn zu einer fremden Welt, wird hier in keinster Weise eröffnet. Die Beschäftigung mit Literatur bleibt häufig dabei stehen, die Bedeutung von Worten, Sätzen oder größeren Passagen zu klären. Der Text bleibt ohne Welt, ohne Erklärung, ohne Hintergründe.

Dass Literatur vergangene Zeiten erklären und gegenwärtig machen kann, wie Frau Radisch argumentiert, wird frühestens in der Oberstufe klar, wenn zeitgeschichtliche Bezüge deutlich gemacht werden. „Kabale und Liebe" und „Effi Briest", die wir in den letzten eineinhalb Jahren gelesen haben, sind gute Beispiele dafür, wie Literatur einen sonst verstellten Zugang schaffen kann für die Zwänge und Konventionen des 18. bzw. 19. Jahrhunderts. Doch erreichen tut dies die allerwenigsten Schüler.

Frau Radisch geht vermutlich stillschweigend vom Leserkreis der „Zeit" aus, wenn sie die Wirkungskraft von Literatur beschreibt, nach der „gute Bücher [...] uns die Welt" erklärten und öffneten, „wie niemand sonst es vermag". Für diesen hoch gebildeten Kreis von Akademikern und Intellektuellen mag ihre These uneingeschränkt zutreffen. Diese belesene Gruppe versteht es ohne Zweifel mühelos, sich die Welt hinter der Handlung zu erschließen.

Die Generation der 15- bis 20-Jährigen hat damit jedoch die allergrößten Schwierigkeiten. Das Buch ist als Medium in Verruf geraten. Dagegen hat das Internet innerhalb weniger Jahre eine zentrale Position in der Vermittlung von Welterfahrung erhalten. Die Illusion, jede Information per Mausklick sofort verfügbar zu haben, hat dazu geführt, dass alle anderen Medien sträflich vernachlässigt werden. Den Zugang zur Welt öffnet Windows, viereckige Fenster, die durch eine (Such-)Maschine regiert und kontrolliert werden. Die Erklärungsmöglichkeiten eines literarischen Textes werden nur noch indirekt genutzt, indem Texte über den Originaltext konsumiert werden, das Drama bzw. der Roman selbst aber kaum noch oder nur noch kursorisch gelesen werden. Die Sonderrolle, die Frau Radisch der Literatur zubilligt, besteht in den Augen vieler in der Allmacht des Internets.

Die Gefahren, die damit verbunden sind, sind unübersehbar. Da jeder Informationen ins Netz stellen kann, ist der Wahrheitsgehalt und die Verlässlichkeit von Informationen in höchstem Maße problematisch. Darüber hinaus ist mehr als zweifelhaft, ob es richtig ist, die ganze Welt durch einen Bildschirm zu betrachten.

Entscheidend dürfte doch sein, inwieweit es gelingt, sich die Welt durch eigene Erfahrung anzueignen. Dies gilt sicherlich in erster Linie für die Gegenwart, kann aber auch für die jüngste Vergangenheit Gültigkeit beanspruchen. Die eigene Befragung von Experten, wie z. B. Zeitzeugen, kann beispielsweise weder durch historische Dokumentationen noch durch Literatur ersetzt werden. Nur hier können bei Verständnisschwierigkeiten Rückfragen gestellt werden oder das Gespräch in eine Richtung gelenkt werden, die einem persönlich ein unbekanntes Kapitel aufschließen kann. Diese Möglichkeit besteht weder im Internet noch bei der Lektüre eines Buches.

Für das Verständnis fremder Kulturen in der Gegenwart ist das Selbsterleben ebenfalls unabdingbar. Diese Erfahrung dürfte wohl jeder schon einmal auf einer Reise gemacht haben. Eigenes Erleben ist umso wichtiger, je mehr wir in die Abhängigkeit von Internet oder anderen sekundären Informationen geraten.

Auch wenn unbestritten bleibt, dass Literatur die Welt erklären und uns einen Zugang zur Wirklichkeit eröffnet, kann ich daher der These, dass gute Bücher dies besser könnten als irgendjemand anderes, zumindest für meine Generation nicht zustimmen. Literatur müsste anders vermittelt werden, um dies vielleicht zu erreichen. Den internethörigen Heranwachsenden möchte man mit Iris Radisch zurufen: Lest und geht hinaus!

Mit freundlichen Grüßen

Max Mustermann

Original-Klausur 14

Aufgabenart	Textinterpretation und literarische Erörterung
Ausgangstext	Uwe Timm, Kopfjäger. Bericht aus dem Inneren des Landes
Niveau, Jahr	Grundkurs Deutsch 2006
Bearbeitungszeit	300 Minuten

Uwe Timm

Kopfjäger. Bericht aus dem Inneren des Landes (1991, Ausschnitt)

Der Ich-Erzähler, Peter Walter, ist verhaftet worden und wird des millionenschweren Betrugs mit Warentermingeschäften (sehr riskante, häufig spekulative Börsengeschäfte) angeklagt. Es gelingt ihm, sich mit Frau und Tochter an die spanische Costa del Sol abzusetzen, von wo aus er sein Leben Revue passieren lässt.

Wir hatten ein großes Büro in bester Lage mit Alsterblick. Dreißig Anlageberater saßen vor Computern, auf denen die Aktienkurse aus Tokio, Chicago, New York und London angezeigt wurden; aus Fernschreibern ringelten sich die neuesten Notierungen von Mais, lebenden Schweinen und Sojaschrot; dreißig Hände griffen zu den Telefonhörern und wählten Leute an, von denen man annehmen konnte, daß sie Geld hatten und das Geld anlegen wollten, damit es sich auf wundervolle Weise vermehrte, damit aus dem vermehrten noch mehr wurde. Und das von heute auf morgen, wie die Anlageberater versprachen, nicht durch lange Zinsläufe, nicht durch langsames Klettern und Fallen von Aktien, was über Wochen beobachtet werden muß, sondern Geldgewinne (und natürlich auch Verluste) von einer Minute zur anderen, wie am Roulettetisch. Aber anders als dort war dies kein reines Spiel, das nur die Roulettescheibe bewegte, dieser Einsatz bewegte die Welt, ließ Politiker zittern, Ölscheichs den Förderhahn aufdrehen, Plantagenbesitzer ihre Kaffeeernten verbrennen. Die Telefone läuteten, die Telefonberater redeten, die Computer fiepten, die Fernschreiber surrten. Ich war an jenem Tag, wie seit Wochen schon, erschöpft, überarbeitet und mit dem allergrößten Widerwillen ins Büro gegangen, hatte den dringenden Wunsch, nicht hinzugehen, einfach umzukehren, wegzulaufen (wie ich früher nicht in die Schule gegangen bin), aber kaum war ich inmitten des Klingelns, Sprechens, Tickerns, überkam mich erneut dieses Hochgefühl, verstärkt, zugegeben, durch zwei Captagon und drei Tassen dickflüssigen Kaffees. Was denn, Sie kriegen auf drei Jahre nur 4,5 %, das ist ja lachhaft, hören Sie, da lachen wir hier nur drüber, wir können, wenn wir das Geld gut plazieren, beispielsweise gestern in lebenden Schweinen, die heute ganz stark gestiegen sind, in London, im Quartal 8,2 % machen, das heißt per anno genau: 24,8 %. Sie verstehen, warum wir über die 4,5 % Ihrer Sparkasse nur lachen können, machen Sie den Versuch, ok, sage ich, ok, eine Tradingorder zu 15.000, fünfundzwanzig, top. Saldin, unser Star im Telefonverkauf, hob den Daumen wie ein Jetpilot. Da war wieder jemand mit einem Margin von 25.000 eingestiegen. Ich telefonierte mit London, wo die Baumwollpreise weiter in den Keller gegangen waren, obwohl ich gestern Dreihunderttausend auf Long gesetzt hatte, telefonierte mit Frankfurt, mit einem Makler, der auch von einem Nachlassen sprach, im Bereich Metall, speziell Silber, telefonierte mit einem Anleger, der nach seinen Fünfzigtausend fragte, die mit den sinkenden Baumwollpreisen spurlos verschwunden waren. Wo waren sie geblieben? Ach wie gut, daß niemand weiß, daß ich Rumpelstilzchen heiß. Da führte Gerda, meine tüchtige und (wie sich später zeigen sollte) nibelungentreue Sekretärin, die beiden Herren zu mir ins Büro. Sie dachte wohl, es seien Anleger. Ich hingegen, mit dem geübten Blick des gelernten Schaufenstergestalters, sah sofort, von welcher Firma die kamen, in ihren kurzen Lederjacken und ausgewaschenen Jeans. Die Kripo ist in ihrem Outfit immer etwas dem Zeitgeist hinterher. 68 saßen sie in Schlips und Kragen zwischen demonstrierenden Studenten, trugen später Parkas, als die Batikkleider sich zum Friedensreigen fanden, und jetzt, wo die weiten Zweireiher angesagt sind, laufen sie noch immer in den engen Jeans und Lederjacken rum.

Aus: Uwe Timm: Kopfjäger. Bericht aus dem Inneren des Landes.
Köln: Kiepenheuer und Witsch 1991, S. 31 f.

Erläuterungen:

Zeile 1: Alsterblick: Hinweis auf ein teures und prestigeträchtiges Büro- und Wohnviertel in Hamburg
Zeile 20: Captagon: Medikament, das die Psyche stimuliert
Zeile 27: Margin: Sicherheitsleistung in Form von Geld oder Wertpapieren, um jederzeit in der Lage zu sein, Verbindlichkeiten, die aus Termin-Positionen entstehen können, zu begleichen
Zeile 29: auf Long setzen: riskante Anlage, die auf steigende Kurse setzt
Zeile 35: nibelungentreue: hier: bedingungslose Verbundenheit
Zeile 39: 68: Hinweis auf die Zeit der Studentenunruhen

Aufgabenstellung

1. Analysieren und interpretieren Sie den Auszug aus Uwe Timms Roman *Kopfjäger*. Gehen Sie dabei insbesondere auf die Situation und Sichtweise des Erzählers ein.

2. Vergleichen Sie Ihre Ergebnisse mit der Gestaltung des Themas „Business“ in Urs Widmers Theaterstück *Top Dogs*.

Schritt 1

Aufgaben verstehen

Aufgabe 1

Aufgabentyp und Erklärung der Arbeitsanweisungen

Im ersten Teil der Arbeit geht es darum, einen epischen Text (Romanauszug) genau zu **untersuchen** und die Untersuchungsergebnisse darzustellen **(Analyse)**. Dabei sollen Sie besonders auf die Situation und die Sichtweise des Erzählers eingehen. Schließlich müssen Sie die Ergebnisse Ihrer Untersuchung **deuten (interpretieren)**.

Die Strukturierung und die inhaltliche Füllung dieser Aufgabe bleibt Ihnen überlassen. Sinnvoll ist es jedoch, mit einer Zusammenfassung des Inhalts zu beginnen und dann die Aspekte abzuarbeiten, die Ihnen bei der Untersuchung des Prosatextes bedeutungsvoll erscheinen: z. B. Anordnung der Erzählphasen, innere und äußere Handlung, Darstellung der Figuren, Zeit- und Raumgestaltung. Der Schwerpunkt muss – der Arbeitsanweisung zufolge – auf der Situation und Sichtweise des Erzählers liegen.

Aufgabe 2

Aufgabentyp und Erklärung der Arbeitsanweisungen

Im zweiten Teil der Arbeit sind Sie gefordert, einen **Vergleich vorzunehmen** in der **Form der literarischen Erörterung**: Wie ist das Thema „Business" im vorliegenden Textauszug gestaltet, wie im Theaterstück „Top Dogs" von Urs Widmer? Da Ihnen hierzu kein Text vorliegt, müssen Sie das Drama gut kennen, um diese Aufgabe Gewinn bringend bearbeiten zu können. Da Ihnen keine Vergleichsaspekte vorgegeben sind, können Sie diese selbst wählen. Sinnvoll ist der Vergleich formaler, sprachlicher und inhaltlich-thematischer Aspekte.

Die literarische Erörterung ist nur eine Teilaufgabe. Sie können deshalb auf eine hinführende Einleitung sowie auf den üblichen Schluss verzichten. Es wird auch nicht erwartet, dass Sie für diesen Aufgabenteil eine Gliederung erstellen.

Beide Aufgaben sind gleich anspruchsvoll: In Aufgabe 1 müssen Sie Textarbeit leisten, in Aufgabe 2 müssen Sie aufgrund eigener Textkenntnis Vergleiche anstellen. Dies ist ein Hinweis darauf, dass beide Aufgaben gleichgewichtig gewertet werden.

Tipps zur Vorgehensweise

Behandeln Sie beide Aufgaben getrennt voneinander.

Untersuchen Sie zuerst den vorliegenden Text nach den oben genannten Analysekriterien und machen Sie sich dann auf dieser Grundlage an eine Interpretation. Zitieren Sie dabei die relevanten Textstellen, die Sie als Belege für Ihre Deutung verwenden wollen.

Gehen Sie dann kurz auf den Inhalt und die formalen Gesichtspunkte des Dramas „Top Dogs" ein. Erläutern Sie im nächsten Schritt Gemeinsamkeiten und Unterschiede bei der Darstellung und Bewertung des „Business" in beiden Werken.

Schritt 2

Text bearbeiten

Aufgabe 1 – Charakterisierung des Ich-Erzählers

Tragen Sie Einzelheiten aus dem Leben des Ich-Erzählers zusammen. Abschließend sollten Sie selbst formulieren, wie Sie den Ich-Erzähler einschätzen.

Informationen zum Leben des Ich-Erzählers	Zitate mit Zeilenangaben
Familiäre Situation	
Berufliche Tätigkeit	
Sozialer Status	
Einstellung zur Arbeit und Pflichtgefühl	„Ich war an jenem Tag, wie seit Wochen schon, erschöpft, überarbeitet und mit dem allergrößten Widerwillen ins Büro gegangen, hatte den dringenden Wunsch, nicht hinzugehen, einfach umzukehren, wegzulaufen (wie ich früher nicht in die Schule gegangen bin), aber kaum war ich inmitten des Klingelns, Sprechens, Tickerns, überkam mich erneut dieses Hochgefühl …" (Z. 15 ff.)
Selbstbild	
Einschätzung anderer … der Kollegen … der Kunden … der Polizei	
Ihre Einschätzung des Ich-Erzählers	

Aufgabe 1 – Analyse der Erzählweise

Das vom Ich-Erzähler berichtete Geschehen wird mehrmals unterbrochen. Diese Einblendungen müssen genau herausgearbeitet werden, da sie Ansätze für mögliche Interpretationen bieten. Diese Aufgabe gibt Ihnen die Möglichkeit, diese Einblendungen herauszuarbeiten, indem Sie sie in der rechten Spalte mit der genauen Zeilenangabe zitieren.

Unterbrechungen des Erzählerberichts	Zitate und Zeilenangaben
Erzählerkommentar (Reflexion)	
Vorausdeutung	
Rückblick	
Zitat	„Ach wie gut, daß niemand weiß, daß ich Rumpelstilzchen heiß." (Z. 33 f.)

Aufgabe 1 – Untersuchung der Sprache

Für die Charakterisierung einer Person und für die Einschätzung der Situation ist eine genaue Untersuchung der Sprache notwendig. Neben der Standardsprache finden im Text auch andere Sprachformen und gezielt eingesetzte sprachlich-stilistische Mittel Verwendung, die Sie hier benennen und im Hinblick auf ihre Wirkung beschreiben sollen.

Sprache	Sprachform / Stilmittel / Wirkung
„lange Zinsläufe“ (Z. 8), „gut plazieren“ (Z. 22), „Margin“ (Z. 27), „auf Long gesetzt“ (Z. 29)	Fachbegriffe, Fachjargon aus dem beruflichen Umfeld des Ich-Erzählers. Wirkt professionell und zeigt, dass der Ich-Erzähler auch aus der räumlichen Distanz seiner Tätigkeit emotional verbunden bleibt.
„das ist ja lachhaft“ (Z. 21), „Die Kripo ist in ihrem Outfit immer etwas dem Zeitgeist hinterher.“ (Z. 38 f.)	
„wie am Roulettetisch“ (Z. 10 f.)	
„das ist ja lachhaft … da lachen wir hier nur drüber … Sie verstehen, warum wir über die 4,5% Ihrer Sparkasse nur lachen können…“ (Z. 21 ff.)	
„Ich telefonierte mit London…“ (Z. 28)	
„Die Telefone läuteten, die Telefonberater redeten, die Computer fiepten, die Fernschreiber surrten.“ (Z. 14 f.)	

Schritt 3 **Musterlösung**

I. Analyse und Interpretation des Textauszugs aus Uwe Timms Roman „Kopfjäger"

1. Einleitung

Der vorliegende Textauszug stammt aus dem Roman „Kopfjäger" von Uwe Timm, der 1991 erschienen ist. In diesem Roman geht es, wie der einführende Text erläutert, um Peter Walter, einen Makler von Warentermingeschäften, der wegen Betrugs verhaftet wird, dem es aber gelingt, sich an die spanische Costa del Sol abzusetzen, wo er sein Leben schriftlich Revue passieren lässt.

Der vorliegende Textauszug ist bei aller scheinbaren Zufälligkeit kompositorisch straff organisiert. Er beginnt mit einer Beschreibung des täglichen Arbeitsumfeldes Peter Walters zu seiner Zeit als Warenterminhändler und endet nach diversen Einschüben mit dem Eintreffen der Polizei in seinem Büro.

2. Analyse des ersten Textabschnitts (Z. 1–15)

Der Romanauszug beginnt mit einer Beschreibung des Büros des Ich-Erzählers. Dieses befand sich „in bester Lage mit Alsterblick" (Z. 1), was auf die Größe und das Ansehen, aber auch auf die Gewinne der Firma Rückschlüsse zulässt. Zudem ist es für ein Unternehmen wie das beschriebene wichtig, sich repräsentativ darzustellen, schließlich will man die Anleger von der eigenen Seriosität schon per Augenschein überzeugen, was hier wohl gelungen ist, und was den Schluss des Romanauszugs in umso krasserem Gegensatz erscheinen lässt.

In den folgenden Zeilen schildert der Ich-Erzähler die Arbeitssituation in der Firma aus der Sicht des Insiders. Durch die Nennung internationaler Börsenplätze („Aktienkurse aus Tokio, Chicago, New York und London", Z. 2f.) unterstreicht er die Wichtigkeit seiner Tätigkeit. Diese Aufzählung wie auch die Aufzählung der gehandelten Waren in kurzen, parataktischen nur durch Strichpunkt oder Komma getrennten Sätzen veranschaulicht die herrschende Geschäftigkeit. Die Konjunktion „und" am Satzanfang (Z. 7) und die Anaphern („damit", Z. 6f., „nicht durch", Z. 8f.) sowie der parallele Satzbau lassen den Text wie gesprochen wirken, was darauf hindeuten kann, dass Peter Walter seine damalige Tätigkeit – ohne zeitliche oder räumliche Distanz – noch immer als gegenwärtig erlebt.

Mit dem Vergleich „wie am Roulettetisch" (Z. 11) stellt der Ich-Erzähler den Bezug zur Welt des Spiels her, einem Spiel jedoch, bei dem man viel Geld gewinnen, aber auch verlieren kann. Dieser Vergleich wird zwar sofort relativiert („Aber anders

als dort war dies kein reines Spiel", Z. 11), doch nur um wieder auf die Wichtigkeit des von ihm einst getätigten Geschäfts zu verweisen: „dieser Einsatz bewegte die Welt, ließ Politiker zittern, Ölscheichs den Förderhahn aufdrehen, Plantagenbesitzer ihre Kaffeeernten verbrennen." (Z. 12 ff.). Die unkritische Erinnerung zeigt, dass Peter Walter seiner früheren Tätigkeit, und was er damit an Wichtigkeit und Reputation verbindet, noch immer emotional nahe steht, ja woraus er immer noch sein Selbstbewusstsein bezieht.
Der letzte Satz dieses Abschnitts („Die Telefone läuteten, die Telefonberater redeten, die Computer fiepten, die Fernschreiber surrten.", Z. 14 f.) – scheinbar von einem neutralen Erzähler niedergeschrieben – schließt an die ersten Sätze an und beendet diesen Teil der unkritischen Erinnerung.

3. *Analyse des zweiten Textabschnitts* (Z. 15 – 33)
Das Personalpronomen „Ich" (Z. 15), das diesen Textabschnitt einleitet, steht im Kontrast zum „Wir" (Z. 1) des ersten Textabschnittes. Hatte der Ich-Erzähler bisher seine Firma, als deren Teil er sich fühlt, beschrieben, rückt er nun seine eigene Befindlichkeit in den Mittelpunkt, wenn auch nur kurzfristig. Er berichtet von seiner Erschöpfung, seinem Gefühl des Überarbeitetseins (vgl. Z. 15 f.) und davon, dass er nur „mit dem allergrößten Widerwillen ins Büro gegangen" (Z. 16) sei. Dieser Zustand wird jedoch nicht begründet, der Leser erfährt nicht, was zu der genannten Stimmung geführt hat.
Der deiktische Hinweis „Ich war an jenem Tag" (Z. 15) deutet darauf hin, dass sich etwas Ungewöhnliches ereignen wird, was wohl auch der Grund dafür ist, dass der Ich-Erzähler die eigene Situation an diesem Tag überhaupt wahrnimmt – wenn auch nur aus der Rückschau. An dem betreffenden Tag selbst hatte er sich nämlich so verhalten wie immer und war ins Büro gegangen, und dass nicht eine plötzliche Veränderung seines Gesundheitszustandes oder seiner Stimmungslage vorlag, wird durch den Einschub „wie seit Wochen schon" (Z. 15) deutlich. Die Bedeutung dieses Tages ist dem Ich-Erzähler wohl ebenso erst im Nachhinein bewusst geworden, wie auch die vergleichbaren Situationen aus seiner Kindheit, die er nun als Rückblende in seinen Text einschiebt („wie ich früher nicht in die Schule gegangen bin" (Z. 17 f.).
Am Arbeitsplatz angekommen, holt den Ich-Erzähler die nun schon bekannte Realität wieder ein, was im Text dadurch ausgedrückt wird, dass kein neuer Satz beginnt, sondern lediglich eine Trennung durch Komma erfolgt. Die Stimmung des Ich-Erzählers bessert sich schlagartig, er reagiert völlig euphorisiert auf das Treiben um ihn herum. Von einem „Hochgefühl" (Z. 19) ist die Rede, das, wie er einräumt, durch Psychopharmaka und starken Kaffee (vgl. Z. 20) verstärkt wird. Auch hier fehlt wieder die kritische Distanz zur künstlichen Stimulierung von Geist und Körper, die man aus der Rückschau der Erzählhaltung eigentlich erwarten könnte – ein

neuerlicher Hinweis darauf, dass der Ich-Erzähler mit seiner Existenz als Warenterminhändler auch im fernen Süden noch nicht abgeschlossen hat.
Im weiteren Fortgang des Textes gibt der Erzähler in Form der wörtlichen Rede, jedoch ohne inquit-Formel und ohne Anführungszeichen, die Aussagen des Maklers Saldin beim Verkaufsgespräch wieder. Dies lässt den Leser die Stimmung im Büro unmittelbar miterleben, es verdeutlicht aber auch das übersteigerte Selbstbewusstsein des Maklers, seine Überheblichkeit den Mitmenschen gegenüber sowie seinen unkritischen Glauben an die eigenen Fähigkeiten und die Beherrschung des Marktes. Auch dabei fehlt die kritische Distanz des Ich-Erzählers zum Erzählten.
Doch schon im nächsten Satz zeigen sich die Schattenseiten der eben noch versprochenen unglaublich hohen Renditen. Das Geschäft ist hochspekulativ, die Gewinne sind ebenso schnell, wie sie erzielt werden, wieder dahin – und mit ihnen das angelegte Geld. Auch hierüber berichtet der Ich-Erzähler, in schnoddrigem Ton („in den Keller gegangen“, Z. 28 f.) und ohne Bedauern. Ganz im Gegenteil: Mit dem Märchenzitat („Ach wie gut, daß niemand weiß, daß ich Rumpelstilzchen heiß“, Z. 33 f.) scheint sich der Ich-Erzähler über die Gutgläubigkeit der Anleger lustig zu machen.

4. *Analyse des dritten Textabschnitts* (Z. 33 – 42)
Mit Beginn des dritten Erzählabschnitts und dem einleitenden Temporaladverb „da“ (Z. 34) kippt die Stimmung des Ich-Erzählers. Nun ist nicht mehr vom „Business“ die Rede, jetzt geht es um den Erzähler selbst: In der Annahme, es handle sich um Kunden, hat die Sekretärin zwei Polizisten in sein Büro gelassen, die vermutlich Ermittlungen durchführen wollen; möglicherweise sind sie auch gekommen, um Peter Walter zu verhaften. Nun wird auch klar, worauf sich die Vorausdeutung „Ich war an jenem Tag …“ (Z. 15) bezogen hatte.
Über die unmittelbare Reaktion Peter Walters sagt der Text nichts aus. In der Rückschau gibt sich der Ich-Erzähler aber gewohnt souverän, wenn er behauptet, die beiden Polizisten gleich als solche erkannt zu haben. Er begründet dies mit ihrer Kleidung und zeigt dabei die schon bekannte Überheblichkeit und seinen Snobismus. So merkt er an, sie würden „in ihrem Outfit immer etwas dem Zeitgeist hinterher“ (Z. 38 f.) sein, und verdeutlicht durch die Beispiele, die er anführt, dass er die Menschen auf ihr Äußeres reduziert. Innere Werte scheint es für ihn nicht zu geben, jedenfalls werden sie nirgendwo thematisiert. Auch seine gesellschaftlichen Vorstellungen reduzieren sich auf Stereotype (vgl. demonstrierende Studenten, Friedensreigen, Z. 39. f.).
Auffallend sind in diesem Textabschnitt die umgangssprachlichen Wendungen („Firma“, Z. 37, „laufen rum“, Z. 41 f.), die der Ich-Erzähler für Menschen gebraucht, die sozial scheinbar unter ihm stehen und in seiner Berufswelt sonst nicht vorkommen.

Das Ende dieser Handlung bleibt offen; was die Polizisten vom Ich-Erzähler wollen, wird nicht gesagt. Es wird auch nicht mehr klar, ob der Vorwurf des Betrugs mit Warentermingeschäften, von dem in der Einführung die Rede ist, berechtigt ist und warum der Ich-Erzähler schließlich nach Spanien geflohen ist.

5. Vergleich des Themas „Business" in „Kopfjäger" und „Top Dogs"
Dem Textauszug aus „Kopfjäger" ist zu entnehmen, dass der Autor das Thema „Business", also die moderne Geschäftswelt, die auf schnellen Gewinn bedacht ist, kritisch sieht. Wie oben gezeigt, deformiert sie den Menschen und führt ihn in die Entfremdung:

- Er kann seiner Tätigkeit nur noch mit Hilfe von Psychopharmaka nachgehen,
- denkt nur in Erfolgszahlen,
- zeigt kein Mitgefühl für seine Mitmenschen und
- lässt auch eigene Gefühle nur in Form von Floskeln zu (Märchenzitat).

Ähnlich deformiert zeigen sich die Figuren aus dem Drama „Top Dogs" von Urs Widmer, erschienen 1996.
Kurz zum Inhalt: Die Handlung des Dramas spielt in einem „Outplacementcenter", das darauf spezialisiert ist, entlassene Führungskräfte aus der Wirtschaft, eben die „Top Dogs" wieder in ihren Beruf zu integrieren. Zu diesem Zweck werden im Stück sieben ehemalige Manager, darunter zwei Frauen, mit ihrer Situation und mit ihrem eigenen Ich konfrontiert. In 12 losen Szenen wird dieses Thema durchgespielt, mit dem Ergebnis, dass eine Managerin am Ende wieder vermittelt werden kann – wenn auch nach Südkorea, was ihren Wünschen nicht ganz entspricht.
In „Top Dogs" leiden die Personen – ähnlich wie Peter Walter in „Kopfjäger" – unter ihrer Entlassung, die sie faktisch oder emotional nicht wirklich verstanden, geschweige denn verarbeitet haben. Das Drama zeigt in verschiedenen Szenen die völlige Entfremdung der entlassenen Manager von ihrem Beruf, ihrem Privatleben und sich selbst. Keinem von ihnen gelingt es, sich nach der Kündigung in einer bürgerlichen Existenz ohne Macht, Einfluss, Ansehen und viel Geld zurechtzufinden. Sie wollen das auch gar nicht, da ihnen Werte wie Liebe, Mitmenschlichkeit und Familie nicht wichtig sind. Wie Peter Walter, der Ich-Erzähler aus „Kopfjäger", sind sie gefangen in der Welt des „Business".

Die Klausuren stammen aus folgenden Bundesländern:

Baden Württemberg
- 2005, Klausur 1: Theodor Fontane, Effi Briest in Verbindung mit Friedrich Schiller, Kabale und Liebe
- 2005, Klausur 9: Friedrich Schiller, Kabale und Liebe
- 2005, Klausur 13: Iris Radisch, Zeichen und Wunder – Gute Bücher bilden nicht nur Herz und Verstand: Sie machen auch glücklich
- 2007, Klausur 7: Erich Fried, Nacht in London; Sarah Kirsch, Reisezehrung

Bayern
- 2007 Grundkurs, Klausur 4: F. C. Delius, Der Sonntag, an dem ich Weltmeister wurde
- 2007 Leistungskurs, Klausur 8: Karoline von Günderrode, Novalis; Georg Trakl, An Novalis

Hessen
- 2007 Leistungskurs, Klausur 5: Franz Kafka, Heimkehr; Lukas Evangelium, Vom verlorenen Sohn

Niedersachsen
- 2006 Grundkurs, Klausur 14: Uwe Timm, Kopfjäger

Nordrhein-Westfalen
- 2007 Grundkurs, Klausur 6: Hans Sahl, Die Letzten in Verbindung mit Bernhard Schlink, Der Vorleser
- 2007 Grundkurs, Klausur 11: Thomas Jonigk, Corporate Identity „Ich kenne niemanden unter zwanzig, der gern ins Theater geht" in Verbindung mit G. E. Lessing, Emilia Galotti
- 2007 Leistungskurs, Klausur 2,: Irmgard Keun, Das kunstseidene Mädchen; Theodor Fontane, Irrungen, Wirrungen
- 2007 Leistungskurs, Klausur 3: Rainer Maria Rilke, Die Aufzeichnungen des Malte Laurids Brigge; Theodor Fontane, Irrungen, Wirrungen
- 2007 Leistungskurs, Klausur 12: Hans Magnus Enzensberger, Diesseits der Medien

Sachsen
- 2007 Leistungskurs, Klausur 10: Friedrich Dürrenmatt, Besuch der alten Dame

Register

Autoren und Titel-Register

Sach-Register

Mit weiteren, regionalisierten Original Abi-Prüfungen auf CD-ROM

Suche nach Bundesländern möglich

Ausgewählte Original Abi-Prüfung ist sofort sichtbar

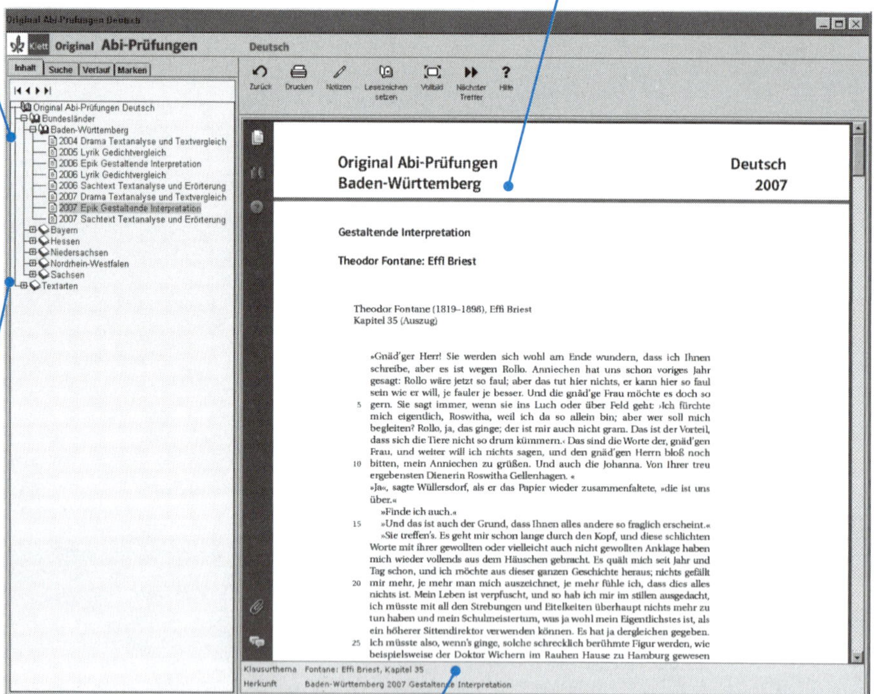

Zusätzliche Suche nach Textarten möglich

Ausführliche Lösung im Anschluss